挡土墙和基坑围护结构土压力理论研究与工程应用

王保田　殷德顺　著

科 学 出 版 社
北 京

内 容 简 介

本书针对挡土墙和基坑围护结构上作用的土压力理论、模拟以及工程监测问题进行系统的研究. 主要内容包括作用于支护结构上的土压力，土压力与支护结构变形的关系，基坑开挖条件下土的本构关系及数值模拟，基坑开挖过程有限元模拟实例及规律性分析，基坑工程施工期安全监测以及基坑安全监测方法等. 另外，还从理论、规范和实践等方面探讨了挡土结构设计时的土压力问题. 许多研究成果来自工程实践基础上的理论升华，而且部分成果已经在南京地区的多个基坑工程中应用，现场观测结果表明基坑围护结构稳定、安全.

本书可供岩土工程、水利工程和工程力学领域的科研工作者及设计施工技术人员参考，也可作为高等院校岩土工程、水利工程和工程力学专业研究生参考书.

图书在版编目(CIP)数据

挡土墙和基坑围护结构土压力理论研究与工程应用/王保田，殷德顺著. —北京：科学出版社，2015.5

ISBN 978-7-03-044249-9

Ⅰ. ①挡… Ⅱ. ①王… ②殷… Ⅲ. ①挡土墙-土压力-研究 ②基坑工程-围护结构-土压力-研究 Ⅳ. ①TU432

中国版本图书馆 CIP 数据核字(2015) 第 094957 号

责任编辑：惠 雪 曾佳佳／责任校对：胡小洁
责任印制：徐晓晨／封面设计：许 瑞

科学出版社 出版
北京东黄城根北街 16 号
邮政编码：100717
http://www.sciencep.com
北京凌奇印刷有限责任公司 印刷
科学出版社发行 各地新华书店经销
*
2015 年 5 月第 一 版 开本：720 × 1000 1/16
2020 年 3 月第三次印刷 印张：10 3/4
字数：214 000

定价：79.00 元

(如有印装质量问题，我社负责调换)

前　言

人生苦短, 转眼已过 50 岁了, 从大别山区到金陵古城求学, 让我与河海大学结下一生的缘分. 从 1997 年承担南京太阳宫深基坑施工期安全监测开始, 本课题组陆续承担了南京地铁、无锡地铁等多项重点工程的深基坑安全监测任务, 还进行了几座大型桥梁的桥头承台填土土压力与位移研究. 结合这些工程, 进行了比较系统的室内试验和数值分析工作, 研究了土压力发生发展规律. 本书将这 10 多年的工作进行初步总结.

进入 21 世纪以来, 我国加快了城市化进程, 10 多个大城市都宣称要建立国际化大都市, 许多大中城市都在成片建设高层建筑, 甚至你追我赶地建所谓地标性超高层建筑, 这些建筑同时加快了地下空间开发. 同时, 我国地铁建设在 10 多个城市快速铺开, 过江隧道、穿海隧道日益增多. 到 2011 年底, 我国高速公路通车里程达到 8.5 万千米. 这些基础工程建设, 催生大量基坑工程, 挡土结构变形和土压力研究具有突出的学术和实践价值.

本书在李守德、张文慧、殷德顺、葛卫春、姜志强、王培清、叶文武等研究生的硕士学位论文和江苏省交通科技项目 "施工工艺对挡土结构土压力的影响"(项目编号: 04Y04) 的基础上完成. 共分 7 章, 第 1 章主要介绍我国基坑工程的发展和挡土结构类型与发展趋势. 第 2 章介绍了作用在支护结构上的土压力理论和规范的计算方法及土压力与挡土结构变形之间的相互关系. 第 3 章依据室内试验和现场测试结果, 研究了挡土结构土压力随支护结构变形发展的规律, 提出了土压力与支护结构位移的相互关系理论公式. 第 4 章研究基坑工程挡土结构的土压力与位移的关系, 根据本课题组提出的土压力与挡土结构变形之间的相互关系的本构模型, 进行了基坑工程土压力与支护结构位移相互作用数值分析, 为挡土结构设计提供了合理建议. 第 5 章以有限元分析手段, 考虑基坑开挖过程中挡土结构变形与土压力发展相互作用和基坑三维效应作用. 第 6 章根据课题组多年来的基坑安全监测经验, 提出了基坑安全监测内容、布置设计方法和报警值控制标准. 第 7 章针对安全监测中变形、应力、孔隙水压力监测常用仪器, 介绍了各仪器的原理、使用方法、使用注意事项和仪器精度.

本书由王保田负责总体布局大纲, 殷德顺负责统稿. 具体执笔分工为: 王保田编写了第 1 章、第 2 章和第 5 章, 殷德顺编写了第 3 章和第 4 章, 张福海编写了第 6 章和第 7 章.

本书的出版得到了教育部博士点基金 (20100009411002)、河海大学重点学科建设和江苏省优势学科平台建设经费的资助, 在研究过程中得到了河海大学堤坝工程与岩土力学教育部重点实验室和江苏省岩土工程技术工程中心的大力支持. 作者感谢河海大学长期培养和优良的学术研究氛围, 在未来岁月将以更努力的工作和高质量的研究成果回报学校和我们的祖国. 由于作者水平有限, 本书存在很多错误和遗漏在所难免, 恳请读者不吝赐教, 以利于作者提高. 欢迎国内外同行与作者共同探讨, 为我国地下工程和边坡防护工程建设作出贡献.

王保田

2014 年秋

目　　录

第 1 章 绪 论

1.1 基坑工程的发展

我国自 20 世纪 90 年代以来兴建了大量的高层建筑、道路桥涵及地下管线等公共设施, 另外, 近年来我国许多大城市都在建设和规划建设地铁项目, 相应地出现了大量的深基坑施工工程问题, 如基坑开挖、支护、降水等, 而且基坑规模和深度都在不断加大, 随之出现了许多与深基坑开挖有关的新的岩土工程课题. 尤其在建筑物密集的大城市闹市区、地下管线密集、交通要道等施工条件苛刻的区段, 深大基坑的开挖、降水、支护体系的安全稳定性以及由此产生的城市环境岩土问题, 如周围地表及地下管线沉降、周围建筑物倾斜开裂等, 使地下结构的设计施工成为工程建设中的重点、难点和热点问题. 目前, 我国的工程技术人员在基坑的设计、计算、施工技术和监测手段等方面已经取得了长足的进步, 获得了丰富的经验. 进入 21 世纪后, 随着计算机技术水平的不断进步、基坑测试技术的不断创新, 基坑工程将会进入一个新的快速发展时期, 特别是在基坑支护体系的稳定、变形以及考虑地下水作用等流、固耦合问题的研究将成为基坑工程新的发展方向.

基坑工程主要包括围护体系设计、施工、开挖. 基坑支护体系的稳定和变形研究, 主要包括下述几方面: 围护体系的合理形式及适用范围、围护结构的设计及优化、围护结构的变形以及基坑开挖对周围环境的影响等. 但是基坑工程往往具有很强的整体性和技术综合性, 是一个复杂的系统工程, 它涉及岩土、结构、力学、渗流以及水文地质和工程地质等众多学科, 并要考虑土与结构的共同作用, 它集稳定、变形、渗流以及时空效应、环境效应于一体. 目前, 深基坑围护结构设计理论虽然有了很大的发展, 但仍存在诸多不足. 如开挖过程的数字模拟、本构模型中参数的合理选取等还需进一步研究. 在基坑整体稳定分析中, 往往很少考虑承压水和渗透力, 甚至考虑得不对, 因此, 需要更严密系统地考虑和处理问题. 另一方面, 基坑工程还表现出明显的区域性和个性, 大多数情况下是临时工程, 而有时却又是永久工程, 因此, 安全等级经常取用不合理. 在控制基坑工程安全的主要因素方面, 有的基坑工程由于土压力引起围护结构的稳定性丧失是主要矛盾, 有的由于地下水渗流引起的水土流失破坏是主要矛盾, 有的控制基坑周围地面变形量是主要矛盾等. 目前土压力理论还很不完善, 静止土压力一般按经验确定或按半经验公式计算, 主动土压力和被动土压力按库仑 (1776) 土压力理论或朗肯 (1857) 土压力理论计算, 这些都出现在 Terzaghi(太沙基) 有效应力原理问世之前. 在考虑地下水对土压力的影响时, 是采用水土压力分算, 还是采用水土压力合算较为符合实际情况, 在学术界和工程界认识还不一致. 作用在围护结构上的土压力与挡土结构的位移有关, 基坑围护结构承受的土压力一般是介于主动土压力和静止土压力之间或介于被动土压力和静止土压力之间. 另外, 土具有蠕变性, 作用在围护结构上的土压力还与作用时间有关. 因此强调基坑工程地域性和个性是很重要的. 基坑围护结构的设计施工、开挖以及位移应力监测都要因地制宜, 不同地区的工程经验可以借鉴, 但是绝不能照抄照搬.

随着城市建设的发展, 高层建筑建设项目已越来越多. 相应地, 产生了大量的深基坑工程, 且规模和深度亦在不断加大. 由于城市施工现场的限制, 基坑施工往往不可能采用大放坡开挖施工, 而是采用挡土支护下垂直开挖施工. 影响基坑支护结构变形的因素有很多, 目前还不能根据理论模型准确地计算其变形, 因此, 对基坑支护工程进行变形监测显得十分必要. 只有及时提供准确的变形监测数据, 才能保证设计人员正确地进行综合分析和修改施工方案, 确保施工的安全和质量.

1.2 基坑围护结构的类型

基坑的围护结构主要承受基坑开挖卸载所产生的土压力和水压力, 并将此压力传递到支撑, 是保证基坑在开挖到回填期间稳定的一种临时支挡结构.

1. 围护结构类型

围护结构类型可以归纳为如下六种:

(1) 板桩式围护结构. 又可分为: 钢板桩、钢管桩、钢筋混凝土板桩、主桩横挡板等. 板桩式围护结构施工方便、工期短、造价低, 很多还可以重复使用. 但是它们止水性差, 而且打桩时容易破坏土体的强度, 引起土体发生移动, 导致周围地表发生较大沉陷.

(2) 柱列式围护结构. 按照桩的施工方式不同, 最广泛使用的是钻孔灌注桩和挖孔灌注桩两种, 这是目前运用得比较多的两种围护形式. 它的特点是施工噪声和振动小, 桩体刚度大, 可以就地浇筑施工, 对周围环境的影响小. 该工艺适合软弱土层使用, 施工方便, 造价低廉. 不过它的整体性差, 所以一般在围护桩的顶部加一道圈梁, 不但可以增加围护结构的刚度, 还可以增强围护桩之间的整体性. 柱列式围护结构止水性比较差, 在地下水位高的地方通常要加止水帷幕, 一般用水泥土搅拌桩作止水帷幕.

(3) 地下连续墙. 地下连续墙是目前为止整体性最好的围护结构, 它在设计理论和施工技术上都已经取得了很大的成就. 地下连续墙具有以下优点: ①可减少工程施工时对环境的影响, 施工时振动小, 能够紧邻相近的建筑及地下管线施工, 对沉降及变位较易控制; ②墙的墙体刚度大, 整体性好, 因而结构和地基变形都很小, 既可用于超深围护结构, 也可用于主体结构. 地下连续墙围护结构整体连续, 加上现浇墙壁厚度一般不小于 30cm, 故耐久性好, 抗渗透性能也很好; ③可实行逆作法施工, 有利于施工安全, 并加快施工进度, 降低造价.

但是地下连续墙也存在着很多的缺点: 弃土多、废泥浆多, 切处理难度较大, 不但要增加工程费用, 还会造成环境污染. 开挖时遇到地下水位高的透水性土层时, 护壁泥浆浓度急剧下降, 容易引起槽壁坍塌. 地下连续墙造价通常比其他围护结构高, 因此, 通常仅在工程安全性要求高、基坑很深或者软塑和流塑性的黏性土层中采用.

(4) 自立式水泥土挡墙. 主要分为: 深层搅拌桩挡墙、高压旋喷桩挡墙. 适合于开挖深度小于 7m, 对环境保护要求不高的软土地区的基坑工程. 它的主要特点是: 施工噪声低、振动低、止水性能较好、造价低. 但由于围护结构抗折强度低, 只适合于开挖比较浅的基坑.

(5) 组合法. 目前工程上用得比较多的是 SMW 工法. SMW 工法是指在水泥土搅拌桩中加入工字形型钢, 这样不但可以利用水泥土搅拌桩很好的抗渗性, 而且由于加入了工字形型钢, 使得围护结构的强度有了很大的提高. 它的止水性能好, 适合于各种土层, 在一定方式下可以取代地下连续墙, 且费用比连续墙低, 是一种很有发展前途的围护形式.

(6) 沉箱法. 具有施工占地面积小、超挖量小、稳定性好等优点, 可应用于工程用地与环境受到限制或埋深较大的地下构筑施工中. 但是沉箱造价高.

2. 支撑结构的类型和布置形式

当基坑开挖超过一定深度, 单靠围护结构保持稳定变得困难, 这时需要采用支撑结构来提高围护结构的稳定性. 在软弱土层的深基坑工程中, 支撑结构是承受围护结构所传递的土压力、水压力的结构体系. 支撑结构体系包括围檩、支撑、立柱及其他附件. 支撑按材料主要可分为现浇钢筋混凝土支撑、钢支撑和混合撑三类.

钢筋混凝土支撑布置形式灵活, 无论直线还是曲线杆件现浇均无困难. 整体性好、刚度大, 有利于控制围护墙变形和保护周围环境. 由于承载力大, 所以支撑间距较远, 便于机械下坑开挖. 其缺点是不能重复使用, 用后还必须拆除, 如果采用爆破方式拆除会对周围环境产生一定影响. 支撑的浇筑和养护时间相对较长, 若组织不当造成养护时间不够时即受力, 容易产生时间效应, 对基坑稳定不利.

钢支撑多为 H 型钢或钢管, 规格按计算确定. 钢支撑自重轻, 拆装方便且迅速, 可减少围护墙因为无支撑暴露时间过长, 土体蠕变而增大变形, 即减少时间效应. 钢支撑不用养护时间, 还可施加预应力, 且可根据围护墙变形的发展及时调整预应力值, 以控制变形. 钢支撑是工具式结构, 可多次重复使用. 因此, 钢支撑优点显著, 条件允许时宜优先选用. 但其结点构造相对复杂, 刚度不如混凝土支撑, 多为直线杆件, 无法适应曲线形支撑的需要. 而且抗弯刚度小, 易发生失稳破坏.

混合撑充分利用混凝土和钢材两种材料的特性, 扬长避短. 在实际工程中, 结合基坑深度、基坑形状、周围环境保护要求和挖土方法, 经比较后选用支撑. 亦可在同一基坑中, 既使用混凝土支撑 (多在上部), 又使用钢支撑 (多在下部), 各用其所长.

支撑结构不仅分类多样, 平面布置形式也是多种多样的. 主要的布置形式如表 1-1 所示.

表 1-1 支撑结构平面布置形式

序号	布置形式	图例	特点
1	井字集中式布置	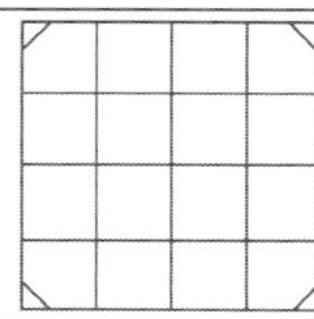	常采用钢筋混凝土材料, 与角撑相结合, 用于对环境保护要求不高的条件下, 便于施工
2	角撑体系布置	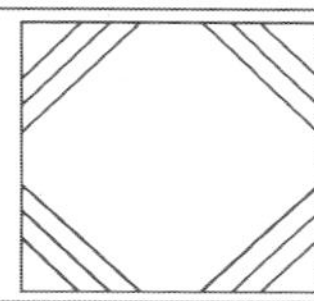	便于开挖和主体施工, 但整体稳定及变形控制效果不及井字集中式布置
3	边桁架	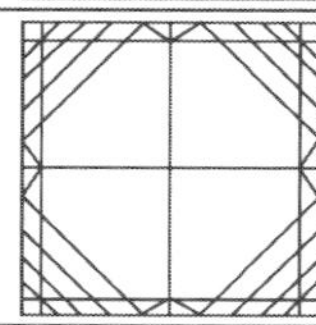	便于开挖和主体施工, 但整体稳定及变形控制效果不及井字集中式布置
4	圆形环梁布置	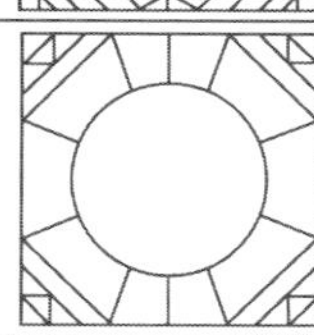	便于开挖和中间筒体施工, 圆形结构受力条件较好, 可以发挥混凝土受压强度高的特点, 节省钢筋混凝土用量, 不过在坑外荷载不均匀时慎用
5	拉锚	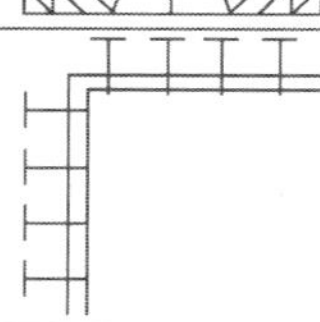	挖土方便, 造价经济, 挡土桩、墙的位移小. 适用于土质较好的基坑, 软土地区不适用

1.3 基坑围护结构设计方法

基坑工程设计与施工是岩土工程和基础工程中的一个传统课题, 同时又是综合性的岩土工程难题. 既涉及土力学中典型的强度、稳定与变形问题, 同时还涉及土与支护结构的共同作用问题. 对这些问题的认识及对策研究, 是随着土力学理论、测试技术、计算技术、施工机械及施工技术的发展而逐步完善的.

Terzaghi 和 Peck 等早在 20 世纪 40 年代就提出了预估挖方稳定程度和支撑荷载大小的总应力法, 这一理论原理一直沿用至今, 但已有了许多改进和修正. Bjerrum 和 Eide 在 50 年代给出了分析深基坑底板隆起的方法. 60 年代在奥斯陆和墨西哥城软黏土深基坑中, 开始使用仪器进行监测, 此后通过对大量实测资料的研究, 提高了基坑稳定预测的准确性, 并从 20 世纪 70 年代起, 制定了相应的指导开挖的法规. 我国自 20 世纪 80 年代末开始重视, 至今深基坑工程技术已逐渐趋于成熟, 地方和国家关于基坑工程的规范、规程已陆续编制并颁布实施, 使基坑工程的设计与施工 "有章可循, 有法可依". 深基坑工程在 1998 年被建设部列为今后推广的十项新技术的第一项. 在基坑工程设计中, 主要的研究内容为支护结构计算理论、变形理论、土压力理论, 这三者相互联系、密不可分.

1.3.1　支护结构计算理论

现有的基坑支护结构的内力变形计算的方法有很多, 如等值梁法、连续介质有限元法以及弹性地基杆系有限元法等. 等值梁法把围护结构简化为梁进行计算, 这种简化显然不能准确计算围护结构的位移, 是典型的强度控制设计方法, 但由于其计算简单, 所以在单支撑的基坑工程中仍然用到这一方法. 随着计算机的普及, 有限元法开始在基坑设计中得到广泛应用, 有限元兼有广泛通用性和灵活性, 可模拟复杂的施工过程, 成为一种很有前途的基坑设计计算方法. 但目前连续介质有限元法由于土的本构关系尚在发展中, 缺乏真实反映土的应力–应变关系的本构模型, 以及计算模型参数难以准确确定, 也不能准确计算出支护结构及土体的位移. 杆系有限元法作为一种计算方法具有概念清晰、计算简单、计算参数较少的特点, 受到基坑工程设计人员的青睐, 但现有的杆系有限元法的计算参数的取值因为众多复杂因素的影响尚没有较好的计算方法, 取值多凭设计者本人的经验, 因而计算结果与实际差别较大, 计算结果不稳定且精度很低, 不能满足对变形要求较严格的、大型复杂的基坑工程的设计的要求. 总之, 现有的基坑工程设计方法均从保护基坑工程的稳定出发, 属于强度控制设计范畴.

在基坑支护设计中, 确定了支护结构形式之后, 选择正确的计算模型进行详细设计计算是至关重要的. 基坑支护设计计算方法与基坑工程规模、挡土结构类型和性质、支撑形式等多种因素有关. 表 1-2 列出了具有代表性的挡土结构内力分析方法. 从表中可以看出, 目前基坑支护设计计算方法大致可分为三类[1]：第一类是常规设计方法 (极限分析法); 第二类称为弹性抗力法; 第三类是有限元法.

表 1-2　挡土结构内力分析方法[2]

结构性质	挡土结构类型	分析方法	
刚性	重力式刚性挡土墙 深层搅拌桩等	地基承载力验算, 稳定性验算 (以边坡理论的圆弧法为主)	
介于刚性与柔性之间	多撑式连续墙 柱列式灌注桩 SMW 工法等	解析法	山肩邦男法 弹性法 弹塑性法
		土抗力法	m 法 常数法等
		有限元法	弹性杆系有限元法 连续介质有限元法
柔性	混凝土板桩 刚板桩等	极限平衡法	等值梁法 静力平衡法 太沙基法

1. *极限分析法*

该法是最常用的方法, 主要指极限平衡法, 见表 1-2. 极限平衡法是当前我国工程界计算围护结构所受土压力的最常用方法. 该方法不能够考虑结构的变形, 国内采用较多的有等值梁法和静力平衡法.

静力平衡法适用于悬臂式或底端自由支承的单锚式挡土结构. 当挡土结构的入土深度不太深时, 亦即非嵌固的情况下, 由于挡土结构后土压力的作用而形成极限平衡的单跨简支梁. 等值梁法将在第 4 章中详细讨论.

常规设计方法的要点是: 对悬臂式挡土墙选择一定的入土深度以满足整体稳定、抗隆起和抗渗要求的前提下, 用经典土力学理论计算主动土压力和被动土压力 (或对计算的土压力作某些经验修正). 对重力式刚性挡墙验算其抗倾覆、抗滑移稳定性, 安全系数沿用设计规范中对普通挡土墙的规定. 计算柔性挡墙 (悬臂式或有支锚结构) 的内力, 对墙身和支锚结构进行设计. 这种方法对于普通挡土墙或开挖深度不深的钢板桩是比较合适的. 但对深基坑, 特别是软土中的深基坑支护结构设计, 就难以考虑更为复杂的条件和难以分析支护结构的整体性状, 且无法提供设计所需的墙体水平位移, 由于计算中不考虑支撑设置前墙体已有的位移, 所以不能反映墙体受力的变化, 如支护结构与周围环境的相互影响, 墙体变形对侧压力的影响等. 此外, 支锚结构设置过程中墙体结构内力和位移的变化, 内侧坑底土加固或坑内、外降水对支护内力和位移的影响, 压顶圈梁的作用与设计, 复合式结构的受力分析等都不能考虑, 这些问题有时却成为控制支护结构性状的主要因素.

2. *弹性抗力法*

弹性抗力法针对常规方法中挡土墙内侧被动区土压力计算中的问题提出了改

进[4]. 其概念是由于挡墙位移有控制要求, 内侧不可能达到完全的被动状态, 实际上仍处在弹性抗力阶段, 因此引用承受水平荷载桩的横向抗力的概念, 将外侧主动土压力作为施加在墙体上的水平荷载, 用弹性地基梁的方法计算挡墙的变位和内力. 这种方法可以看做对常规方法的改进, 它用压缩刚度等效的土弹簧来模拟地基土对墙体变形的约束作用, 将支护体看做弹性地基上的梁, 按此方法计算支护体的内力和变形. 此法可以跟踪施工过程, 逐阶段的进行计算, 该法计算简单、受力明确、参数要求少, 而且工程实践证明计算结果比较符合实际, 所以在工程界一直受到很大重视, 但是该方法仍没有解决前一种方法的其余问题. 计算与实际符合与否取决于基床系数的选取, 通常用 m 法计算, 即基床系数 k 随深度比例增长, 比例系数为 m.

3. 有限元法

随着电子计算机的普及, 有限元法在挡土结构分析中得到了广泛应用[5]. 尤其是杆系有限元模拟实际施工工况, 取得了较为符合实际的结果. 在杆系有限元分析中, 把支撑、土体都作为弹性杆, 挡墙作为弹性梁单元, 在开挖的各个阶段, 分别求得挡墙内力及水平位移和支撑杆的轴力, 其中支撑杆处挡墙的位移量大部分是在支撑杆安装之前先期发生的. 因此, 与实际挡墙的变形极为接近. 但采用杆系有限元法进行计算, 仅可以得到挡土墙自身的内力位移及支撑轴力, 不能描述墙后土体变形. 近年来挡土结构计算中连续介质有限元法也得到了广泛应用. 计算中一般假定挡墙为二维弹性体, 土体模型可假定为线弹性体、非线弹性体、弹塑性体或其他特性的材料, 挡墙及土体一般采用八结点等参单元, 支撑为一维弹性杆单元. 同样, 考虑开挖施工过程求解挡墙的内力、位移、支撑轴力、基坑周围土体及基底土体的位移. 若土体采用弹塑性模型, 还可计算得土体在各施工阶段的塑性区范围. 连续介质有限元计算一般是采用施加释放应力的办法, 在挡墙与土体界面上采用 Goodman 接触面单元, 但由此所得的土体位移量通常偏大, 尤其是基底隆起量偏大, 所以在一些计算中引入了 "残余应力" 的概念计算释放应力以解决问题[6]. 连续介质有限元法应用于基坑工程中, 从理论上讲, 它为基坑开挖过程的分析提供了一个更合理的方法, 它可以从空间、时间上比较全面地反映各类因素 (固结、渗流、流变等) 对支护结构及周围土体应力、位移的影响, 还可以对分级开挖施工过程进行模拟, 用有限元法来分析基坑开挖的性状无疑是一种最有效的方法. 但是实际应用中许多因素制约着有限单元法计算结果的可靠性, 如开挖卸载后土体应力路径的影响、合适的描述土体的应力–应变特征的本构模型选择、模型参数的确定等, 卸土后开挖面以下土中残余应力的考虑、被动区工程桩作用等. 尤其是模型参数取值的困难, 实际开挖工程很少有提供如此详细的土体参数指标, 另外有限元法也不易被一般工程设计人员掌握, 种种原因决定了连续介质有限元法目前在基坑工程中多是应用在科研和辅助分析上.

1.3.2 土压力研究

国内外大量学者通过试验研究和理论分析对经典土压力理论进行不断修改和完善, 形成更加符合实际的土压力计算方法. 目前, 土压力研究主要分为两大类: 试验研究和理论研究.

1. 试验研究

对于刚性挡墙而言, 只有当土体水平位移达到一定值、土体产生剪切破坏时, 库仑和朗肯土压力理论计算的结果才是正确的, 当挡土结构绕墙趾转动时, 主动土压力为三角形分布[7]; 当挡土结构平移、绕墙顶转动和绕墙中部转动时, 主动土压力为非线性分布. 也有学者[8,9] 通过对砂性填土模型试验发现: 主动土压力为非线性分布, 其分布形式取决于挡土结构的变位方式, 但不同挡土结构变位方式达到主动土压力状态所需的位移量基本一致, 土压力合力作用点随着土的密度增加而上升. 对于被动土压力, 当墙体平移时, 为直线分布; 墙体转动时, 为非线性分布, 且其大小与合力作用点和墙体的变位方式有关. Bang[10] 提出了 "中间主动状态" 的概念, 指出土压力计算应同时考虑墙体变位方式和变位大小, 并建立了绕墙趾转动时的主动土压力表达式. 在国内, 周应英[11] 研究发现: 刚性挡土墙绕墙顶转动时, 主动土压力的分布是上部土压力大而下部土压力小的抛物线形; 绕墙底转动时是近似的三角形分布; 墙平移时是一重心偏下的抛物线形, 但底部土压力不为零; 有学者[12] 通过离心模型试验得出: 土压力沿墙高呈两端小中间大的曲线分布. 合力作用点位置在 0.5 左右. 另外, 还有学者研究分析了黏性土的蠕变作用对于侧压力的影响问题, 并说明, 如果挡土墙外移动被阻止, 土压力将逐渐增大接近静止土压力.

对于柔性挡墙而言, 由于内支撑系统及入土段土体的约束, 在墙后土体的压力下, 墙体产生挠曲变形, 引起土压力重新分布. Rowe[13] 在锚杆有足够的弹性变形条件下进行排桩模型试验, 发现土压力分布为三角形分布, 并且最大弯矩随排桩柔性的增加而减小. 而在开挖面以下, 由于变形受到限制, 土压力分布形式与经典土压力分布有着明显的不同, 在临近开挖面区域, 被动区土压力大于经典土压力值, 在排桩墙趾, 由于位移小, 主动土压力大于经典土压力值. 刘晓立等[14] 通过一个大型室内模型试验表明: 对于悬臂式模型板桩, 在主动侧, 上部土压力随着被动侧挖砂深度的增加逐渐趋近朗肯主动土压力, 但挖砂深度达到一定深度后, 挖砂面以下主动侧土压力减至小于朗肯主动土压力而接近一个常量; 在被动侧, 其上部土压力接近朗肯被动土压力, 而下部则远小于朗肯被动土压力. 对于单锚式模型板桩, 板后主动侧土压力随开挖面深度增加, 最终会出现上部区域 (拉锚附近) 土压力值大于朗肯主动土压力值, 下部区域土压力值小于朗肯主动土压力值; 板前被动区的土压力亦不同于朗肯被动土压力, 其分布形态仍为上大下小, 与悬臂板实测情况相同, 被动区土体仅是一部分达到被动状态. 对于基坑工程, 多支撑支护结构的现场观测表明, 尽管土压力的大小与朗肯土压力值较为接近, 但土压力分布却并非三角形分布. 我国学者谭跃虎[15] 对某基坑支护桩做了较全面的测试工作, 表明: 实测的主动土压力小于朗肯理论值, 随深度呈 "R" 形分布, 当变形小于 5% H 时, 被动土压力仍能得到充分发挥, 与传统的土压力理论相矛盾.

总之, 通过实验发现: 无论刚性还是柔性挡墙其墙后土压力的分布都会受多种因素影响, 包括挡墙变形模式、土体性质、支撑位置等, 至今还没有可以被大家广泛接受的土压力分布结论.

2. 理论研究

从理论上来说, 作用在基坑支护结构后侧的土压力大小介于主动土压力和静止土压力之间, 而接近于主动土压力, 作用在基坑支护结构前侧的土压力介于静止土压力和被动土压力之间, 同时, 土体强度和变形参数还是随位移和应力状态变化的, 实际土压力的值究竟为多少, 目前还没有定量的计算方法. 在现行的基坑设计规范中, 一般是假定某一工况 (或某一开挖深度) 下土压力是保持不变的, 但在实测中发现土压力是变化的, 工程实践中发现土压力的实测值与现有的各种理论 (如库仑土压力和朗肯土压力) 和经验方法 (如 Terzaghi、Peck 等提出的方法) 计算出的土压力值存在着很大的差别, 在软土地区尤为明显; 同时, 在围护结构设计中, 土压力的取值相当混乱, 要么取值过大, 造成不必要的浪费; 要么取值过低, 安全系数极低, 甚至由此造成基坑坍塌事故[43].

现在, 广泛使用的土压力理论仍然是库仑土压力理论和朗肯土压力理论. 对于作用在挡土墙上的土压力, 人们更多讨论地是水土合算和水土分算的问题. 所谓水土合算就是用水土总应力通过朗肯理论来计算作用在挡土墙上侧向压力 (包括土压力和水压力); 所谓水土分算就是挡土墙上水、土压力分别考虑, 用有效应力计算作用在挡土墙上的侧向土压力, 侧向水压力直接由竖直方向水压力计算. 从有效应力角度而言, 应该水土分算更加合理, 但是, 大量实测数据表明: 水土分算得到的水土压力往往远大于实测值. 由于水土合算计算的压力小于水土分算, 所以, 人们在设计时往往采用水土合算来计算侧向水土压力. 李广信[16] 通过研究指出在一定条件下水土合算可能有一定微观基础; 杨晓军[17] 从土的有效应力原理出发, 分析了软黏土中深基坑开挖的土压力计算问题, 着重讨论了孔隙水压力对土压力的影响, 指出当采用总应力法计算时, 原则上应采用卸载强度指标, 他认为以下两个原因使得水土压力合算法在软黏土地区的临时性开挖工程中土压力计算值与实测值较接近: 一是卸载引起负超孔压, 卸载总应力强度指标大于常规三轴加载总应力强度指标; 二是渗流引起主动区孔压减小, 被动区孔压增大. 也有学者[18] 强调在不拖延基坑开挖的进度情况下, 水土压力大小及分布与静水时的明显不同, 且此时较宜用库仑土压力理论. 在有上层滞水情况下, 用水土合算大体上是可以接受的. 在有承压水情况下, 其作为抗力的被动土压力可能丧失殆尽. 基坑外人工降水与基坑内排水相比, 更有利于基坑的稳定. 正的超静孔压大大提高了土压力, 负的超静孔压明显减少土压力. 在很多有渗流的情况下, 不宜用朗肯土压力计算土压力, 而应当用库仑土压力理论的图解法来搜索可能滑裂面. 刘国彬[19] 认为软土地区既可采用水土合算, 又可采用水土分算. 给出了水土合算时的侧压力系数的取值方法; 同时提出了水土分算时, 土压力与水压力应分别乘以相应的系数. 总之, 水土压力计算问题尚无定论, 还有待于土压力理论的进一步完善, 从而解决这个争论.

1.3.3 变形理论

计算基坑支护变形的理论已经非常完备, 因为基坑支护的材料性质 (主要是混凝土或钢材等) 比较清楚, 所以, 在知道支护上的作用力的情况下, 设计工作者能够比较方便地计算出支护的变形. 但问题的关键就在于设计者无法知道支护上的作用力, 特别是作用在支护上的土压力. 试验已经无数次说明：土压力的大小与土体变形紧密联系, 所以, 广大科技工作者主要研究的变形理论, 实际上是土压力与土体变形之间的关系, 即土压力位移关系.

有关土压力位移关系的研究已经有不少, 有的学者[8,20−23] 通过大型模型试验来研究, 由于相对于真实情况, 模拟装置还是太小, 所以无法真正反映挡墙或支护结构的变形, 只能模拟挡墙或支护结构的刚性平动或转动, 而且这种研究方法的工作量往往非常大; 有的学者[24−30] 直接利用有限元法的某些本构模型来研究, 这种研究方法应该是一种有效的研究方法, 它可以模拟不同情况下的挡墙或支护结构的不同变形, 但是这种研究方法所选用的本构关系是否合适, 是研究结果是否可靠的关键. 还有的学者[6,31−40] 根据土压力与支护结构位移的非线性关系, 提出不同曲线形式来模拟, 这种研究方法往往需要预知发动主动或被动土压力所需的位移量. 这些研究方法都具有各自的优点, 也有它们的不足.

对于土压力与支护结构位移呈非线性关系, 学者们根据自己的研究提出了很多位移土压力模型, 下面介绍几种常见的模型.

陈书申 [40] 指出了朗肯土压力理论的两点不足, 引入了 Reimbert 提出的与位移和强度相关的土压力计算公式, 将不同强度土层土压力与位移的关系画在同一坐标系内, 认为正常固结土的土压力与位移和强度两个因素有关, 且在小变形范围内, 力与位移间基本呈线性关系.

作者对于以上几个系数给出了一定的取值方式, 在此基础上, 提出了一个与超固结比 OCR 相关的系数 η_{p3}, 认为 η_{p3} =OCR$^{2/3}$, 但作者的这些取值方式有待实测资料加以实证.

陈页开[41] 在对挡土墙试验研究的基础上, 提出了土压力随位移变化的计算指数公式.

张文慧[42] 在土压力与位移之间成双曲线关系这一假定的前提下, 提出了自己的土压力与墙体位移的关系式.

吴伟强[43] 等提出：当支护结构上的土压力随位移由静止土压力向极限状态变化时, 假定在土压力达到极限状态前土体为线弹性体, 而达到极限状态时, 土体进入理想塑性状态.

秦建设[44] 认为极限位移范围内, 主、被动区的土压力与位移的关系可以采用抛物线加以拟合.

徐日庆[34] 提出将土压力与位移的关系用三角正弦关系模拟.

深基坑支护结构土压力分布问题是一项极为复杂的课题, 国内外许多学者在土压力问题做了许多研究, 并取得了一些成果, 但土压力问题涉及的影响因素很多, 它与支护结构的形式、刚度、土的性状、地下水状况等因素有关. 因此, 每种成果都有局限性.

国内外诸多学者对此做了大量的理论和试验研究, 对经典土压力理论所存在的缺陷和基坑工程中土压力计算的主要影响因素目前已有一定的共识, 但还没有一个简单、实用的理论公式能真正用于实践. 试验研究方面, 也作了较多的室内模型和现场试验, 但所用的填料绝大多数是砂土, 因此, 研究结果具有一定的局限性, 应该增加黏性土土压力的试验研究.

在试验中遇到了许多诸如压力盒埋设、土料制备等许多问题. 应该指出, 模型试验毕竟与基坑工程中土的实际受力状态不同, 试验中许多复杂因素如土的应力历史、超载、降水、渗流、时空效应及一些施工影响因素, 都不能加以考虑, 试验本身由于尺寸效应, 测量精度会存在误差. 因此, 模型试验结果只能作为定性分析, 不能作为定量结果.

目前, 对基坑支护结构的几何变形监测主要包括支护桩桩顶的侧向水平位移监测和支护桩桩体的深层侧向水平位移监测. 支护桩桩顶的位移监测一般采用视准线法或小角法, 通过观测视线的偏离量监测桩顶位移. 这类方法点位布设和观测简单, 成本低, 精度相对较高. 支护桩桩体的深层位移监测则是通过在桩体内或外侧预埋测斜管, 定期用测斜仪进行观测. 上述两类方法从不同的角度、采用不同的观测手段对支护结构进行了全方位的位移监测, 但以前的研究和分析只是独立地利用上述监测数据分析变形, 或虽联合了两种监测数据, 但只停留在定性分析水平上. 只有将上述监测数据进行联合处理, 通过剔除粗差和拟合推估, 才能准确地求得监测面的变形模型, 从而可正确地求得各点的水平位移和分析监测面的总体位移情况.

深基坑工程造价较高, 又是临时性工程, 业主一般不愿投入较多资金, 安全储备较小. 随着工程开挖深度的增加和土质、地下水及环境条件的变化与复杂化, 它又成为一种难度大、风险高且受多因素影响和制约的复杂系统, 一旦出现事故, 处理十分困难. 因此, 必须在深基坑施工过程中, 对基坑支护结构、基坑周围的土体和相邻的建、构筑物进行综合、系统的预测和监控, 同时根据基坑支护系统的特点, 考虑基坑支护安全预警, 以便及时采取措施, 防患于未然, 确保工程顺利进行.

1.4　深基坑安全监控和信息化施工

1.4.1　监测工作的必要性

基坑工程的监测技术是指基坑在开挖施工过程中, 用科学仪器、设备和手段对支护结构、周边环境 (如土体、建筑物、道路、地下设施等) 的位移、倾斜、沉降、应力、开裂、基底隆起以及地下水位的动态变化、土层孔隙水压力变化等进行综合监测. 然后, 根据前一段开挖期间监测到的岩土变位等各种行为表现, 及时捕捉大量的岩土信息, 及时比较勘察、设计所预期的性状与监测结果的差别, 对原设计成果进行评价并判断施工方案的合理性[45−49].

地下工程监控量测技术历来受到地下与隧道工程界的高度重视, 在基坑施工中, 基坑围护结构与环境监测已写入有关规范和法规强制执行, 在大型地下工程的建造过程中, 监控量测几乎贯穿勘察、设计、施工和运营的整个过程.

与地面建筑相比, 地下建筑物处于岩土介质中, 这使得地下建筑物在变形特性、物理结构、初始应力场分布、温度和水侵蚀效应等众多方面具有明显的非均匀性、离散性、非连续性和非线性特点, 使地下建筑在施工、使用阶段表现出相当独特和复杂的力学特性, 其变形规律和受力特点很难以纯理论的方法按一般封闭解的形式予以描述并获得令人满意的结果. 借助于现代计算机技术, 利用数值模拟方法可以对地下工程进行模拟分析计算, 使得分析方法和计算结果更加接近工程实际, 然而, 由于数值方法在介质力学模型建立、材料参数确定等方面所存在的困难和问题, 其分析成果的工程应用还有待于工程实践中积累经验, 通过监测取得的数据和现场描述, 利用优化反分析法、时效曲线法、动态施工的黏弹性反演法、智能预测控制法等手段进行分析计算和修正岩土力学参数, 预测下一段工程实践可能出现的新行为、新动态, 为施工期间进行设计优化和合理组织施工提供可靠的信息, 对后续的开挖方案与开挖步骤提出建议, 对施工过程中可能出现的险情进行及时的预报, 当有异常情况时立即采取必要的工程措施, 将问题抑制在萌芽状态, 以确保工程安全. 可见, 基坑工程的施工监测技术既是检验设计正确性和发展理论的重要手段, 又是及时指导正确施工、避免事故发生的必要措施.

1.4.2　常规的基坑安全监测项目

基坑工程安全监测宜采用仪器监测和巡视检查相结合的方法, 监测的对象包括以下七个方面[50–58]：

(1) 围护结构. 围护结构顶部水平位移和沉降、围护结构深层水平位移、围护结构内力、围护结构侧向土压力、支撑内力、锚杆内力、立柱内力和土钉内力等.

(2) 地下水状况. 地下水位、承压水水位和孔隙水压力.

(3) 基坑底部及周边土体. 地表沉降和水平位移、土体深层水平位移、土体分层竖向位移、坑底隆起 (回弹) 等.

(4) 周边建筑. 周边建筑的竖向位移、倾斜和水平位移.

(5) 周边管线及设施. 周边管线 (包括自来水管、煤气管线、雨水管、污水管、电信管线和通信光缆等) 的变形, 包括沉降和水平位移.

(6) 周边重要的道路. 道路沉降、水平位移和土体分层竖向位移等.

(7) 其他应监测的对象.

参 考 文 献

[1] 高大钊. 软土深基坑支护技术中的若干土力学问题 [J]. 岩土力学, 1995, (03).

[2] 李明. 基坑悬臂支护结构的土压力数值研究 [D]. 南京: 河海大学, 2003.

[3] 刘建航, 侯学渊. 基坑工程手册 [M]. 北京: 中国建筑工业出版社, 1997.

[4] 丁大钧, 刘忠德. 弹性地基梁计算理论与方法 [M]. 南京: 南京工学院出版社, 1986.

[5] Clough G W, Duncan J M. Finite element analysis of retaining wall behavior[J]. Journal of Soil Mechanics & Foundations Div, 1973, 99(4): 347-349.

[6] 陈页开, 徐日庆, 杨晓军, 等. 基坑工程柔性挡墙土压力计算方法 [J]. 工业建筑, 2001, (03): 1-4.

[7] Terzaghi K. Stability of steep slopes on hard unweathered rock[J]. Geotechnique, 1962, 12: 251-270.

[8] Fang Y S, Chen T J, Wu B F. Static earth pressures with various well movements[J]. Journal of Geotechnical Engineering, 1986, 112(3): 317-333.

[9] Fang Y S, Chen T J, Wu B F. passive earth pressures with various wall movements[J]. Journal of Geotechnical Engineering-Asce, 1994, 120(8): 1307-1323.

[10] Bang S C. active earth pressure behind retaining walls[J]. Journal of Geotechnical Engineering-Asce, 1985, 111(3): 407-412.

[11] 周应英, 任美龙. 刚性挡土墙主动土压力的试验研究 [J]. 岩土工程学报, 1990, (02): 19-26.

[12] 岳祖润, 彭胤宗, 张师德. 压实粘性填土挡土墙土压力离心模型试验 [J]. 岩土工程学报, 1992, (06): 90-96.

[13] Rowe P W, Stroyer, Browzin, et al. anchored sheet-pile walls[J]. Proceedings of the Institution of Civil Engineers, 1952, 1(1): 27-70.

[14] 刘晓立, 严驰, 吕宝柱, 等. 柔性挡墙在砂性填土中的土压力试验研究 [J]. 岩土工程学报, 1999, (04): 505-508.

[15] 谭跃虎, 钱七虎. 作用于支护结构的土压力测试与分析 [J]. 建筑技术, 1998, (增刊): 250-252.
[16] 李广信. 基坑支护结构上水土压力的分算与合算 [J]. 岩土工程学报, 2000, (03): 348-352.
[17] 杨晓军, 龚晓南. 基坑开挖中考虑水压力的土压力计算 [J]. 土木工程学报, 1997, (04): 58-62.
[18] 李广信, 刘早云, 温庆博. 渗透对基坑水土压力的影响 [J]. 水利学报, 2002, (05): 75-80.
[19] 刘国彬, 黄院雄, 侯学渊. 水及土压力的实测研究 [J]. 岩石力学与工程学报, 2000, (02): 205-210.
[20] 徐日庆, 陈页开, 杨仲轩, 等. 刚性挡墙被动土压力模型试验研究 [J]. 岩土工程学报, 2002, (05): 569-575.
[21] 宋飞, 张建民. 考虑侧向变形的各向异性砂土土压力试验研究 [J]. 岩石力学与工程学报, 2009, (09): 1884-1895.
[22] 杨斌, 胡立强. 挡土结构侧土压力与水平位移关系的试验研究 [J]. 建筑科学, 2000, (02): 14-20.
[23] 贺薇, 王保田. 肋板式桥台填土期间的土压力和桥台位移的现场试验研究 [J]. 现代交通技术, 2007, (06): 33-35.
[24] 陈页开, 汪益敏, 徐日庆, 等. 刚性挡土墙主动土压力数值分析 [J]. 岩石力学与工程学报, 2004, (06): 989-995.
[25] 陈页开, 汪益敏, 徐日庆, 等. 刚性挡土墙被动土压力数值分析 [J]. 岩石力学与工程学报, 2004, (06): 980-988.
[26] 季亚平. 考虑施工过程的盾构隧道地层位移与土压力研究 [D]. 南京: 河海大学, 2004.
[27] 张吾渝, 徐日庆, 龚晓南. 土压力的位移和时间效应 [J]. 建筑结构, 2000, (11): 58-61.
[28] 张文慧, 田军, 王保田, 等. 基坑围护结构上的土压力与土体位移关系分析 [J]. 河海大学学报 (自然科学版), 2005, (05): 575-579.
[29] 徐力勇, 钱建固, 廖俊展. 土压力对基坑支护结构位移及内力的影响分析 [J]. 地下空间与工程学报, 2007, (02): 302-305.
[30] 龚慈. 不同位移模式下刚性挡土墙土压力计算方法研究 [D]. 杭州: 浙江大学, 2005.
[31] 卢国胜. 考虑位移的土压力计算方法 [J]. 岩土力学, 2004, (04): 586-589.
[32] 宰金珉, 梅国雄. 考虑位移的土压力模型研究 [J]. 南京建筑工程学院学报 (自然科学版), 2001, (01): 9-20.
[33] 张文慧, 田军, 王保田, 等. 基坑围护结构上的土压力与土体位移关系分析 [J]. 河海大学学报 (自然科学版), 2005, (05): 575-579.
[34] 徐日庆. 考虑位移和时间的土压力计算方法 [J]. 浙江大学学报 (工学版), 2000, (04).
[35] 徐日庆, 龚慈, 魏纲, 等. 考虑平动位移效应的刚性挡土墙土压力理论 [J]. 浙江大学学报 (工学版), 2005, (01).
[36] 杨斌, 胡立强. 挡土结构侧土压力与水平位移关系的试验研究 [J]. 建筑科学, 2000, (02): 14-20.
[37] 梅国雄, 宰金珉. 考虑位移影响的土压力近似计算方法 [J]. 岩土力学, 2001, (01): 83-85.

[38] 邓子胜, 邹银生, 王贻荪. 考虑位移非线性影响的深基坑土压力计算模型研究 [J]. 工程力学, 2004, (01): 107-111.

[39] 魏纲, 魏新江, 龚慈, 等. 软土中盾构法隧道引起的土体移动计算研究 [J]. 岩土力学, 2006, 27(6): 995-999.

[40] 陈书申. 经典土压力理论的局限与小变位土压力计算的建议 [J]. 土工基础, 1997, (02): 15-21.

[41] 陈页开. 挡土墙上土压力的试验研究与数值分析 [D]. 杭州: 浙江大学, 2001.

[42] 张文慧. 基坑工程中应力路径对侧向变形的影响及土压力与侧向位移关系的研究 [D]. 南京: 河海大学, 2003.

[43] 吴伟强. 基坑支护结构计算的位移土压力法 [J]. 建筑结构, 1997, (09): 19-21.

[44] 秦建设. 深基坑开挖中位移土压力法的研究及其对 "M" 法的完善 [D]. 南京: 河海大学, 1999.

[45] 林鸣, 徐伟. 深基坑工程信息化施工技术 [M]. 北京: 中国建筑工业出版社, 2006.

[46] 王奎. 安全监测预报技术在基坑支护施工中的应用研究 [D]. 长春: 吉林大学, 2004.

[47] 杨传宽. 深基坑变形监控与信息化施工研究 [D]. 焦作: 河南理工大学, 2010.

[48] 赵宏锡, 李蓓. 大型超深基坑工程实践与理论 [M]. 北京: 人民交通出版社, 2005.

[49] 刘建航, 侯学渊. 基坑工程手册 [M]. 北京: 中国建筑工业出版社, 1997.

[50] 中华人民共和国行业标准. 建筑基坑支护技术规程 (JGJ 120—1999)[M]. 北京: 中国建筑工业出版社, 1999.

[51] 中华人民共和国国家标准. 建筑基坑工程监测技术规范 (GB 50497—2009)[M]. 北京: 中国计划出版社, 2009.

[52] 刘俊岩. 建筑基坑工程监测技术规范实施手册 [M]. 北京: 中国建筑工业出版社, 2010.

[53] 中华人民共和国冶金工业部标准. 建筑基坑工程技术规范 (YB9258—1997)[M]. 北京: 冶金工业出版社, 1998.

[54] 中国工程建设标准化协会标准. 基坑土钉支护技术规程 (CECS 96—1997)[M]. 北京: 中国计划出版社, 1997.

[55] 中华人民共和国国家标准. 岩土工程勘察规范 (GB 50021—2001)[M]. 北京: 中国建筑工业出版社, 2009.

[56] 广州市建筑科学研究院. 广州地区建筑基坑工程技术规定 (GJB 02—1998)[M]. 广州: 1998.

[57] 上海市勘察设计协会. 基坑工程设计规程 (DBJ 08-61—1997)[M]. 上海: 上海市建设委员会, 1997.

[58] 深圳地区建设深基坑支护规范 (SJG 05—1996)[M]. 深圳: 深圳市勘察测绘院, 1996.

第 2 章　挡土结构和支护结构上的土压力

2.1　概　　述

2.1.1　挡土结构物和土压力

在港口、水利、路桥及房屋建筑等工程中, 挡土结构物是一种常见构筑物, 如挡土墙 [图 2-1(a)]、板桩墙 [图 2-1(b)] 等. 挡土结构物的主要作用是承担侧向压力, 土体作用在挡土结构物上的压力称为土压力. 土压力是进行挡土结构物断面设计和稳定验算的重要荷载.

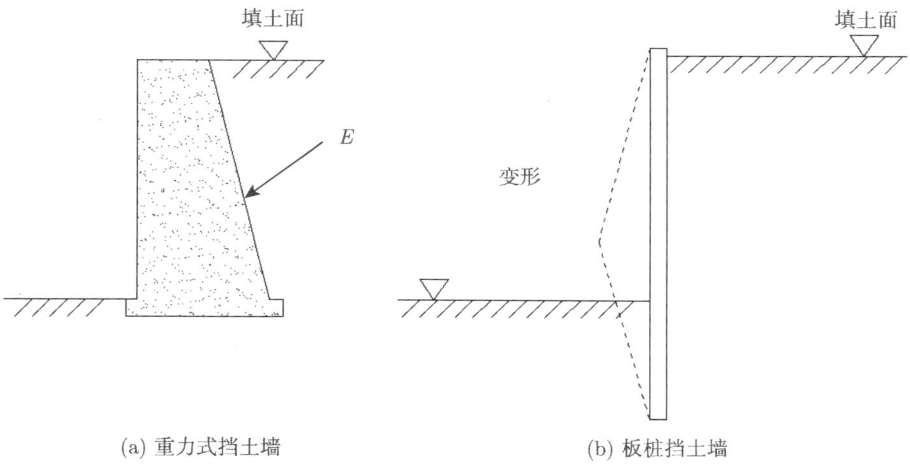

图 2-1　挡土结构物

2.1.2　挡土结构的位移与土压力的关系

土压力的大小和分布不仅受挡土墙的高度和填土的性质等控制, 还与挡土墙的刚度及其位移密切相关. 1929 年 Terzaghi 用挡土墙模型试验, 研究了土压力与墙体位移之间的关系, 测出了如图 2-2 所示的关系曲线. 当挡土墙为刚性体, 保持原始位置不动时, 土体处于静止状态不产生水平方向位移, 此时作用在挡土墙上的土压力称为静止土压力 P_0; 如果挡土墙产生背离填土方向转动或平移时, 随着位移量的逐渐增加, 墙后土体受到的土压力逐渐减小, 当墙后填土达到极限平衡状态时土压力降为最小值, 这时作用在挡土墙上的土压力称为主动土压力 $P_{\rm a}$; 反之, 若墙体向着填土方向转动或平移时, 随着位移量的逐渐增加, 墙后土体受到挤压而引起土压力逐渐增加, 当墙后填土达到极限平衡状态时土压力增大到最大值, 此时作用在挡土墙上的土压力称为被动土压力 P_{p}. 主动土压力 P_{a}、被动土压力 P_{p} 和静止土压力 P_0 是挡土结构在特定状态的土压力. 通常情况下墙后填土未必达到极限平衡状态, 作用在墙上的实际土压力可能为主动土压力和被动土压力之间的某一数值, 其大小与墙体的位移情况有关. 挡土结构设计时, 根据其作用, 只要采用三种典型土压力之一验算挡土结构的稳定性和内力即可, 不需要知道实际土压力数值.

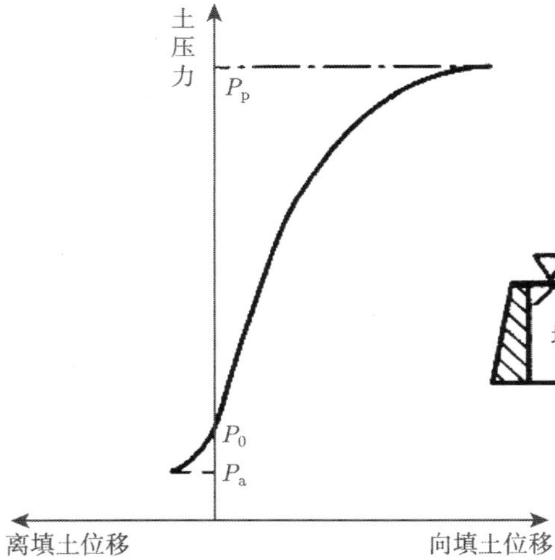

图 2-2　土压力与墙位移的关系

2.2　土压力理论

静止土压力发生在挡土墙为刚性、墙体不发生侧向位移的情况下. 在基坑工程中, 作用在刚度大的、内支撑的、深基础支护结构上的土压力, 可近似等于静止土压力.

静止土压力的计算比较简单, 对于竖直光滑墙背的挡土墙, 由于墙静止不动, 土体无侧向位移, 因此可按弹性理论的水平向自重应力的计算公式来确定, 即单位面积上的静止土压力为

$$p_0 = K_0 \sigma_z \tag{2-1}$$

式中, K_0 为静止侧压力系数; σ_z 为 z 深度处的竖向有效应力.

若墙后为均质填土, 地面水平且无堆载, 则静止土压力为

$$p_0 = K_0 \gamma z \tag{2-2}$$

式中, γ 为土的重度; z 为土压力计算点的深度.

由式 (2-2) 可以看出, 静止土压力的大小沿深度为线性变化, 其分布规律如图 2-3(a) 所示. 沿挡土结构每米长度上作用的总静止土压力等于:

$$P_0 = \frac{1}{2} K_0 \gamma H^2 \ (\mathrm{kN/m}) \tag{2-2a}$$

式中, H 为墙后填土高度; 合力的作用点位于墙踵以上 $H/3$ 处.

若墙后填土中有地下水, 则计算静止土压力时, 地下水面以下土的重度应取为浮重度 γ'(有效重度), 其分布规律如图 2-3(b) 所示. 挡土结构每米长度上的静止土压力合力 P_0 的大小等于土压力分布图形的面积, 即

$$P_0 = \frac{1}{2} K_0 \gamma H_1^2 + K_0 \gamma H_1 H_2 + \frac{1}{2} K_0 \gamma' H_2^2 \tag{2-2b}$$

P_0 作用点位于图形的形心处.

此外, 基坑支护结构上的作用力还有水压力, 作用在挡土结构每米长度上的总水压力等于

$$P_\mathrm{w} = \frac{1}{2} \gamma_\mathrm{w} H_2^2 \tag{2-3}$$

水压力的作用点位于墙踵以上 $H_2/3$ 处.

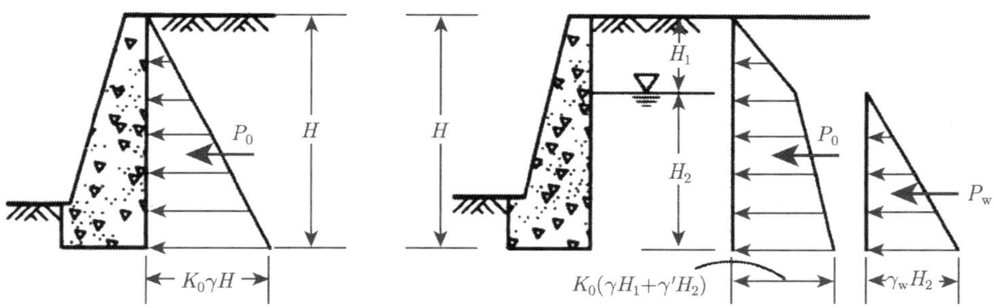

(a) 均匀土　　(b) 有地下水时

图 2-3　静止土压力的分布

静止土压力计算的关键是确定静止侧压力系数 K_0. K_0 可由室内的或现场的静止侧压力试验来测定. 对于砂土或正常固结黏土, 也可根据 φ' 用下述经验公式近似确定:

$$K_0 = 1 - \sin\varphi' \tag{2-4}$$

式中, φ' 为填土的有效内摩擦角.

K_0 的数值通常小于 1, 对于超固结黏土和压实填土也可能会大于 1. 几种典型土的 K_0 值参见表 2-1.

表 2-1　常见土的 K_0 典型值

土类	松砂	密砂	压实填土	正常固结黏土	超固结黏土
K_0	0.40~0.45	0.45~0.50	0.80~1.5	0.5~0.6	1.0~4.0

2.3　朗肯土压力理论

2.3.1　朗肯土压力理论的基本原理和基本假定

朗肯土压力理论是计算主动土压力和被动土压力的经典土压力理论之一, 是朗肯于 1857 年提出的. 朗肯土压力理论认为：当墙后填土达到极限平衡状态时, 与墙体接触的所有土单元体都达到极限平衡状态. 根据土单元体处于极限平衡状态时应力必须满足的极限平衡条件来建立土压力的计算公式. 朗肯土压力理论最初是对均质无黏性土提出的, 后人将这一理论推广到黏性土和有地下水的情况.

朗肯土压力理论假设墙后填土是具有水平表面的半无限体, 墙背竖直光滑. 采用这样假定的目的是使墙后土单元体在水平方向和竖直方向为主应力方向, 墙后深度为 z 处的土单元体所受的应力如图 2-4 所示.

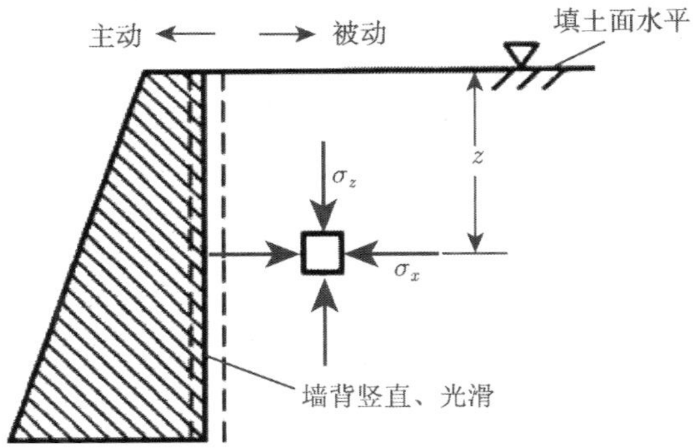

图 2-4　土单元体所受应力状态

如果挡土墙不发生位移, 墙后土单元体所处的应力状态可以由图 2-5 中的莫尔应力圆 A 表示, 此时 $\sigma_1 = \sigma_z$, $\sigma_3 = \sigma_x = K_0\sigma_z$; 如果墙体向离开填土的方向移动时, 随着位移量的增加, 水平向应力 $\sigma_x(\sigma_3)$ 则逐渐减小, 竖向应力 $\sigma_z(\sigma_1)$ 保持不变, 这样应力圆直径不断增加. 当应力圆增大到与库仑理论抗剪强度包线相切时, 该单元体达到主动极限平衡状态. 作用在墙上的土压力 (即主动土压力) 大小就等于该单元体的最小水平应力 $\sigma_{x\min}$(极限小主应力 σ_{3f}). 反之, 如果墙体向填土方向使土体产生侧向挤压时, 随着位移量增加, 竖向应力 σ_z 保持不变, 水平向应力 σ_x 则逐渐增加, 并且大、小主应力的方向会发生改变, σ_z 由 σ_1 转变成 σ_3, σ_x 由 σ_3 转变成 σ_1. 当应力圆增大到与强度包线相切时, 该单元体达到被动极限平衡状态, 这时作

用在墙上的土压力 (即被动土压力) 大小就等于该单元体的最大水平应力 $\sigma_{x\max}$(极限大主应力 σ_{1f}).

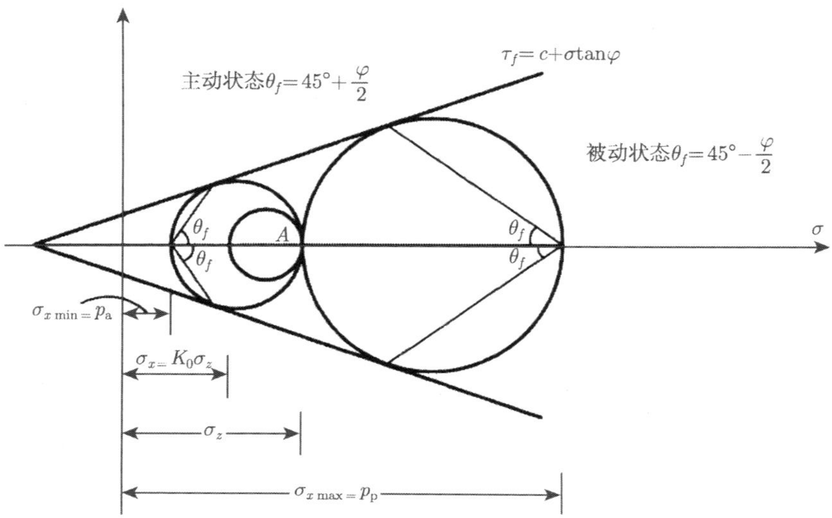

图 2-5 主动、被动极限平衡状态

由莫尔–库仑强度理论[1,2] 知道, 当土体达到极限平衡状态时, 破坏面与大主应力面的夹角为 $\theta_f = 45° + \varphi/2$. 因此, 当土体达到主动极限平衡状态时, 因水平面为大主应力面, 所以破坏面与水平面的夹角为 $\theta_f = 45° + \varphi/2$; 当土体达到被动极限平衡状态时, 因竖直面为大主应力面, 所以破坏面与水平面的夹角为 $\theta_f = 45° - \varphi/2$. 如图 2-6 所示.

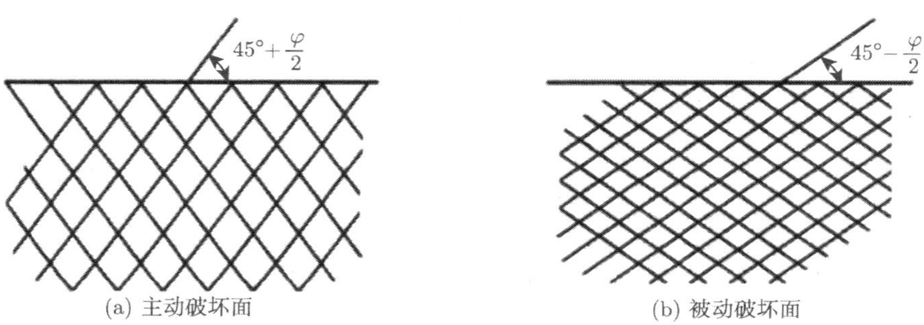

(a) 主动破坏面 (b) 被动破坏面

图 2-6 极限平衡状态破裂面

2.3.2 朗肯主动土压力公式

当墙后填土处于主动极限平衡状态时, 某一深度 z 处的土单元体所受竖向应

力是极限大主应力, 水平向应力为极限小主应力, 即

$$\sigma_z = \sigma_{1f}, \quad \sigma_x = p_a = \sigma_{3f} \tag{2-5}$$

按照莫尔–库仑强度理论, 当土单元体处于极限平衡状态时, 大、小主应力之间满足如下关系:

$$\sigma_{3f} = \sigma_{1f}\tan^2\left(45° - \frac{\varphi}{2}\right) - 2c\cdot\tan\left(45° - \frac{\varphi}{2}\right) \tag{2-6}$$

将式 (2-6) 代入式 (2-5) 就得到深度 z 处朗肯主动土压力计算公式:

$$p_a = \sigma_z\tan^2\left(45° - \frac{\varphi}{2}\right) - 2c\cdot\tan\left(45° - \frac{\varphi}{2}\right) = \sigma_z K_a - 2c\sqrt{K_a} \tag{2-7}$$

式中, $K_a = \tan^2(45° - \varphi/2)$, 称为朗肯理论的主动土压力系数.

对于无黏性土的主动土压力计算, 由于这时 c=0, 若顶面无堆载, $\sigma_z = \gamma\cdot z$, 由公式 (2-7) 可以得到任一深度 z 处主动土压力大小为

$$p_a = \gamma z K_a \tag{2-8}$$

由式 (2-8) 可见, 主动土压力沿深度 z 呈三角形线性分布, 如图 2-7(a) 所示.

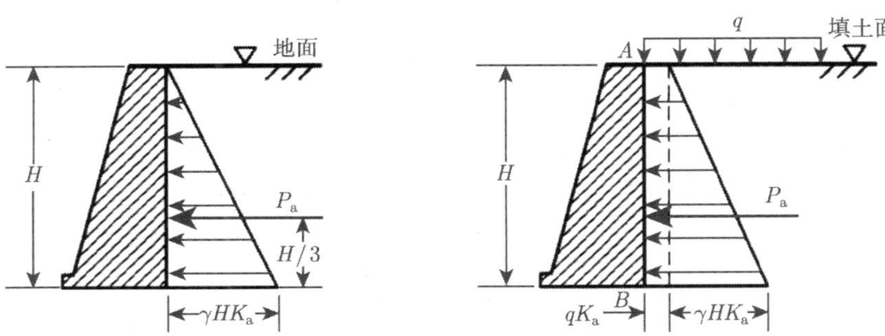

(a) 无超载作用　　(b) 有均布荷载作用

图 2-7　无黏性土主动土压力分布图

设挡土墙高度为 H, 则作用在单位长度挡土墙上的总主动土压力大小为三角形分布图的面积, 即

$$P_a = \frac{1}{2}\gamma H^2 K_a \tag{2-9}$$

P_a 作用点位于主动土压力三角形分布图形的形心, 即 $H/3$ 处.

若填土表面有均布荷载 q, 如图 2-7(b) 所示, 则深度 z 处土单元体所受竖向应力为 $\sigma_z = \gamma z + q$, 将 σ_z 代入式 (2-7), 得作用在地面下深度 z 处墙背上的主动土压力为

$$p_a = (\gamma z + q)K_a = \gamma z K_a + qK_a \tag{2-10}$$

可见, 此时的主动土压力由两部分组成: 一部分是由均布荷载引起的, 与深度无关, 沿墙高呈矩形分布; 另一部分是由土自重引起的, 与深度成正比, 沿墙高呈三角形分布. 于是作用在墙背上的总的主动土压力大小可按梯形分布图的面积计算, 即

$$P_a = \frac{1}{2}\gamma H^2 K_a + qHK_a \tag{2-11}$$

P_a 作用在主动土压力梯形分布图的形心.

对于黏性土的主动土压力, 即 $c \neq 0$, 则由式 (2-7), 当地面无超载时, 任一深度 z 处主动土压力大小为

$$p_a = \gamma z K_a - 2c\sqrt{K_a} \tag{2-12}$$

可见, 黏性土主动土压力沿深度 z 呈线性变化, 与无黏性土不同的是, 它由两部分组成: 一部分是由土自重引起的压力, 沿墙高呈三角形分布; 另一部分是由黏聚力引起的拉力, 与深度无关, 沿墙高呈矩形分布. 正是由于黏性土黏聚力的存在, 主动土压力在某一深度范围内会出现负值, 即存在拉力区, 拉力区的深度 z_0 为 p_a=0 处的 z 值, 有

$$z_0 = \frac{2c}{\gamma\sqrt{K_a}} \tag{2-13}$$

由于土体为散粒材料, 实际上不能够承受拉力, 所以作用在墙背上的主动土压力的分布图形应为图 2-8 中下部阴影三角形.

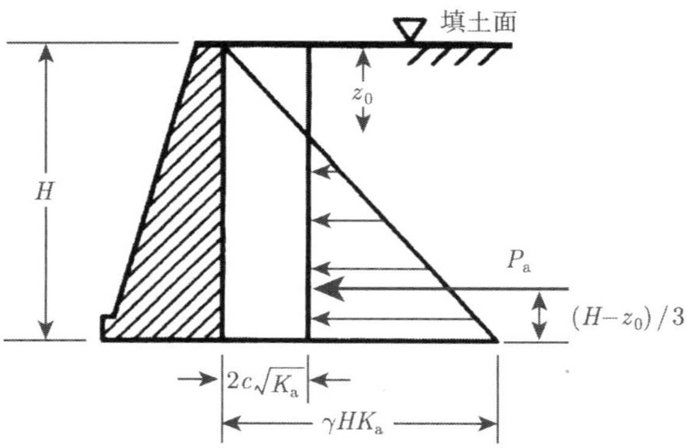

图 2-8　黏性土的主动土压力

总的主动土压力大小可按该阴影三角形的面积计算, 即

$$P_a = \frac{1}{2}\gamma(H - z_0)^2 K_a \tag{2-14}$$

P_a 的作用点位于墙底面以上 $(H - z_0)/3$ 处.

如果填土表面有均布荷载 q, 深度 z 处土单元体所受竖向应力为 $\sigma_z = \gamma z + q$, 则主动土压力为

$$p_{\mathrm{a}}=\sigma_z K_{\mathrm{a}}-2c\sqrt{K_{\mathrm{a}}}=\gamma z K_{\mathrm{a}}+qK_{\mathrm{a}}-2c\sqrt{K_{\mathrm{a}}} \tag{2-15}$$

可见, 此时的主动土压力由三部分组成: 一是由土自重引起的, 沿墙高呈三角形分布; 二是由均布荷载引起的压力, 沿墙高呈矩形分布, 与深度无关; 三是由黏聚力引起的拉力, 沿墙高也呈矩形分布, 与深度无关.

对于有均布荷载的黏性土主动土压力, 有可能出现拉力区, 也可能不出现拉力区. 由式 (2-15), 令 $p_{\mathrm{a}}=0$, 可以得到填土受拉区的最大深度为

$$z_0=\frac{2c}{\gamma\sqrt{K_{\mathrm{a}}}}-\frac{q}{\gamma} \tag{2-16}$$

如果 z_0 大于零, 则填土中存在拉力区, 主动土压力为三角形分布, 如图 2.9(a) 中下部成阴影的三角形所示. 总的主动土压力大小计算公式仍为式 (2-14), 作用点位于墙底面以上 $(H-z_0)/3$ 处.

如果 z_0 小于零, 则均布荷载引起的土压力使填土中不出现拉力区, 主动土压力的分布为梯形分布, 如图 2-9(b) 中的阴影部分所示. 总的主动土压力大小可按阴影梯形的面积 (可看做三个简单形状的代数和: γ 引起的三角形、q 引起的矩形压应力和 c 引起的矩形拉应力) 计算, 即

$$P_{\mathrm{a}}=\frac{1}{2}\gamma H^2 K_{\mathrm{a}}+qHK_{\mathrm{a}}-2cH\sqrt{K_{\mathrm{a}}} \tag{2-17}$$

P_{a} 作用点在梯形的形心处.

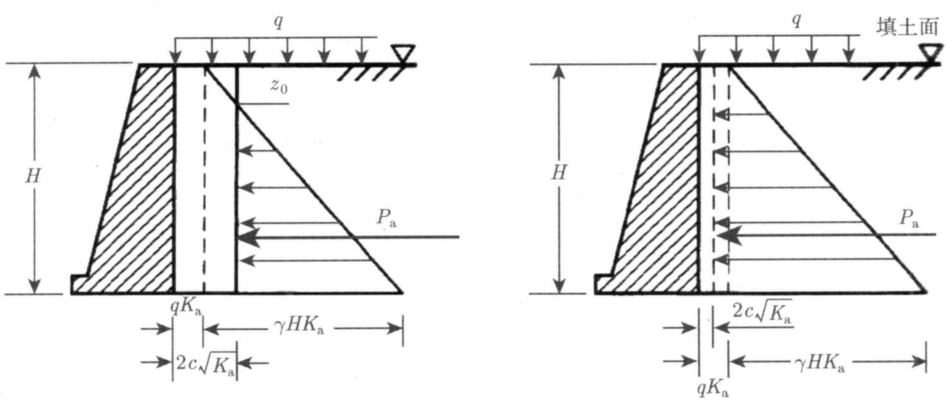

图 2-9　有均布荷载时黏性土的主动土压力

2.3.3　朗肯被动土压力计算

当挡土墙向填土挤压, 使墙后填土处于被动极限平衡状态时, 某一深度 z 处的

土单元体所受竖向应力是小主应力, 水平向应力为大主应力. 即

$$\sigma_z = \sigma_{3f}, \quad \sigma_x = p_{\mathrm{p}} = \sigma_{1f} \tag{2-18}$$

当土单元体处于极限平衡状态时, 按照莫尔–库仑强度理论, 大、小主应力之间满足如下关系:

$$\sigma_{1f} = \sigma_{3f}\tan^2\left(45^\circ + \frac{\varphi}{2}\right) + 2c \cdot \tan\left(45^\circ + \frac{\varphi}{2}\right) \tag{2-19}$$

因此将式 (2-18) 代入上式就得到深度 z 处朗肯被动土压力计算公式:

$$p_{\mathrm{p}} = \sigma_z\tan^2\left(45^\circ + \frac{\varphi}{2}\right) + 2c \cdot \tan\left(45^\circ + \frac{\varphi}{2}\right) = \sigma_z K_{\mathrm{p}} + 2c\sqrt{K_{\mathrm{p}}} \tag{2-20}$$

式中, $K_{\mathrm{p}} = \tan^2\left(45^\circ + \frac{\varphi}{2}\right)$, 称为朗肯土压力理论的被动土压力系数.

若墙后填土为无黏性土, 并且填土表面无超载作用, 这时 $\sigma_z = \gamma \cdot z$, c=0, 则由式 (2-20) 可以得到任一深度 z 处被动土压力大小为

$$p_{\mathrm{p}} = \gamma z K_{\mathrm{p}} \tag{2-21}$$

由式 (2-21) 可见, 被动土压力沿深度 z 呈三角形分布, 如图 2-10(a) 所示.

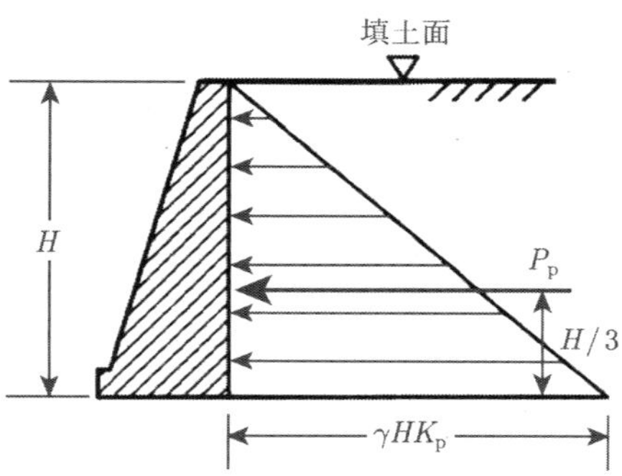

(a) 无超载作用

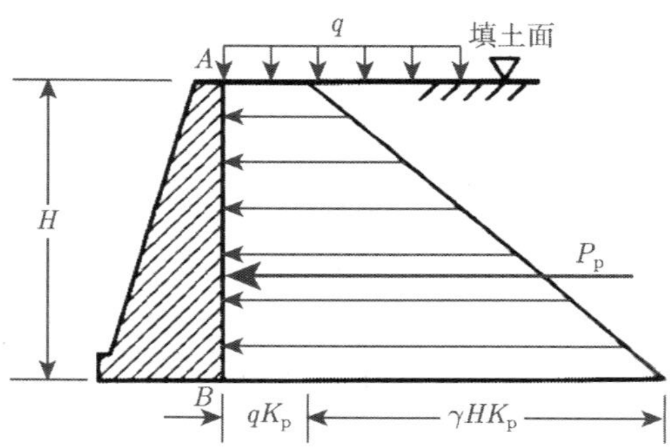

(b) 有均布荷载作用

图 2-10　无黏性土被动土压力分布图

设挡土墙后填土高度为 H, 则作用在墙上的总的被动土压力大小可按三角形分布图的面积计算, 即

$$P_{\mathrm{p}} = \frac{1}{2}\gamma H^2 K_{\mathrm{p}} \tag{2-22}$$

P_{p} 的作用点位于图形的形心处, 即 $H/3$ 处.

如果填土表面有均布荷载 q, 如图 2-10(b) 所示, 深度 z 处土单元体所受竖向应力为 $\sigma_z = \gamma z + q$, 则被动土压力为

$$p_{\mathrm{p}} = (\gamma z + q)K_{\mathrm{p}} = \gamma z K_{\mathrm{p}} + qK_{\mathrm{p}} \tag{2-23}$$

由式 (2-23) 可见, 当填土表面有均布荷载时, 被动土压力由两部分组成：一是由均布荷载引起的, 沿墙高呈矩形分布; 二是由土自重引起的, 沿墙高呈三角形分布. 于是作用在墙背上的总的被动土压力大小为梯形分布图的面积 (常分解为三角形与矩形的面积之和), 即

$$P_{\mathrm{p}}=\frac{1}{2}\gamma H^2K_{\mathrm{p}}+qHK_{\mathrm{p}} \tag{2-24}$$

P_{p} 作用在梯形的形心处.

若墙后填土为黏性土, 即 $c\neq0$, 则墙后任一深度 z 处被动土压力为

$$p_{\mathrm{p}}=\gamma zK_{\mathrm{p}}+2c\sqrt{K_{\mathrm{p}}} \tag{2-25}$$

可见, 黏性填土中的被动土压力沿深度 z 呈线性分布, 它由两部分组成：一是由土自重引起的, 沿墙高呈三角形分布; 二是由黏聚力引起的, 沿墙高呈矩形分布. 其分布如图 2-11(a) 所示. 作用在墙背上的总的被动土压力可按梯形分布图的面积计算, 即

$$P_{\mathrm{p}}=\frac{1}{2}\gamma H^2K_{\mathrm{p}}+cH\sqrt{K_{\mathrm{p}}} \tag{2-26}$$

P_{p} 作用点在梯形的形心处.

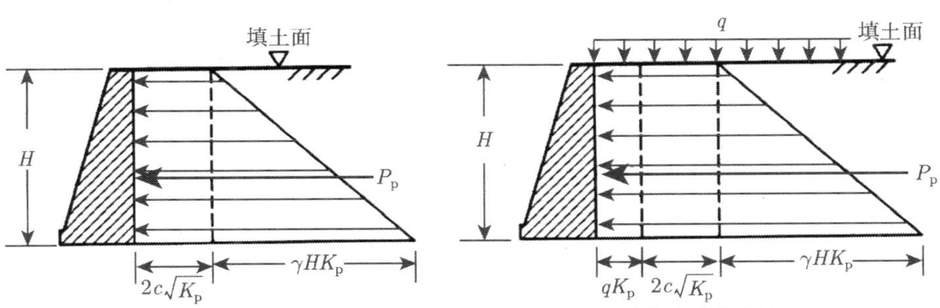

(a) 无超载作用　　(b) 有均布荷载作用

图 2-11　黏性土被动土压力分布图

如果填土表面还有均布荷载 q, 则挡土结构所受被动土压力为

$$p_{\mathrm{p}}=\sigma_zK_{\mathrm{p}}+2c\sqrt{K_{\mathrm{p}}}=\gamma zK_{\mathrm{p}}+qK_{\mathrm{p}}+2c\sqrt{K_{\mathrm{p}}} \tag{2-27}$$

这时被动土压力由三部分组成：一项是由土自重引起的, 沿墙高呈三角形分布; 另两项是由均布荷载和黏聚力引起的, 与深度无关, 沿墙高呈矩形分布. 其分布如图 2-11(b) 所示. 总的被动土压力可按梯形的面积计算, 即

$$P_{\mathrm{p}}=\frac{1}{2}\gamma H^2K_{\mathrm{p}}+qHK_{\mathrm{p}}+2cH\sqrt{K_{\mathrm{p}}} \tag{2-28}$$

P_{p} 作用点在梯形的形心处.

2.3.4　填土中有地下水时的土压力计算

若挡土墙后填土中地下水位面高于墙踵, 地下水位以下的填土由于浮力作用使有效重量减轻将引起土压力减小, 在计算式 (2-7) 或式 (2-20) 中的竖向应力时, 水下填土部分采用浮重度. 另外需注意的是作用在墙背上的总压力中还应包括水压力的作用.

以图 2-12 所示的无黏性土主动土压力为例. 地下水位以上 (图中 AB 段) 的主动土压力计算与公式 (2-8) 相同, 即 B 点的主动土压力为

$$(p_{\mathrm{a}})_B=(\sigma_z)_B K_{\mathrm{a}}=\gamma H_1 K_{\mathrm{a}} \tag{2-29}$$

式中, H_1 为地下水位以上填土的高度.

地下水位以下部分 (图中 BC 段), 在计算土单元体竖向应力 σ_z 时, 需使用浮重度 γ'. 假设水下 K_{a} 值不变, 则 C 点的主动土压力为

$$(p_{\mathrm{a}})_C=(\sigma_z)_C K_{\mathrm{a}}=\gamma H_1 K_{\mathrm{a}}+\gamma' H_2 K_{\mathrm{a}} \tag{2-30}$$

式中, H_2 为地下水位以下填土的高度.

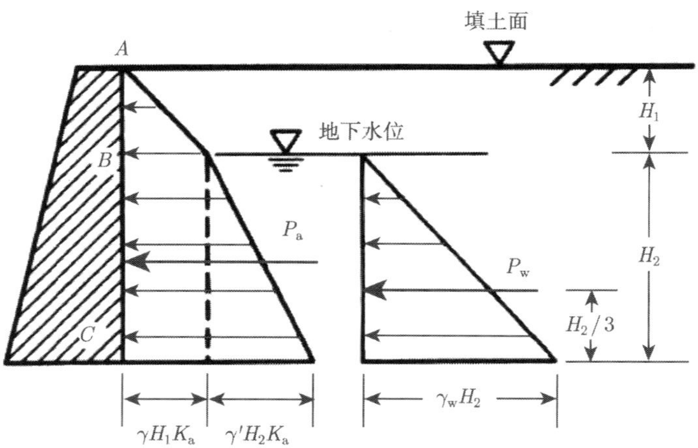

图 2-12　填土部分在地下水位以下时的主动土压力

总的主动土压力的大小由如图 2-12 所示的压力分布图的面积求得, 即

$$P_{\mathrm{a}}=\frac{1}{2}\gamma H_1^2 K_{\mathrm{a}}+\gamma H_1 H_2 K_{\mathrm{a}}+\frac{1}{2}\gamma' H_2^2 K_{\mathrm{a}} \tag{2-31}$$

P_{a} 作用点位于图形的形心处.

作用在墙背面的水压力为

$$P_{\mathrm{w}}=\frac{1}{2}\gamma_{\mathrm{w}} H_2^2 \tag{2-32}$$

于是在进行挡土墙设计时, 作用在墙背上的总压力为

$$P = P_a + P_w = \frac{1}{2}\gamma H_1^2 K_a + \gamma H_1 H_2 K_a + \frac{1}{2}\gamma' H_2^2 K_a + \frac{1}{2}\gamma_w H_2^2 \tag{2-33}$$

2.3.5　填土为成层土时的土压力计算

如果墙后填土是由不同土层组成, 应考虑填土性质不同 (重度、黏聚力、内摩擦角等发生变化) 对土压力的影响. 在确定成层土的土压力时, 需注意两点：一是由于各层填土重度不同, 填土竖向应力分布在土层交界面上出现转折; 二是由于各层填土黏聚力和内摩擦角不同, 计算的水平向土压力在分界面上下发生突变. 在计算主动或被动土压力系数时, 采用计算点所在土层的黏聚力和内摩擦角.

如图 2-13 所示, 挡土墙后填土由两层无黏性填土组成. 以主动土压力计算为例, 如果两层填土的内摩擦角 φ 不同, 则土压力分布在两层填土交界面 B 处会发生突变, 在交界面 B 点之上的主动土压力为

$$(p_a)_{B上} = (\sigma_z)_B K_{a1} = \gamma H_1 K_{a1} \tag{2-34}$$

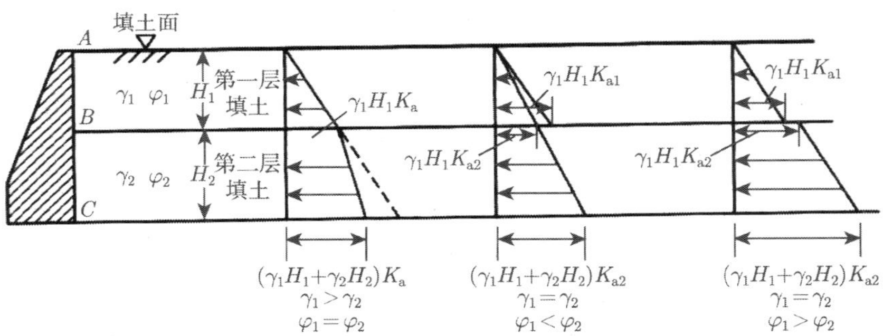

图 2-13　填土为成层土时的主动土压力

在交界面 B 点之下的主动土压力为

$$(p_a)_{B下} = (\sigma_z)_B K_{a2} = \gamma H_1 K_{a2} \tag{2-35}$$

B 点上下主动土压力发生突变, 数值相差 $\gamma \cdot H_1(K_{a1} - K_{a2})$.

C 点的主动土压力为

$$(p_a)_C = (\sigma_z)_C K_{a2} = (\gamma_1 H_1 + \gamma_2 H_2) K_{a2} \tag{2-36}$$

式中, K_{a1}、K_{a2} 分别为第一层与第二层填土的主动土压力系数.

总主动土压力大小由如图 2-13 所示的压力分布图的面积求得, 即

$$P_a = \frac{1}{2}\gamma_1 H_1^2 K_{a1} + \gamma_1 H_1 H_2 K_{a2} + \frac{1}{2}\gamma_2 H_2^2 K_{a2} \tag{2-37}$$

P_a 作用点位于图形的形心处.

2.4 库仑土压力理论

2.4.1 基本原理和基本假定

1776 年, 库仑从挡土结构后填土内发生整体滑动分析, 按照土体在极限平衡条件下的力的平衡条件来确定土压力. 如图 2-14 所示, 当墙后填土为无黏性土, 若墙突然移去时, 填土将沿一个平面滑动, 如图 2-14 中的 AC 面, AC 面与水平面的倾角等于内摩擦角 φ; 若墙离开填土向前发生一个微小位移, 则在墙背面 AB 与 AC 面之间将产生一个接近平面的主动滑动面 AD; 相反如果墙向填土挤压, 在 AC 面和水平面之间将产生被动滑动面 AE. 因此只要确定出主动或被动破坏面的形状和位置, 假定滑动体为刚性体, 就可以根据滑动土体的静力平衡条件来确定主动或被动土压力.

库仑土压力理论的关键是破坏面的形状和位置如何确定. 为使问题简化, 库仑假定破坏面为平面. 这一假定, 往往带来计算精度的损失, 特别是被动土压力的计算, 由于实际发生的被动破坏面与平面相差甚远, 因此常常产生不可忽略的误差.

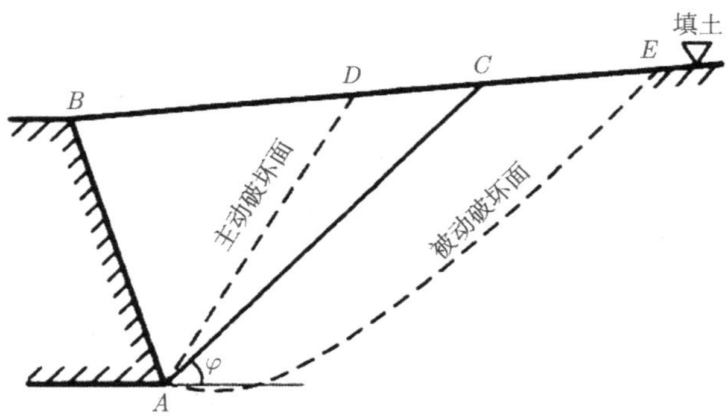

图 2-14 墙后无黏性土填土中的破坏面

2.4.2 无黏性土主动土压力计算

如图 2-15 所示, 挡土墙的墙背面 AB 与竖直线的夹角为 ε, 填土表面 BC 是一平面, 与水平面夹角为 α, 设墙背与填土之间的摩擦角为 φ_0. 如果墙在填土压力作用下离开填土向前移动, 当墙后土体达到极限平衡状态时 (主动极限平衡状态), 土体与墙背面 AB 的交界面成为滑动面之一, 另一个滑动面 AC 在土体内部. 若滑动面 AC 与水平面间夹角为 θ, 取单位长度挡土墙, 把滑动土体 ABC 作为脱离体, 考虑其静力平衡. 作用在滑动土体 ABC 上的作用力有:

(1) 滑动土体 ABC 的重量 W, 若 θ 已知, 则 W 的大小、方向及作用点位置均为已知.

(2) 土体作用在破坏面 AC 上的反力 R, R 是 AC 面上摩擦力和法向反力的合力, R 的方向与破坏面法线的夹角等于土的内摩擦角 φ. 由于滑动土体 ABC 相对于滑动面 BC 右边的土体是向下移动, 故摩擦力的方向向上. R 的作用方向为已知值, R 的大小未知.

(3) 墙背面 AB 对滑动土体的反力 P(大小等于主动土压力), P 是 AB 面上摩擦力和法向反力的合力, P 的方向与墙背面的法线夹角为 φ_0. 由于滑动土体 ABC 相对于墙背是向下滑动, 故墙背在 AB 面产生的摩擦力 P 的作用方向为如图 2-15 所示的已知值, 但 P 的大小未知.

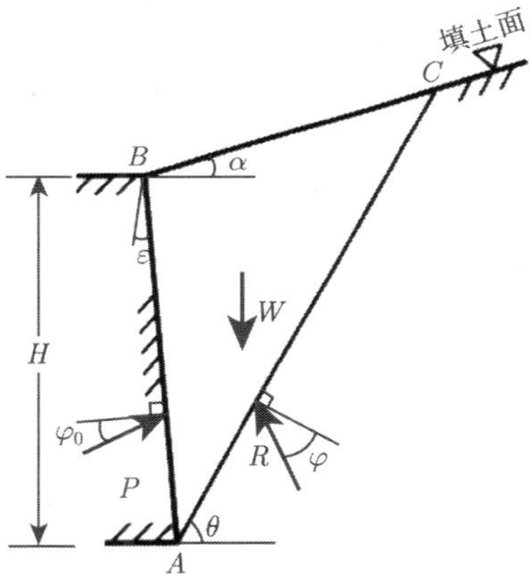

(a) 库仑主动破坏条件的滑动楔体

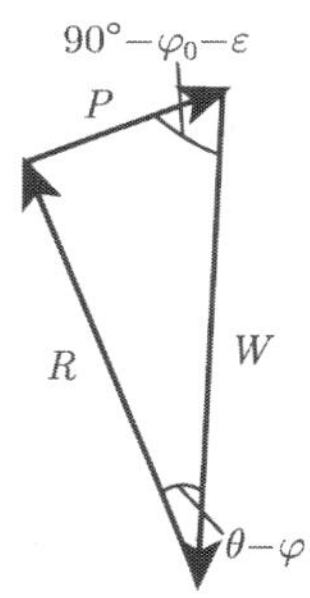

(b) 库仑理论的力矢三角形

图 2-15　无黏性土的主动土压力

根据静力平衡条件, W、R、P 应组成封闭力矢三角形. 绘制作用在滑动土体 ABC 上的力矢三角形如图 2-15(b) 所示. 根据正弦定律可得

$$P=\frac{W\sin(\theta-\varphi)}{\sin(90^\circ+\varphi+\varphi_0+\varepsilon-\theta)} \tag{2-38}$$

由图 2-15 可知

$$\begin{aligned}W&=\gamma\cdot S_{ABC}=\gamma\cdot\frac{1}{2}\cdot AB^2\cdot\frac{\sin(90^\circ+\alpha-\varepsilon)\cdot\sin(90^\circ+\varepsilon-\theta)}{\sin(\theta-\alpha)}\\&=\frac{1}{2}\gamma H^2\cdot\frac{\sin(90^\circ+\alpha-\varepsilon)\cdot\sin(90^\circ+\varepsilon-\theta)}{\cos^2\varepsilon\cdot\sin(\theta-\alpha)}\end{aligned} \tag{2-39}$$

将 W 代入式 (2-38) 可得

$$P=\frac{1}{2}\gamma H^2\cdot\frac{\cos(\varepsilon-\alpha)\cdot\cos(\varepsilon-\theta)\sin(\theta-\varphi)}{\cos^2\varepsilon\cdot\sin(\theta-\alpha)\cos(\theta-\varphi-\varphi_0-\varepsilon)} \tag{2-40}$$

由上式可知, 当墙的倾角 ε, 填土表面的倾角 α, 填土的性质 γ、φ、φ_0 以及墙体的高度 H 均已知时, 土压力 P 的大小仅取决于破坏面的倾角 θ. 由于图中破坏面的倾角 θ 是假设的, 所以 AC 面不一定是真正破坏面, 只有真正的破坏面对应的土压力 P 才是主动土压力. 由式 (2-40) 可以看出 P 随破坏面倾角变化, θ 在 $(\varphi, 90°)$ 之间变化时, P 将有一个极大值, 这个极大值 $P_{\max}$ 即为所求的主动土压力 P_a. 由于主动土压力是一系列假定的主动破坏面中计算出的土压力的最大值, 因此, 将式 (2-40) 对 θ 求导数, 并令其等于零, 即令

$$\frac{\mathrm{d}P}{\mathrm{d}\theta}=0$$

解出 θ, 代入式 (2-40), 就可得到作用在墙背上的总库仑主动土压力计算公式:

$$P_a=\frac{1}{2}\gamma H^2K_a \tag{2-41}$$

$$K_a=\frac{\cos^2(\varphi-\varepsilon)}{\cos^2\varepsilon\cos(\varepsilon+\varphi_0)\left[1+\sqrt{\dfrac{\sin(\varphi+\varphi_0)\sin(\varphi-\alpha)}{\cos(\varepsilon+\varphi_0)\cos(\varepsilon-\alpha)}}\right]^2} \tag{2-42}$$

式中, γ、φ 分别为墙后填土的重度和内摩擦角; H 为挡土墙的高度; ε 为墙背与竖直线间夹角, 墙背仰斜时为正 (图 2-15), 墙背俯斜时为负; α 为填土表面与水平面间的倾角, 在水平面以上为正 (图 2-15), 在水平面以下为负; φ_0 为墙背与填土间的摩擦角, 决定于墙背面粗糙程度、填土性质、墙背面倾斜形状等, 可参考下列数据选用:

砌体砌筑的阶梯形墙背 $\varphi_0=(2/3\sim1)\varphi$

仰斜的混凝土墙或砌体墙背 $\varphi_0=(1/2\sim2/3)\varphi$

竖直的混凝土或砌体墙背 $\varphi_0=(1/3\sim1/2)\varphi$

俯斜的混凝土或砌体墙背 $\varphi_0=\frac{1}{3}\varphi$

墙背光滑而排水不良 $\varphi_0=(0\sim1/3)\varphi$

式 (2-42) 中的 K_a 称为库仑理论的主动土压力系数, 是 ε、α、φ、φ_0 等参数的函数, 可由公式 (2-42) 计算或查有关设计手册获得. 在挡土墙设计中常常遇到如何减小主动土压力的问题, 这里研究一下各种因素的影响结果. 分析式 (2-42), 当其他条件相同时, φ 角越大, 则 K_a 越小; φ_0 越大, 则 K_a 越小; ε 角为正 (即仰斜墙) 且其值越大, 则 K_a 值越大, ε 角为负 (即俯斜墙) 且其值越大, 则 K_a 值越小; α 角越大, 则 K_a 值越大. 特别是当 $\alpha>\varphi$ 时将出现虚根, 表明式 (2-42) 已不适用, 因此必须控制使 $\alpha\leqslant\varphi$.

由式 (2-41) 可以看出, 主动土压力 P_a 的大小与墙高 H 的平方成正比, 因此可见主动土压力沿墙高呈直线规律分布, 沿墙高的压强为 $\gamma\cdot zK_a$, 如图 2-16(a) 所示;

沿墙背面的压强则为 $\gamma \cdot zK_{\mathrm{a}}\cos\varepsilon$, 如图 2-16(b) 所示. 总的主动土压力的大小等于压力分布图的面积, 其方向与墙背面法线成 φ_0 角, 其作用点在墙高的 1/3 处.

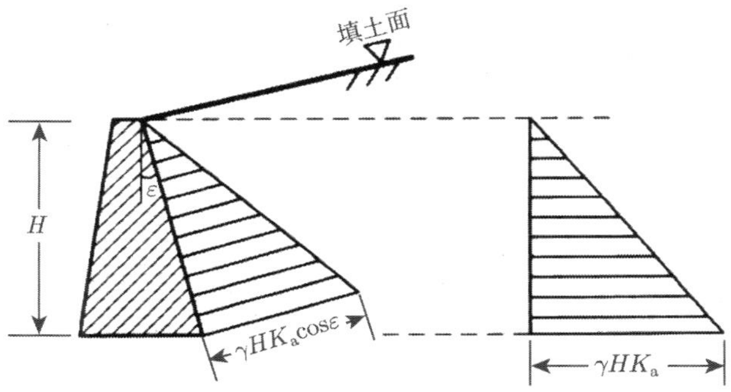

(a) 沿墙高分布　(b) 沿墙背分布

图 2-16　无黏性土的主动土压力

由于库仑土压力理论是根据滑动土体上力的平衡条件来确定土压力, 所以与朗肯土压力理论相比, 其优点是可以考虑填土面为倾斜, 墙背为粗糙、倾斜的情况. 如果假设填土面水平, 墙背竖直、光滑, 即 $\varepsilon = 0$、$\alpha = 0$、$\varphi_0 = 0$, 则由公式 (2-42) 可得

$$K_{\mathrm{a}} = \tan^2\left(45° - \frac{\varphi}{2}\right)$$

与无黏性土朗肯土压力公式完全相同. 由此可见, 朗肯土压力理论是库仑土压力理论的一个特例.

2.4.3　无黏性土被动土压力计算

当挡土墙在外力作用下向着填土方向挤压而使填土达到被动破坏状态时, 墙后填土中将出现另一种通过墙脚的两个平面破坏面: AB 和 AC, 如图 2-17 所示. 这时, 滑动体 ABC 将相对于挡土墙和 AC 面下侧土体向上移动, R 和 P 的方向如图 2-17 所示. 据其力矢三角形, 由正弦定律可得

$$P = \frac{W\sin(\theta + \varphi)}{\sin(90° + \varepsilon - \varphi_0 - \varphi - \theta)} \tag{2-43}$$

式中各项符号意义同式 (2-38).

将式 (2-39) 代入上式可得

$$P = \frac{1}{2}\gamma H^2 \cdot \frac{\cos(\varepsilon - \alpha)\cdot\cos(\varepsilon - \theta)\sin(\theta + \varphi)}{\cos^2\varepsilon \cdot \sin(\theta - \alpha)\cos(\theta + \varphi + \varphi_0 - \varepsilon)} \tag{2-44}$$

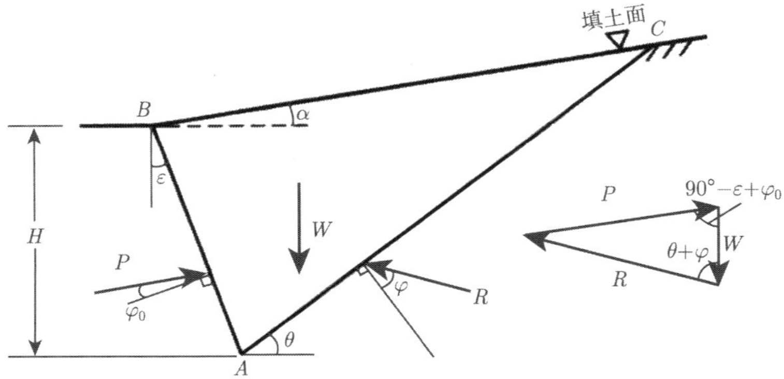

图 2-17　无黏性土的被动土压力

同样, P 值是随破坏面倾角 θ 变化的. 当挡土墙向填土方向挤压时, 最危险滑动面上的 P 值是公式 (2-44) 的极小值. 与主动土压力计算原理相似, 由 $\mathrm{d}P/\mathrm{d}\theta=0$, 解出 θ, 再代回式 (2-44) 中, 就可得到作用在墙背上的总库仑被动土压力计算公式

$$P_{\mathrm{p}}=\frac{1}{2}\gamma H^2 K_{\mathrm{p}} \tag{2-45}$$

$$K_{\mathrm{p}}=\frac{\cos^2(\varphi+\varepsilon)}{\cos^2\varepsilon\cos(\varepsilon-\varphi_0)\left[1-\sqrt{\dfrac{\sin(\varphi+\varphi_0)\sin(\varphi+\alpha)}{\cos(\varepsilon-\varphi_0)\cos(\varepsilon-\alpha)}}\right]^2} \tag{2-46}$$

式中, K_{p} 为库仑理论的被动土压力系数, 是 ε、α、φ、φ_0 的函数; 其余各项意义同前.

由式 (2-45) 知, 被动土压力 P_{p} 的大小仍与墙高 H 的平方成正比, 因此被动土压力沿墙高也按直线规律分布. 总的被动土压力的方向向上且与墙背面法线成 φ_0 角, 其作用点在墙高的 1/3 处.

2.4.4　库尔曼图解法

上述库仑土压力计算公式是基于填土表面为平面的假定建立的, 若填土表面不是平面, 而是折线或曲线状时, 滑动体的重量不能直接表达出来, 这时就没有前述解析解给出的土压力系数, 此时可以用图解法. 下面以主动土压力为例, 介绍由库尔曼在 1875 年提出的、目前较常用的一种图解方法.

根据库仑土压力理论, 当墙后填土达到极限平衡状态时, 假设土体将沿着某一与水平面夹角为 θ 的平面滑动, 此时作用在滑动土体上的三个力 W、R、P 构成力矢三角形 (图 2-15). 在这三个力中, 滑动土体重量 W 的大小和方向已知, 竖直向下, 墙背面反力 P(大小等于土压力) 的方向已知, 与竖直方向夹角为 $(\varphi-\varepsilon)$, 滑动

土体重量 W 的大小和破坏面下土体反力 R 的方向与破坏面位置有关. 若假定一系列的破坏面, 分别作出相应的力矢三角形, 可以直接由作图确定出相应 P 值, 则所有 P 值中的最大值就是总的主动土压力 P_{a}. 库尔曼图解法的具体步骤如下 (图 2-18).

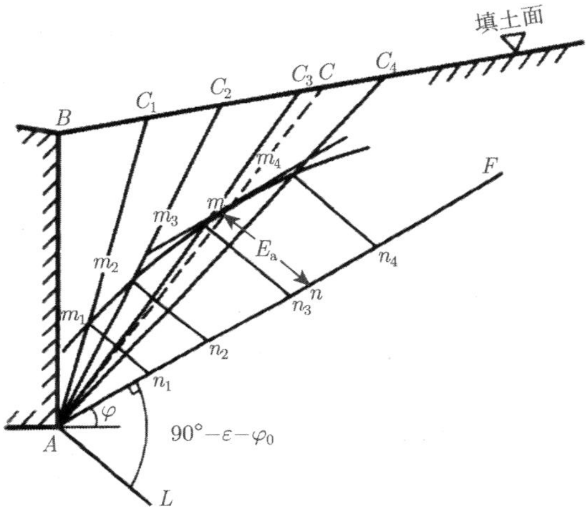

图 2-18　库尔曼图解法求主动土压力

(1) 过墙脚 A 点作辅助线 AF, 与水平线的夹角为 φ, 再引辅助线 AL, 与 AF 的夹角为 $(90° - \varepsilon - \varphi_0)$.

(2) 假定一破坏面 AC_1, 计算滑动土体 ABC_1 的重量 W_1, 并按一定的比例在 AF 线截取线段 An_1 等于 W_1, 自 n_1 点引 AL 的平行线交 AC_1 线于 m_1 点, 则 m_1n_2 的长度就表示破坏面为 AC_1 时的土压力 P_1.

(3) 同理, 假定其他若干破坏面 $AC_2, AC_3, \cdots$, 重复以上步骤, 得到 $n_2, n_3, \cdots$ 及 $m_2, m_3, \cdots$ 点.

(4) 将 $m_1, m_2, m_3, \cdots$ 各点连成曲线, 作该曲线与 AF 平行的切线, 得到切点 m, 再过 m 点作与 AL 平行的直线交 AF 线于 n 点, 则 mn 的长度就表示所求的总的主动土压力 P_{a}.

(5) 连 m 点和 A 点并延长得 AC, AC 就是破坏面.

考察图 2-18, 相当于将图 2-15 中的两张图合在一张图上, 只是将力矢三角形顺时针转了 $90° - \varphi$, 使各假设的破坏面 AC_i 上的线段长度 Am_i 等于滑动面上的作用力 R, 这也是为什么要作辅助线 AF、AL 的原因.

库尔曼图解法可以确定出滑动面 AC 的位置和总的主动土压力 P_{a} 的大小. 总主动土压力的方向与墙背面法线成 φ_0 角且向下. 其作用点位置可按下述近似方法确定: 自滑动块体 ABC 的重心 O 点引 AC 的平行线交墙背于 O' 点, O' 点即为土压力的作用点, 如图 2-19 所示.

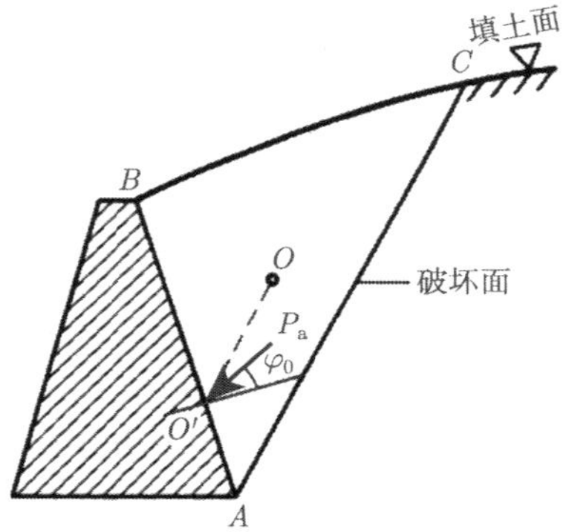

图 2-19　确定总主动土压力作用点的近似法

2.4.5　有超载作用时的土压力计算

如果填土表面作用有竖直向连续均布荷载 q, 如图 2-20(a) 所示. 则同样可按前述的库仑土压力理论建立主动土压力和被动土压力计算公式. 与无超载情况有所不同的是, 在建立滑动土体的主动或被动极限平衡条件时, 尚需增加一个方向竖直向下的力的作用, 其大小等于 q 与滑块表面长度的乘积, 即

$$Q = q\overline{BC} = \frac{qH}{\cos\varepsilon}\frac{\cos(\theta-\varepsilon)}{\sin(\theta-\alpha)} \tag{2-47}$$

式中各项含义同前.

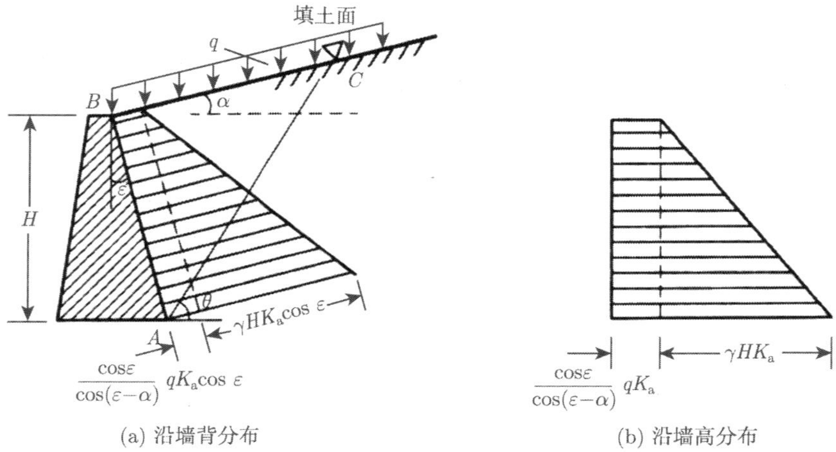

图 2-20　有连续均布荷载时主动土压力分布

因此, 对于主动情况, 滑动块体满足的静力平衡条件成为

$$P=\frac{(W+Q)\sin(\theta-\varphi)}{\sin(90^\circ+\varphi+\varphi_0+\varepsilon-\theta)} \tag{2-48}$$

将 Q 和 W 代入上式得

$$P=\left(\frac{1}{2}\gamma H^2+qH\frac{\cos\varepsilon}{\cos(\varepsilon-\alpha)}\right)\cdot\frac{\cos(\varepsilon-\alpha)\cdot\cos(\varepsilon-\theta)\sin(\theta-\varphi)}{\cos^2\varepsilon\cdot\sin(\theta-\alpha)\cos(\theta-\varphi-\varphi_0-\varepsilon)} \tag{2-49}$$

将上式与无超载情况 [式 (2-40)] 相比较, 可以得出总的主动土压力计算公式为

$$P_{\rm a}=\frac{\cos\varepsilon}{\cos(\varepsilon-\alpha)}qHK_{\rm a}+\frac{1}{2}\gamma H^2K_{\rm a} \tag{2-50}$$

式中, q 为填土表面上的均布荷载, 当表面倾斜时按单位倾斜面积上的重量计算; 其余符号意义同前.

由上式可以看出, 总的主动土压力由两部分组成: 一项是由填土表面均布荷载引起的土压力, 沿墙高或墙背为均匀分布; 另一项是由土体自重引起的土压力, 沿墙高或墙背为三角形分布. 总的主动土压力大小就等于分布图形的面积, 作用方向向下且与墙背面法线夹角为 φ_0, 作用点在梯形形心处. 对于有超载时被动土压力的计算公式, 可采用类似的分析步骤获得.

2.5　静水压力和有效应力

当基坑内外存在水位差时, 如果支护结构插入至坑底的不透水土层中, 且可确定基坑内外的地下水不会发生渗流时, 则可不考虑渗流的影响. 但大多数地下水位较浅的基坑, 都要考虑渗流对基坑稳定的影响.

2.5.1　静水压力

图 2-21(a) 的容器 A 内装有厚度为 L 的砂样, 贮水器的水面与容器的水面相平行时, 则没有渗水现象. 若将贮水器提升, 则产生了水位差 h, 贮水器内的水就透过砂样从溢水口流出. 贮水器提得越高, 水就流得越快, 经过砂样的渗水量也就越大. 当贮水器被提到某一高度时, 就可明显地看到渗水翻腾并夹带着砂子向上涌出, 这一现象叫做渗透变形. 渗透变形主要是由渗透水流对土颗粒施加的拖曳力造成的, 这种渗透水流施加在土颗粒上的拖曳力叫做渗透力.

如图 2-21(b) 所示, 设试样截面积为 A. 若试样渗流进口 (ab 面) 与出口 (cd 面) 两个位置测压管水面高差为 h, 水从 ab 面流过厚度为 L 的试样到达 cd 面时, 因为要克服整个试样内砂粒对水流的阻力 $F_{\rm s}$, 总水压力便降低了 $\Delta U_{\rm w}=U_{\rm w2}-U_{\rm w1}=\gamma_{\rm w}hA$. 由于土中渗透速度一般极小, 流动水体的惯性力可以忽略不计. 根据力的平

衡条件, 渗流作用于试样的总渗透力 J 应和试样中砂粒对水流的阻力 F_s 大小相等方向相反, 即

$$J=\gamma_w hA$$

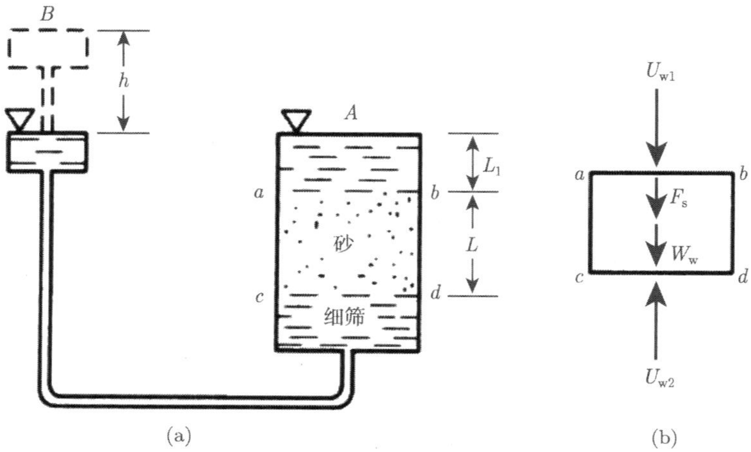

图 2-21　流土试验示意图

所以作用于单位体积土体的渗透力 (简称渗透力) 应为

$$j=\frac{J}{AL}=\frac{\gamma_w hA}{AL}=\gamma_w i \tag{2-51}$$

渗透力是一种体积力, 以 N/cm^3 或 kN/m^3 为其单位. 渗透力的作用方向与渗流方向一致, 渗透力的大小随水力梯度的增加而增大.

图 2-22 表示渗流对透水坝基的作用情况. 若渗流方向是自上而下, 即与土重的方向一致时 (例如图 2-22 中的 1 点), 渗透力将起增大土的重量的作用. 反之, 若渗流方向是自下而上, 与土重的方向相反 (例如图 2-22 的 4 点), 渗透力将起减轻

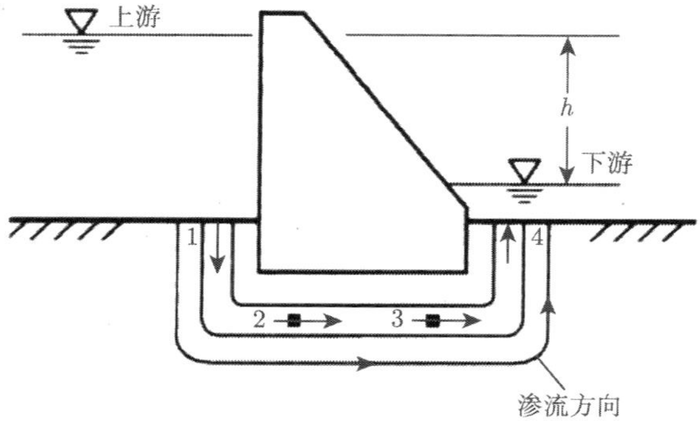

图 2-22　渗流对坝基的作用

土的重量的作用, 这时渗透力越大, 重量减轻越多, 土体将越不稳定. 一旦向上的渗透力大于土的浮重度时, 就会出现像图 2-21 中贮水器提升至某一高度的情况, 即土粒会被渗流夹带向上涌出, 这就是渗透变形现象的本质. 显然, 要了解土发生渗透变形的机理, 就必须弄清渗透力的概念. 此外, 闸坝地基、土坝和基坑的边坡内常有可能出现渗流, 在进行稳定分析时也必须考虑渗透力的影响.

2.5.2　孔隙水压力和有效应力

1. 饱和粗颗粒土体中的孔隙水压力和有效应力

土体中的孔隙是互相连通的, 因此, 饱和土体孔隙中的水是连续的, 它与通常的静水一样, 能够承担和传递压力. 这里我们将饱和土体中由孔隙水来承担或传递的应力定义为孔隙水压力, 用 u 表示. 孔隙水压力的特性与通常的静水压力一样, 方向始终垂直于作用面, 任一点的孔隙水压力在各个方向是相等的, 其值等于该点的测压管水柱高度 $h_{\rm w}$ 与水的重度 $\gamma_{\rm w}$ 的乘积, 即

$$u=\gamma_{\rm w}h_{\rm w} \tag{2-52}$$

从上式可知, 只要某点的测压管水柱高度已知, 则该点的孔隙水压力即可求得.

饱和土体中除孔隙水可承担和传递应力外, 还有通过粒间接触面传递的应力, 我们将之称为有效应力. 只有有效应力才能使土体产生变形和改变土体的强度. 但是由于粒间接触面面积非常微小、接触情况十分复杂、粒间力的传递方向变化无常. 为了简化, 在实用上, 我们常把研究平面内所有粒间接触面上接触力在该平面法线方向分力之和 $N_{\rm s}$ 除以所研究平面的总面积 (包括粒间接触面积和孔隙面积在内)A 所得到的平均应力定义为有效应力, 即

$$\sigma'=\frac{N_{\rm s}}{A} \tag{2-53}$$

即使作了以上简化, 要想直接计算或实测土体中一点的有效应力仍然是不可能的. 为此, 我们将寻求孔隙水压力与有效应力的关系, 以间接的方式推求有效应力.

设饱和土体内某一研究平面 (如水平面) 的总面积为 A, 其中粒间接触面积之和为 $A_{\rm s}$, 则该平面内由孔隙水所占的面积等于 $(A-A_{\rm s})$. 若由荷载在该研究平面上所引起的法向总应力为 σ, 如图 2-23 所示, 那么, 它必将由该平面上的孔隙水和粒间接触面共同承担, 即该研究平面上的总法向力等于孔隙水所承担的力和粒间接触面所承担的力之和, 如下式所示:

$$\sigma A=N_{\rm s}+(A-A_{\rm s})u \quad 或 \quad \sigma=\frac{N_{\rm s}}{A}+\left(1-\frac{A_{\rm s}}{A}\right)u \tag{2-54}$$

将式 (2-53) 代入式 (2-54) 可得

$$\sigma=\sigma'+(1-\alpha)u \tag{2-55}$$

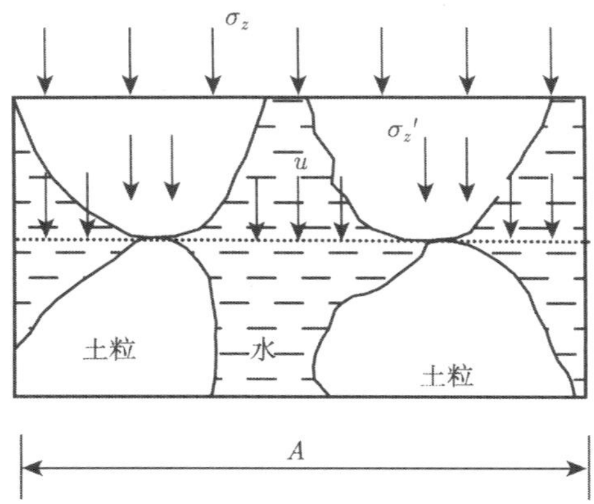

图 2-23 土中应力传递示意图

试验研究证明, 粒间接触面积 A_s 很小, α 仅为百分之几, 实际上可忽略不计. 于是上式可简化为

$$\sigma=\sigma'+u \tag{2-56}$$

式 (2-56) 就是有效应力原理, 是由 Terzaghi 首先提出的. 它表示研究平面上的总应力、有效应力与孔隙水压力三者之间的关系. 当总应力保持不变时, 孔隙水压力与有效应力可互相转化. 通常总应力可以计算, 孔隙水压力可以实测或计算, 因此, 有效应力可通过式 (2-56) 求出.

2. *作用在平板上的孔隙水压力和有效应力*

在经典的土力学教材中, 有效应力原理适用于任何种类的饱和土体中, 但随着地下工程的建设越来越多, 大量的支护结构实测结果远远小于计算值. 尽管人们一再降低安全系数, 或者将荷载打折, 往往实测应力还是偏小[3-5].

一般情况下, 我们很少关心土颗粒之间的作用, 往往关心的是土体在挡墙等具有平面结构上的作用力, 假如土体压在一块金属平挡板上, 那么土颗粒的作用力应该是作用在颗粒与平板的接触面积上, 而不是在粒间接触面上, 如果利用粒间接触面积作为颗粒与平板的接触面积, 那么误差会很大; 有效应力理论在颗粒碎散的土中是忽略了粒间接触面积, 而且土力学教材中也提到: 由试验研究表明可以忽略粒间接触面积. 但如果考虑土体对一个平面的作用, 土颗粒与平面的接触面积是否可以忽略? 如果可以忽略, 那么, 我们采用有效压力理论来计算支护结构上的水土压力没有任何问题; 如果不能忽略, 则有效压力理论就不能用来计算支护结构上的水土压力.

首先, 我们看几张高倍放大的黏土的微细结构图片[6], 如图 2-24、图 2-25 所示, 图片中的土是在限制周边位移的情况下紧压在玻璃平面上拍摄得到. 其中, 图 2-25

中的黑色区域代表孔隙, 白色区域代表土颗粒. 可见, 土颗粒不仅有一定面积, 而且所占比例绝对不能忽略. 所以, 从微细结构角度, 又证明了土粒与平面接触面积应该不为零, 即 α 不为零.

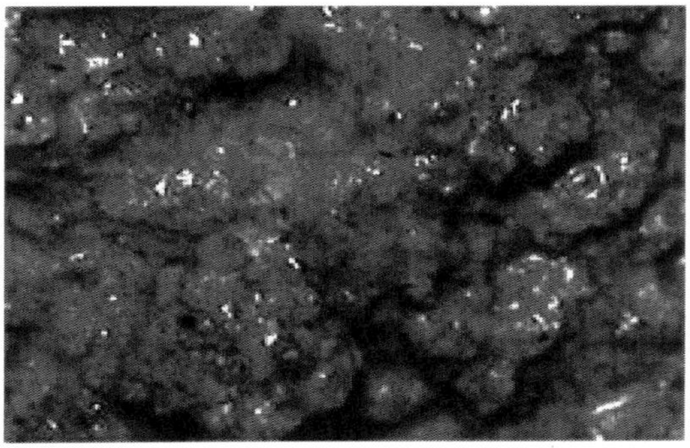

图 2-24　原始土样图像

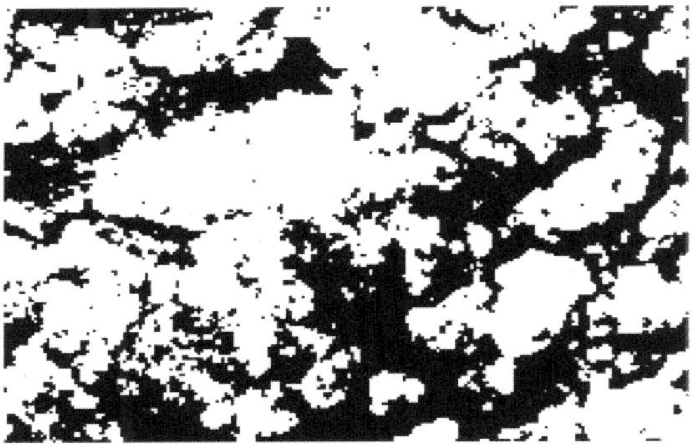

图 2-25　处理后的土样图像

应该说利用土的微细结构图像的处理可以得到 α, 但一般情况下这很困难, 所以我们应该找一条得到 α 的新途径. 表 2-2、表 2-3 和表 2-4 分别是来自文献 [6]、[7] 和 [8] 的几种土的体积孔隙率和孔隙相对面积的对比.

表 2-2、表 2-3 和表 2-4 中的试验数据是不同的试验人员、不同的土, 在不同时间、地点得到的, 但通过简单观察就能发现孔隙相对面积和孔隙率十分接近. 孔隙率是孔隙与土的总体积的体积关系, 而孔隙相对面积可以理解为土体某一断面的孔隙与断面总面积的面积关系, 也就是 $1-\alpha$. 如果认为土体在各向面积分布具有各向同性, 那么, 孔隙相对面积和孔隙率之间应该具有相关性. 通过以上试验数据我们可以认为它们是相等的, 即孔隙率 $n=1-\alpha$.

表 2-2　文献 [6] 的土体孔隙率和孔隙相对面积的对比

黏土样编号	孔隙比	孔隙率/%	孔隙相对面积 1/%	孔隙相对面积 2/%	平均孔隙相对面积/%
T3205	1.000	50.0	43.3	52.7	47.9
T3605	0.889	47.1	40.1	47.9	44.0
T3706	0.944	48.6	55.2	51.6	53.4
T3707	1.092	52.2	42.5	49.0	45.8
T3709	1.000	50.0	47.7	57.0	52.4
T3006	0.890	47.1	48.7	59.7	54.2
T3813	0.957	48.9	51.6	46.1	48.9

表 2-3　文献 [7] 的土体孔隙率和孔隙相对面积的对比

黄土样编号	孔隙率/%	孔隙相对面积/%
震区 2	44.4	43.74
震区 3	44.8	40.72
震区 4	46.3	43.36

表 2-4　文献 [8] 的土体孔隙率和孔隙相对面积的对比

粉质黏土样编号	孔隙比	孔隙率/%	孔隙相对面积/%
9	0.73	42.2	35.07
10	0.67	40.1	32.20

如果相对面积 $1-\alpha$ 等于孔隙率 n, 那么, 考虑土体对一个平面的作用, 其总应力、有效应力和孔隙水压力的关系变成:

$$\sigma_z=\sigma_z'+nu \tag{2-57}$$

为了与孔隙水压力 u 区别, 模仿有效应力定义, 定义 $(1-A_{\rm s}/A)u$, 即 nu 为有效孔隙水压力 u', 那么式 (2-57) 变成:

$$\sigma_z=\sigma_z'+u' \tag{2-58}$$

以上讨论的是竖向作用情况下的水土压力问题, 如果考虑作用在平面情况下的支护上的水土压力, 根据朗肯土压力理论, 其主、被动土压力及水压力公式变化为

$$\left.\begin{aligned}&p_{\rm a}=\sigma_z'K_{\rm a}'-2c'\sqrt{K_{\rm a}'};\quad K_{\rm a}'=\tan^2(45^\circ-\varphi'/2)\\&p_{\rm p}=\sigma_z'K_{\rm p}'+2c'\sqrt{K_{\rm p}'};\quad K_{\rm p}'=\tan^2(45^\circ+\varphi'/2)\\&\sigma_z'=r_{\rm sat}z-p_{\rm w};\quad p_{\rm w}=u'=nr_{\rm w}z\end{aligned}\right\} \tag{2-59}$$

或

$$\left.\begin{aligned}&p_{\rm a}=\sigma_z'K_{\rm a}-2c\sqrt{K_{\rm a}};\quad K_{\rm a}=\tan^2(45^\circ-\varphi/2)\\&p_{\rm p}=\sigma_z'K_{\rm p}+2c\sqrt{K_{\rm p}};\quad K_{\rm p}=\tan^2(45^\circ+\varphi/2)\\&\sigma_z'=r_{\rm sat}z-p_{\rm w};\quad p_{\rm w}=u'=nr_{\rm w}z\end{aligned}\right\} \tag{2-60}$$

为了验证以上公式, 通过宋磊[9] 模型槽实验 (模拟基坑开挖) 结果来检验. 试验共分 5 组, 试样分别在 $q=100$kPa、150kPa、200kPa、250kPa、300kPa 下固结. 土体在不同的 q 下进入主动状态后, 超静孔隙水压力消散前和消散后挡板上的水土压力及孔隙水压力见表 2-5. 实验使用的是黏土, 孔隙率为 46%, 水土压力作用在一个平面装置上, 可以使用公式 (2-58) 计算. 试验土样的强度指标 $c=0$, 在常规三轴实验 (CTC) 情况下的 $\varphi=21°$, $\varphi'=32°$, 在减压三轴压缩实验 (RTC) 情况下 $\varphi=25.5°$, $\varphi'=31.5°$. 试样的质量远小于上覆荷载, 水土压力沿试样高度变化很小, 所以计算时忽略土样的质量, q 就是总应力.

表 2-5　模型试验结果　(单位:kPa)

q	超静孔压未消散期间		超静孔压基本消散后	
	水土压力	孔压	水土压力	孔压
100	32	8	27	0
150	49	12	41	0
200	66	15	55	1
250	75	18	63	2
300	86	22	72	2

表 2-6 是按公式 (2-59) 计算得到的水土压力为 p_a+p_w. 其中计算结果 1 和 2 分别采用 CTC、RTC 总强度指标, 按水土合算得到; 计算结果 3 是采用有效强度指标按原来的水土分算方法得到, 计算结果 4 为按本书提出的水土分算方法采用有效强度指标计算得到. 可见, 采用本书提出的考虑水土面积的方法能够更加接近实验结果, 而其他方法得到的计算结果均比实验结果大, 这说明本书提出有效应力计算方法能够被试验验证.

表 2-6　阶段 1 不同算法的计算结果比较

q/ kPa	水土压力值/ kPa				试验结果	与试验比较的误差/%			
	1	2	3	4		1	2	3	4
100	44	37	34	31	32	37.5	15.6	6.3	−3.5
150	65	55	51	46	49	32.7	12.2	4.1	−5.5
200	87	73	68	61	66	31.8	10.6	3	−6.9
250	109	91	84	77	75	45.3	21.3	12	2.0
300	136	113	100	92	86	58.1	31.4	16.3	6.9

2.6　永久挡土结构物上的土压力

随着城市化进程的加速, 人们希望能够尽可能多地利用空间, 因此, 在某些工程当中, 支护结构不再作为一个临时结构, 而是通过修建地下车库等, 使之变成永久挡土结构物. 由于岩土材料具有比较强的流变性质, 所以, 支护结构上的土压力会随着时间的变化而变化. 如果, 土压力是作用在永久挡土结构上, 那么, 其大小会最终达到什么程度, 将是广大工程人员十分关心的问题.

2.6.1 挡土结构设计规范中的分项系数

通常在挡土结构上作用了土压力、水压力以及车辆荷载等一系列作用力. 对于土压力, 我国水利、交通和港口的设计规范中, 为了保证挡土结构的安全, 在挡土结构进行稳定和应力计算时, 通常通过前述的相应土压力公式直接计算 (称为荷载特征值). 但进行结构和配筋计算时, 应将荷载的计算特征值乘以一个荷载分项系数后作为设计值使用. 即

$$\text{荷载设计值} = \text{荷载分项系数} \times \text{荷载特征值}$$

按照我国设计规范的通用做法: 恒载分项系数为 1.2, 活载分项系数为 1.4. 参考规范规定, 主动土压力的分项系数为 1.2~1.4, 被动土压力的分项系数为 0.3~0.5.

《公路路基设计规范》(JTG D30—2004) 根据常用荷载组合, 见表 2-7, 对于各个荷载分项系数给出了更加详细的规定, 见表 2-8. 需要说明的是, 由于产生被动土压力会导致墙后土体发生加大变形, 所以, 按被动土压力计算设计挡土墙时, 需要对被动土压力的计算值予以折扣, 如有的文献建议按其 30%~50%采用 [10]. 我国现行的规范没有考虑结构物后面土体的流变特性, 所以, 面对永久挡土结构应该重新考虑设计标准.

表 2-7 常用作用 (或荷载) 组合

组合	作用 (或荷载) 名称
一	挡土墙结构重力、墙顶上的有效永久荷载、填土重力、填土侧压力及其他永久荷载组合
二	组合一与基本可变荷载相组合
三	组合二与其他可变荷载、偶然荷载相组合

表 2-8 挡土墙的荷载分项系数

情况	荷载增大对挡土墙结构起有利作用时		荷载增大对挡土墙结构不起有利作用时	
组合	一、二	三	一、二	三
垂直恒载	0.90		1.20	
恒载或车辆荷载、人群荷载的主动土压力	1.00	0.95	1.40	1.30
被动土压力	0.30		0.50	
水浮力	0.95		1.10	
静水压力	0.95		1.05	
动水压力	0.95		1.20	

2.6.2　理论与规范中的新发现

根据朗肯土压力理论以及公式 (2-4), 能够得到不同内摩擦角情况下的压力系数的比值, 如表 2-9 所示.

表 2-9　朗肯理论土压力系数和静止土压力系数之比

内摩擦角 $\varphi/(°)$	K_p/K_0	K_p/K_a	K_0/K_a
0	1.0	1.0	1.0
10	1.7	2.0	1.2
20	3.1	4.2	1.3
30	6.0	9.0	1.5

能够发现, 当内摩擦角 $\varphi = 20°$ 时, 静止土压力系数与主动土压力系数的比值 $K_0/K_a = 1.3$, 根据挡土墙设计规范, 当挡土结构离开填土移动时, 设计的挡土结构上承担的土压力按 1.2~1.4 倍 (荷载分项系数 1.2~1.4) 的主动土压力, 也就是说, 被设计的挡土结构能够承受的土压力接近静止土压力. 如果设计时取的 $\varphi < 20°$, 那么, 按规范设计的挡土结构能够承担的土压力 (取分项系数为 1.3) 都会大于静止土压力 (因为 $K_0/K_a < 1.3$). 如果, 内摩擦角取值 $\varphi > 20°$, 同样按规范设计挡土结构, 就会发现其承担的土压力 (1.3 倍主动土压力) 小于静止土压力 (因为 $K_0/K_a > 1.3$). 在实践中, 广大设计人员发现, 设计挡土结构时, 往往不敢把内摩擦角取值大于 20°, 那样设计出来挡土结构不安全; 因此, 设计人员经常把内摩擦角取值不超过 20°, 而这样设计的挡土结构也比较安全. 根据前面的阐述, 能够发现一个有趣的现象, 挡土结构最终是否安全与其容许承载力是否超过静止土压力有关.

当有外力推动挡土结构向填土移动时, 根据规范, 外力的大小不超过墙后土体被动土压力的 1/3, 即取分项系数为 0.3. 联系到内摩擦角 $\varphi = 20°$ 时, $K_p/K_0 = 3.1$, 我们能够发现, 根据规范设计的 (向填土移动的) 挡土结构容许承担的外力也是接近于静止土压力. 与挡土结构离开填土相似, 如果设计时取的 $\varphi < 20°$, 那么, 按规范设计的挡土结构能够承担的外力 (被动土压力的 1/3 左右) 都会小于静止土压力 (因为 $K_p/K_0 < 3$). 如果, 内摩擦角取值 $\varphi > 20°$, 同样按规范设计挡土结构, 就会发现其承担的外力 (1/3 被动土压力) 大于静止土压力 (因为 $K_p/K_0 > 3$). 而实践发现, 取内摩擦角 $\varphi > 20°$ 设计的挡土结构, 会持续向填土方向移动; 而取 $\varphi < 20°$ 设计的挡土结构长期稳定性好. 显然, 挡土结构无论其移动方向 (向或背填土) 如何, 最终能否安全都与设计承担的荷载是否大于静止土压力相关.

通过上面的阐述, 我们能够得出这样的结论, 无论挡土结构离开或挤压填土, 随着时间的推移, 结构物上承受的土压力都会向静止土压力发展. 之所以有这样的发展, 是由填土的流变特性导致的.

基于上述的实践经验和理论分析, 我们认为, 对于永久挡土结构, 墙后填土的土压力都会趋向于静止土压力. 因此, 在永久挡土结构设计时, 无论主动和被动, 都只能将土压力按照静止土压力计算来验算挡土结构的长期稳定性.

参考文献

[1] 钱家欢. 土力学 [M]. 南京: 河海大学出版社, 1995.
[2] 徐道远, 黄孟生, 朱为玄, 等. 材料力学 [M]. 南京: 河海大学出版社, 2004.
[3] 魏汝龙. 深基坑开挖中的土压力计算 [J]. 地基处理, 1998, 9(1): 3-15.
[4] 陈愈炯, 温彦锋. 基坑支护结构上的水土压力 [J]. 岩土工程学报, 1999, (02): 4-8.
[5] 李广信. 基坑支护结构上水土压力的分算与合算 [J]. 岩土工程学报, 2000, (03): 348-352.
[6] 周宇泉. 加载过程中粘性土微细结构变化规律的定量试验研究 [D]. 南京: 河海大学, 2005.
[7] 李兰, 王兰民, 刘旭. 极震区黄土微结构的试验研究 [J]. 中国地震, 2005, (03): 369-377.
[8] 刘熙媛, 窦远明, 闫澍旺, 等. 基于分形理论的土体微观结构研究 [J]. 建筑科学, 2005, (05): 21-25.
[9] 宋磊, 温庆博. 基坑支护结构上的水土压力试验及计算 [J]. 清华大学学报 (自然科学版), 2003, (11): 1572-1575.
[10] 薛殿基, 冯仲林. 挡土墙设计实用手册 [M]. 北京: 中国建筑工业出版社, 2008.
[11] 中华人民共和国交通部行业标准.《公路路基设计规范》(JTG D30—2004)[M]. 北京: 人民交通出版社, 2005.

第 3 章　土压力与支护结构变形的关系

3.1　概　　述

土压力是土体因自重或外荷载作用对支护结构产生的侧向压力, 是土与支护结构相互作用的结果, 与支护结构的形式、刚度、变位、土与结构的接触条件以及支护结构受到的约束等密切相关. 在土体变形达到破坏之前, 土压力的大小是难以确定的; 在土体达到破坏状态时, 由于变形土体内各点很难同时进入极限平衡状态, 土压力计算也带有一定程度的不确定性, 因此, 土压力至今仍难以用理论计算做出精确的解答. 另一方面, 正确确定土压力是深基坑开挖、填土挡墙、地铁隧道及地下空间开发利用等工程合理设计和顺利施工的关键性数据与前提, 也是确保工程项目安全性和经济性的基础. 土压力计算是土力学的一个重要研究课题, 也是一个非常实际的工程问题.

深基坑支护由于其土压力与传统理论的挡土墙土压力有所不同, 在目前没有完善的土压力理论指导下, 通常仍沿用传统理论计算, 因此有误差是正常的. 许多学者对此进行了许多研究, 在传统理论土压力计算的基础上结合必要的经验修正可以达到实用要求. 问题是对这样一个极为复杂的课题, 脱离实际工程情况, 往往会造成过量变形的后果. 如某些设计不考虑地质条件、地面荷载的差异, 照搬照套相同坑深的支护设计. 因此必须根据实际地面可能发生的荷载, 包括建筑堆载、载重汽车、临时设施和附近住宅建筑等的影响, 来比较正确地估计支护结构上的侧压力.

在第 2 章我们提及了静止土压力和主、被动土压力. 如果围护墙静止不动, 土体作用在墙上的土压力为静止土压力. 主、被动土压力都是墙后土体达到极限平衡状态时的压力. 土压力与围护墙位移呈非线性关系, 静止土压力与主动土压力之间、静止土压力与被动土压力之间均存在 “过渡” 的土压力. 如图 3-1 所示.

在其他条件一定的情况下, 极限土压力的产生取决于挡土结构物的位移, Sherif[1] 通过模型实验发现同一挡土结构物在不同深度处达到极限状态所需的位移基本相同. 由表 3-1 可知, 产生被动土压力所需的位移量 $S_{\rm pcr}$ 远大于产生主动土压力所需的位移量 $S_{\rm acr}$, 且两者位移的方向相反, 前者朝向土体, 后者背离土体.

第 2 章介绍的朗肯和库仑理论用在解决深基坑土压力问题时存在很多不足之处:

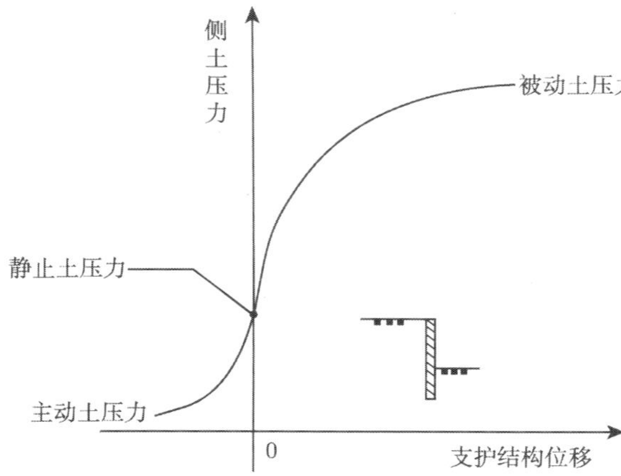

图 3-1　土压力与位移的关系

表 3-1　S_{acr} 和 S_{pcr} 参考值

土类	应力状态	位移形式	所需的位移量
砂土	主动	平移	$(0.001\sim0.005)H$
	被动	平移	$>0.05H$
	主动	绕前趾转动	$(0.001\sim0.005)H$
	被动	绕前趾转动	$>0.1H$
黏土	主动	平移	$(0.004\sim0.010)H$
	被动	绕前趾转动	$(0.004\sim0.010)H$

注：H 表示围护结构的高度 (m).

(1) 理论的假设与事实相差太大.

(2) 这两个理论计算得出的主动与被动土压力值都是指挡土墙达到一定位移时的极限土压力值, 而实际作用于支护结构上的土压力一般是介于主动与被动土压力之间的某一数值.

(3) 这两个理论都是在刚性挡土墙的条件下得出的, 不考虑挡土墙沿深度方向的变形. 随着深基坑支护形式的改进 (如搅拌桩、土钉墙等新形式的应用), 支护结构沿深度方向呈现明显的非线性变形.

(4) 这两个理论是针对较长的挡土墙, 属于二维问题. 而深基坑长度、宽度和深度往往处于同一数量级, 属于三维问题.

(5) 这两个理论都没有考虑地下水渗流, 而深基坑工程中渗流对土压力的影响是不容忽视的.

作用于深基坑支护结构上的土压力是随着支护结构的位移而变化的, 考虑到深基坑工程对环境的影响, 土体达到极限平衡状态时支护结构的位移一般是深基坑支护结构所不容许的, 因而在计算深基坑土压力时考虑位移十分必要. 本章将结合基坑施工的实际情况, 通过相应的试验研究土压力与围护结构位移的关系.

3.2　侧向卸载试验

在实际施工过程中, 由于基坑开挖, 围护墙后的土体单元是一个侧向卸载过程, 如图 3-2 所示, 即水平方向的应力是不断减小的, 而竖直方向的应力可以认为是保持不变的. 由于墙后土体变形直接与支护变形相关, 因此掌握侧向卸载的过程及原理是很有现实意义及必要性的. 本节就是通过侧向卸载试验来模拟基坑开挖时墙后土体的应力与变形状态, 并希望得到一些有用的结论.

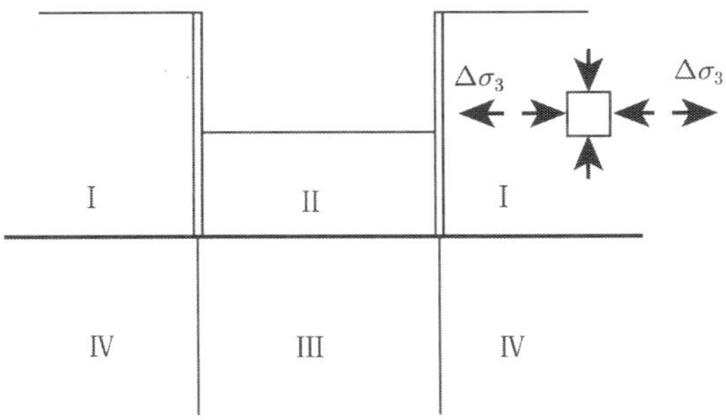

图 3-2　墙后土体单元变形与应力变化示意图

3.2.1　试验过程

1. 侧向卸载试验的思路

对于天然地基来说, 土体处于初始应力状态时, 侧向应力一般不等于垂直向应力, 即静止侧压力系数 $K_0 \neq 1$, 因此 K_0 固结剪切试验能更好地模拟天然地基中土体的应力状态. 为模拟开挖, 假设土体在 K_0 应力状态下固结稳定, 然后在垂直向应力 (即轴向应力) 不变的情况下减小水平向应力 (即周围压力) 直至破坏. 当然实际情况还是有区别的, 因为实际上墙后土体单元是一个三向应力状态, 即土体单元水平向应力 (即周围压力) 是包括两个方向的应力的, 这两个方向的应力变化是不一样的; 由于试验条件的限制, 本书采取两个方向水平应力同步减小的试验方法.

2. 试验仪器

本试验的目的是通过应力路径试验模拟基坑开挖过程中围护结构后侧土体的应力路径, 分析土体在侧向卸载条件下的应力–应变关系, 并与常规试验中土体的应力–应变关系进行比较, 揭示其内在规律. 试验时固结过程只模拟等应力比固结 (即固结过程中只保持应力比不变而不限制侧向变形). 试验仪器如图 3-3 所示. 周围压力由液压提供, 竖向压力由铁砂通过杠杆施加.

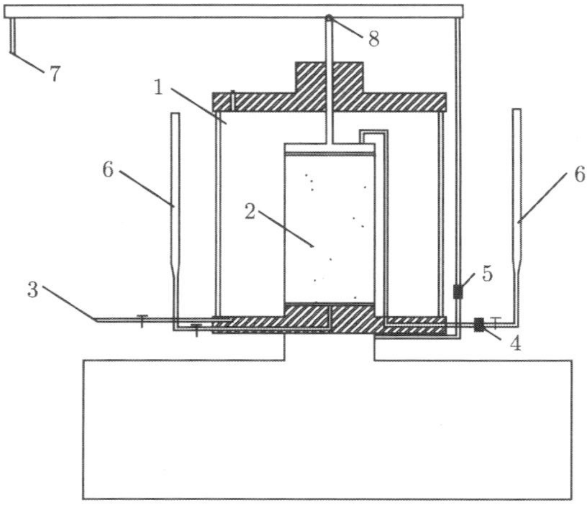

图 3-3　应力控制三轴仪示意图

1. 压力室; 2. 试样; 3. 接周围压力系统; 4. 孔隙压力传感器; 5. 杠杆调平装置; 6. 体变量管; 7. 轴向加力装置; 8. 钢珠

3. 试验步骤

(1) 制备试样. 试样直径为 39.1mm, 高度为 80.0mm.

(2) 试样抽气饱和.

(3) 试样安装.

(4) 试样固结. 在保持水平向应力与垂直向应力之比为常数的情况下分级施加周围压力和轴向压力, 让试样排水固结, 达到预定的周围压力后固结过程结束.

(5) 按照预定的应力路径进行剪切, 直至试样破坏：①对于固结好的试样在保持轴向压力不变的情况下, 分级减小周围压力直至试样破坏. ②对于固结好的试样在保持轴向压力不变的情况下, 分级增加周围压力直至试样周围压力等于轴向压力. 然后保持周围压力不变, 分级增加轴向压力直至试样破坏.

(6) 拆除试样, 进行下一组试验.

4. 试验注意事项

(1) 固结过程中, 加载分级和时间间隔要依据土样的情况决定, 要求在每级压力增量作用下试样不破坏且每级压力增量作用下产生的孔隙水压力在施加下一级压力之前基本消散.

(2) 剪切时, 当变形曲线通过转折点以后, 应减小加载增量, 以获得完整的应力应变关系曲线.

(3) 为了获得较准确的初始变形模量, 刚开始卸载时应以小增量卸载或加载.

3.2.2　侧向卸载试验结果分析

为了分析土体的变形特性, 本节将通过对常规三轴压缩试验、侧向卸载三轴压缩试验结果从应力–应变关系曲线、强度指标及初始切线弹性模量等几个方面的对比分析来揭示应力路径对土体变形特性的影响.

试验采用南京某基坑地面以下 3.5m 处的原状粉质黏土样. 土样的物理力学性质指标见表 3-2.

表 3-2　试验土样的物理力学性质指标

土的类别	土粒比重 G_s	密度/(g/cm^3)	含水率/%	孔隙比 e	液限/%	塑限/%
粉质黏土	2.72	1.88	30.0	0.850	37.2	22.1

1. 常规三轴固结不排水剪试验结果

由常规三轴固结不排水剪试验可以得到土样的凝聚力 c、内摩擦角φ(表 3-3). 常规三轴固结不排水剪试验的极限应力圆及莫尔–库仑强度包线见图 3-4, $(\sigma_1 - \sigma_3) \sim \varepsilon_a$ 关系曲线见图 3-5, $\varepsilon_a/(\sigma_1 - \sigma_3) \sim \varepsilon_a$ 关系曲线见图 3-6.

表 3-3　常规三轴压缩固结不排水剪试验结果

c_{cu}/kPa	φ_{cu}/(°)	c'/kPa	φ'/(°)
22.4	12.4	20.6	28.6

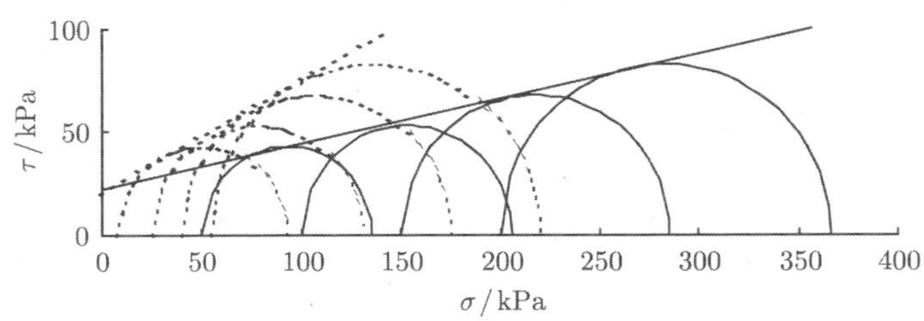

图 3-4　莫尔–库仑强度包线

2. 等应力比固结侧向卸载路径下固结不排水剪试验结果

为研究应力路径对土体变形特性的影响, 本书进行了常规加载的三轴压缩试验和侧向卸载的三轴压缩试验; 为研究土体固结应力比对其应力–应变关系的影响, 共进行了 $K_c = \sigma_{3c}/\sigma_{1c} = 0.45$、0.60、0.75、1.00 四组固结应力比的侧向卸载应力路径试验.

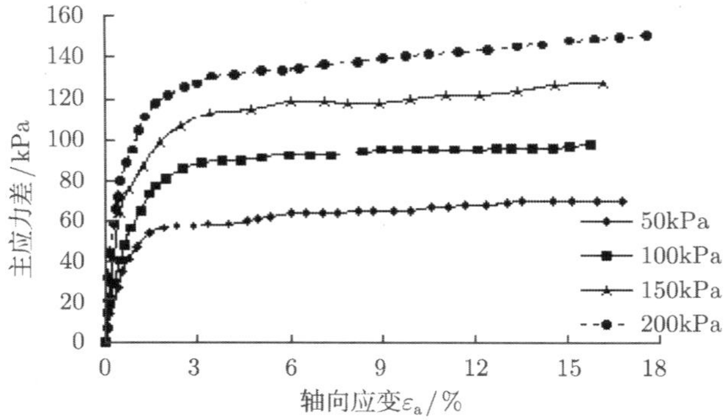

图 3-5　主应力差与轴向应变关系图

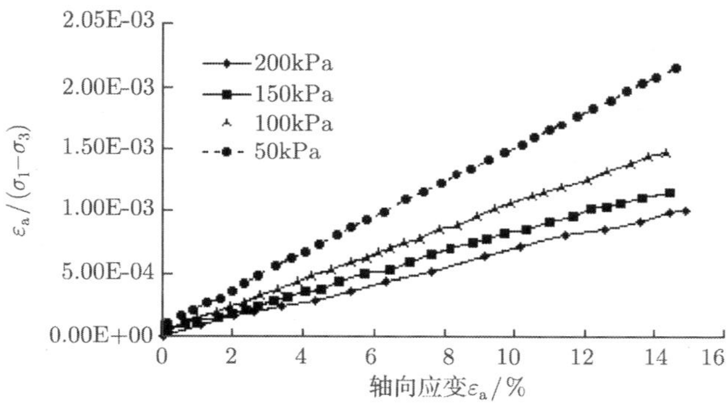

图 3-6　$\varepsilon_a/(\sigma_1-\sigma_3)\sim\varepsilon_a$ 关系图

等应力比固结侧向卸载固结不排水剪试验得到土样的凝聚力 c、内摩擦角 φ 见表 3-4. 等应力比固结侧向卸载固结不排水剪试验的极限应力圆及莫尔–库仑强度包线见图 3-7; $[(\sigma_1-\sigma_3)-(\sigma_{1c}-\sigma_{3c})]\sim\varepsilon_a$ 关系曲线见图 3-8.

表 3-4　等应力比固结侧向卸载固结不排水剪试验结果

固结应力比 K_c	c_{cu}/kPa	φ_{cu}/(°)	c'/kPa	φ'/(°)
0.45	24.2	26.6	22.5	28.8
0.60	26.0	25.0	22.1	29.0
0.75	25.9	24.1	21.6	28.8
1.00	27.7	18.9	20.2	28.6

3. 常规三轴试验和等应力比固结侧向卸载试验结果的比较

1) 强度指标

从表 3-5 中可以看出: 应力路径对固结不排水剪的总应力强度指标 c_{cu}、φ_{cu} 有很大的影响, 不同的应力路径试验得到的总应力强度指标 c_{cu}、φ_{cu} 相差较大, 但有

效强度指标 c'、φ' 基本一致; 在相同的应力路径下固结应力比 K_c 对总应力强度指标 c_{cu}、φ_{cu} 也有较大的影响, 但对有效强度指标 c'、φ' 没有影响.

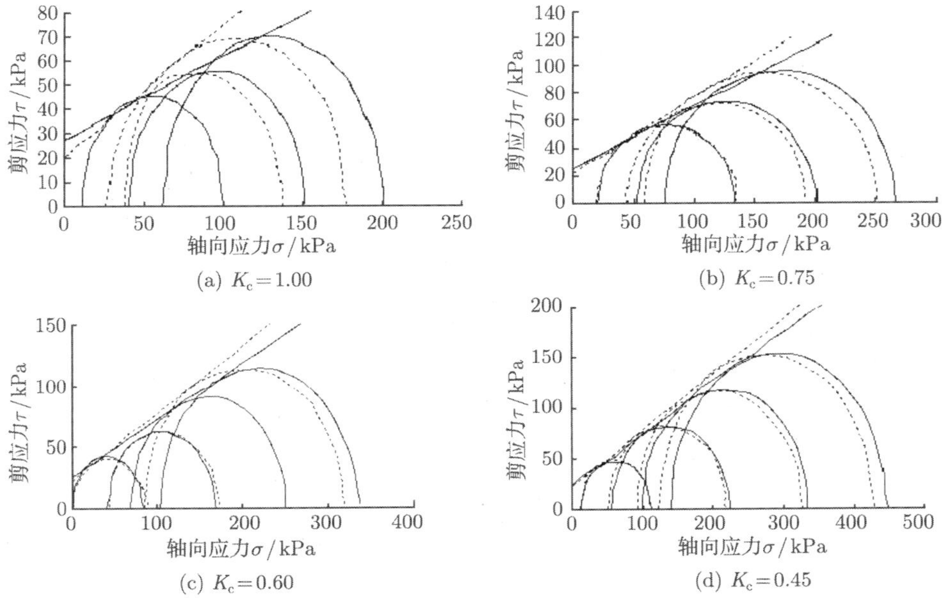

图 3-7　莫尔–库仑强度包线

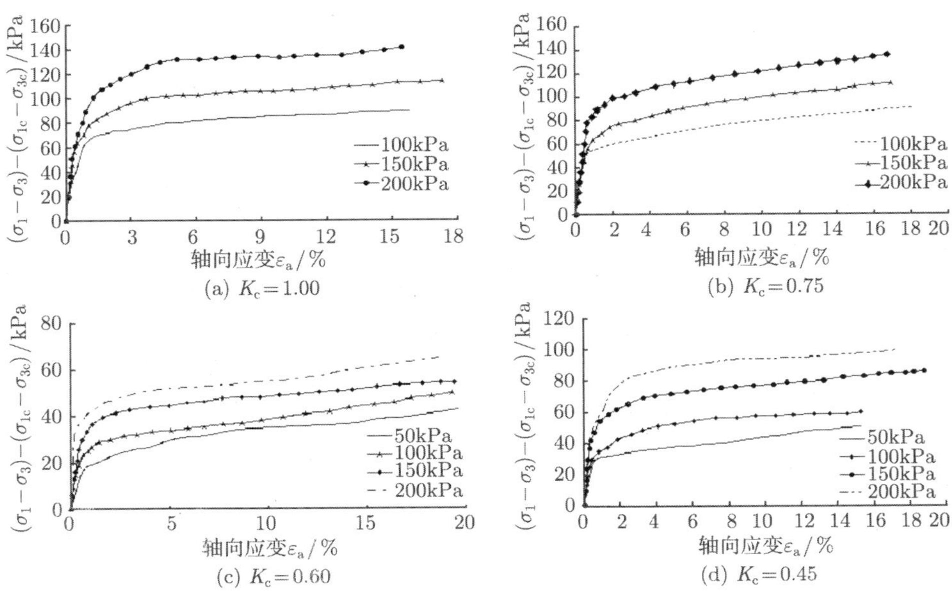

图 3-8　$[(\sigma_1-\sigma_3)-(\sigma_{1c}-\sigma_{3c})]\sim\varepsilon_a$ 关系图

表 3-5　常规试验和等应力比固结侧向卸载试验强度指标

固结应力比 K_c	应力路径	c_{cu}/kPa	φ_{cu}/(°)	c'/kPa	φ'/(°)
0.45	侧向卸载	24.2	26.6	22.5	28.8
0.60	侧向卸载	26.0	25.0	22.1	29.0
0.75	侧向卸载	25.9	24.1	21.6	28.8
1.00	侧向卸载	27.7	18.9	20.2	28.6
1.00	轴向加载	22.4	12.4	20.6	28.6

2) 破坏时的主应力差

从表 3-6 中可以看出土体的固结应力比 K_c 相同但应力路径不同时, 在相同的周围压力 σ_{3c} 作用下土样破坏时的主应力差不同, 轴向加载路径下破坏时的主应力差要大于相同固结应力比时卸载路径下破坏时的主应力差; 从表 3-6 中还可以看出固结应力比 K_c 对土体破坏时的主应力差也有较大的影响, 在相同的周围压力 σ_{3c} 作用下, 土体破坏时的主应力差随着固结应力比 K_c 的减小而增大.

表 3-6　各种试验条件下破坏时的主应力差　(单位: kPa)

固结应力比 K_c	应力路径	σ_{3c}=50kPa	σ_{3c}=100kPa	σ_{3c}=150kPa	σ_{3c}=200kPa
0.45	侧向卸载	99.0	166.8	235.2	304.8
0.60	侧向卸载	84.3	126.9	182.0	230.8
0.75	侧向卸载	—	120.9	159.0	198.3
1.00	侧向卸载	—	89.0	110.5	139.2
1.00	轴向加载	68.4	96.7	126.0	150.2

3) 初始切线弹性模量 E_{ti}

从表 3-7 中可以看出, 应力路径对土体的初始切线弹性模量 E_{ti} 有较大的影响, 在周围压力 σ_{3c} 较低的情况下, 轴向加载路径下的初始切线弹性模量 E_{ti} 小于侧向卸载路径下的初始切线弹性模量 E_{ti}; 在周围压力 σ_{3c} 较高的情况下, 轴向加载路径下的初始切线弹性模量 E_{ti} 反而大于侧向卸载路径下的初始切线弹性模量 E_{ti}. 固结应力比 K_c 对土样的初始切线弹性模量 E_{ti} 也有较大的影响, 在相同的周围压力 σ_{3c} 作用下, 土样的初始切线弹性模量 E_{ti} 随着固结应力比 K_c 的增大而增大. 从这里我们可以得出结论: 土体的固结应力比 K_c 不同、加载时的应力路径不同, 则土体的初始切线弹性模量 E_{ti} 也不同.

表 3-7　各种试验条件下的初始切线弹性模量 E_{ti}　(单位: kPa)

固结应力比 K_c	应力路径	σ_{3c}=50kPa	σ_{3c}=100kPa	σ_{3c}=150kPa	σ_{3c}=200kPa
0.45	侧向卸载	3.51	6.39	9.11	11.79
0.60	侧向卸载	9.02	12.39	16.30	20.68
0.75	侧向卸载	—	17.62	19.10	22.67
1.00	侧向卸载	—	21.02	23.91	26.63
1.00	轴向加载	14.87	20.90	32.78	38.68

4) 主应力差与轴向应变关系曲线

把相同围压 σ_{3c}、不同固结应力比 K_c 作用下的主应力差与轴向应变关系绘在同一张图上来比较应力路径、固结应力比 K_c 对土体应力–应变关系的影响, 见图 3-9.

从图 3-9 可以看出应力路径对土体的应力–应变关系有较大的影响, 在相同的周围压力 σ_{3c} 作用下, 土体达到相同应变时所需的主应力差在轴向加载路径下较大, 而在侧向卸载路径下较小; 土体固结时的应力比 K_c 对土体的应力–应变关系也有较大的影响, 在相同的周围压力 σ_{3c} 作用下, K_c 越大, 土体达到相同应变时所需的主应力差越小, 原因是在相同的 σ_{3c} 下, K_c 越大则固结时的 σ_{1c} 越小.

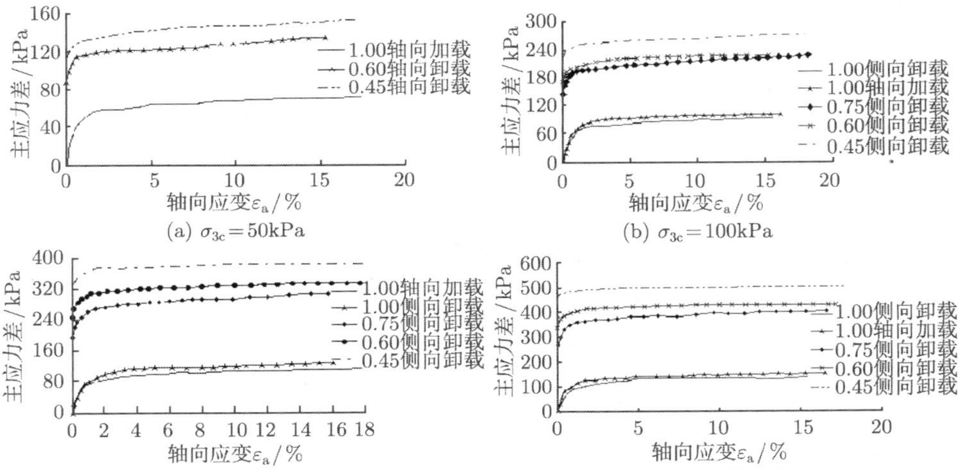

(a) $\sigma_{3c}=50$kPa　(b) $\sigma_{3c}=100$kPa　(c) $\sigma_{3c}=150$kPa　(d) $\sigma_{3c}=200$kPa

图 3-9　主应力差与轴向应变关系曲线

5) 应力路径对土体剪胀的影响

从图 3-10 可以看出: 应力路径对土体剪切时的胀缩趋势有较大的影响, 具体到试验时所用的土体, 在常规三轴压缩固结不排水剪切试验中基本上都是剪缩, 而在侧向卸载试验中, 土体先剪缩后剪胀, 但这种趋势随着围压 σ_{3c} 的增加而逐渐消失. 土体固结时的应力比 K_c 对土体剪切时的胀缩趋势也有较大的影响, K_c 越小, 土体在侧向卸载试验中, 其先剪缩后剪胀的特征越明显, 但这种趋势同样随着围压 σ_{3c} 的增加而逐渐消失.

综合上述分析可知, 应力路径、土体的固结应力比对土体的变形特性有较大的影响, 为了准确地分析土体在各种工程荷载作用下的变形情况, 有必要在试验时尽可能地模拟土体在原位固结时的应力状态和加载时的应力路径.

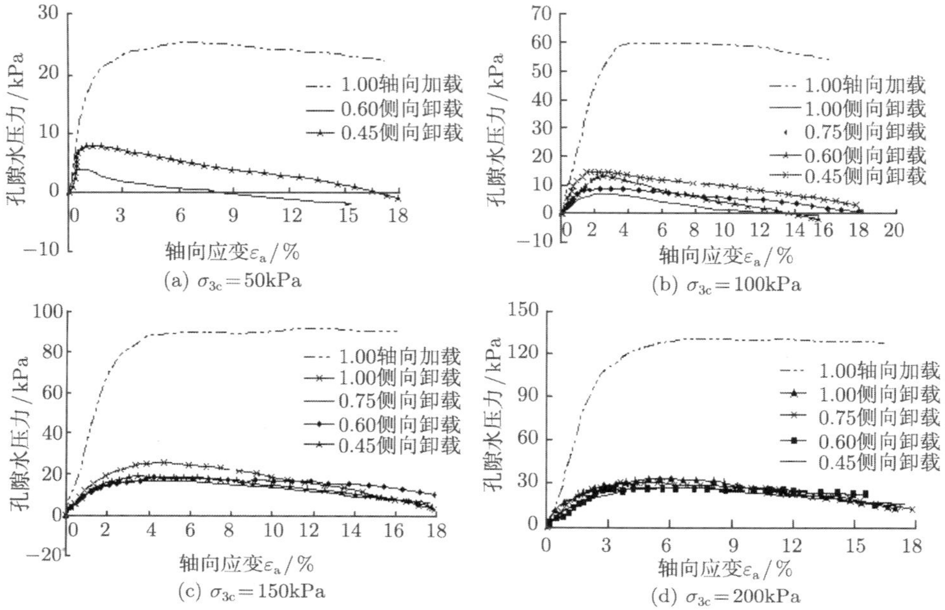

图 3-10　孔隙水压力–轴向应变关系曲线

3.3　考虑土体变形的支护结构土压力

通过侧向卸载试验能够得到墙后土体单元的土压力和侧向应变的关系, 而人们更关注的是支护结构变形引起的土压力的变化. 如果墙后土体内存在地下管线等变形严格控制的设施, 人们还需要关注离支护结构有一定距离的土体的变形.

我们研究土压力位移关系的方法与绪论中提及的几种方法[2,4,5,7] 不一样, 它是通过室内侧向卸载试验模拟得到支护后土体的水平土压力与应变的关系; 再根据理论分析 (经过有限元法检验合理) 得到的支护后土体的水平应变与支护水平位移关系; 最终找到的支护水平位移与土压力的关系, 它的思路如图 3-11 所示.

根据上述思路, 通过对某个基坑的有限元模拟, 检验这种研究土压力位移关系的新方法.

3.3.1　水平应力–应变关系公式

应力路径试验的目的是模拟基坑开挖过程中支护结构后侧土体的应力路径, 分析土体在水平卸载条件下的应力–应变关系. 试验时固结过程只模拟等应力比固结, 本书应力比取为 K_0. 考虑基坑工程的深度通常都在 20m 以内, 在本次试验中选取水平固结压力 σ_{r0} 分别为 50 kPa、100 kPa、150 kPa、200 kPa 进行应力路径试验.

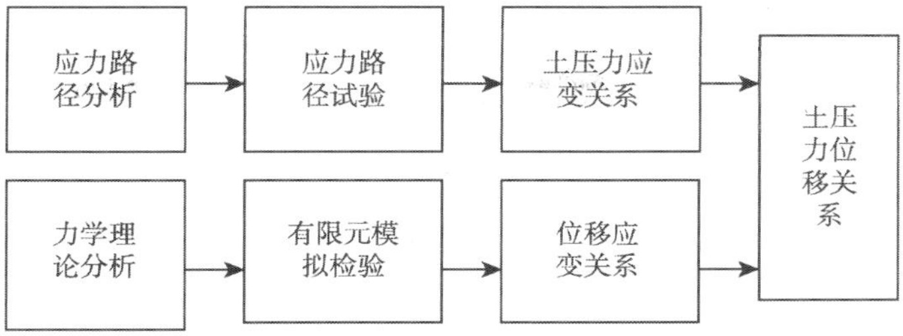

图 3-11　研究思路图

K_0 固结水平卸载排水剪切试验得到土样的凝聚力 c、内摩擦角 φ 及参数 R_f、k、n, 见表 3-8. 其中, R_f 的含义见下文, $\lg k$, n 分别为图 3-12 的截距和斜率.

表 3-8　水平卸载应力路径下相关力学参数

c/kPa	φ/(°)	R_f	k	n
22.4	12.4	0.89	228.56	0.51

水平应力–应变关系曲线见图 3-12, $\lg(E_{\mathrm{i}}/p_{\mathrm{a}}) \sim \lg(\sigma_{\mathrm{r0}}/p_{\mathrm{a}})$ 关系曲线见图 3-13, 其中 σ_{r} 代表周围压力; σ_{r0} 代表固结周围压力; E_{i} 为初始切线模量, 即图 3-12 (a) 中各曲线在原点的斜率.

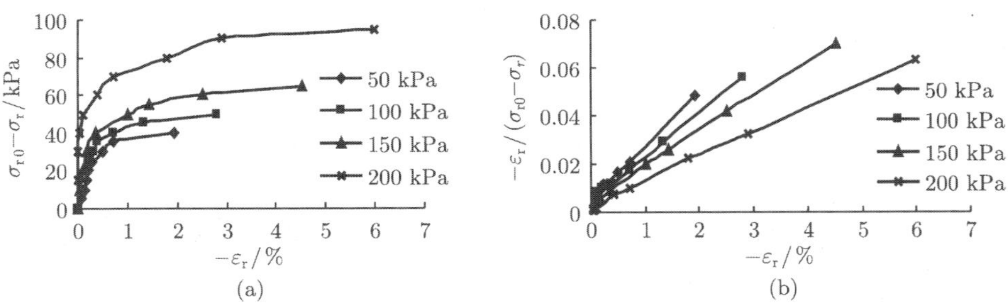

图 3-12　水平卸载应力–应变关系曲线

通过应力路径试验可以发现: 水平卸载条件下, 水平应力–应变曲线可以拟合成双曲线, 见图 3-12, $\lg(E_{\mathrm{i}}/p_{\mathrm{a}}) \sim \lg(\sigma_{\mathrm{r0}}/p_{\mathrm{a}})$ 关系曲线可以拟合成直线, 见图 3-13.

根据试验曲线的特点, 模拟邓肯–张模型确定 K_0 固结条件下, 水平压力 σ_{r} 和水平应变 ε_{r} 关系, 见公式 (3-1).

$$\sigma_{\mathrm{r}} = \sigma_{\mathrm{r0}} - \frac{kp_{\mathrm{a}}\left(\dfrac{\sigma_{\mathrm{r0}}}{p_{\mathrm{a}}}\right)^{n}\left(\dfrac{2c\cos\varphi+\sigma_{\mathrm{r0}}\sin\varphi}{1+\sin\varphi}\right)\varepsilon_{\mathrm{r}}}{\left(\dfrac{2c\cos\varphi+\sigma_{\mathrm{r0}}\sin\varphi}{1+\sin\varphi}\right)+kp_{\mathrm{a}}\left(\dfrac{\sigma_{\mathrm{r0}}}{p_{\mathrm{a}}}\right)^{n}\varepsilon_{\mathrm{r}}R_f} \tag{3-1}$$

其中

$$R_f = \frac{(\sigma_{r0} - \sigma_r)_f}{(\sigma_{r0} - \sigma_r)_u}; \quad (\sigma_{r0} - \sigma_r)_f = \frac{2c\cos\varphi + \sigma_{r0}\sin\varphi}{1+\sin\varphi}$$

式 (3-1) 中的参数见表 3-8.

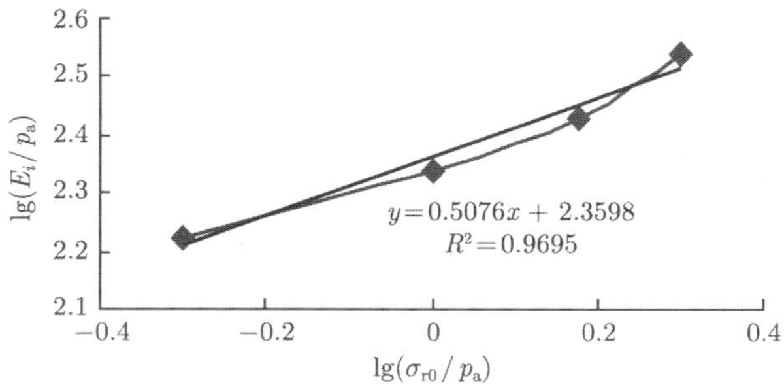

图 3-13　水平卸载 $\lg(E_i/p_a) \sim \lg(\sigma_{r0}/p_a)$ 曲线

以上结论是从水平卸载排水剪切试验结果得到的, 根据文献 [6] 当中的水平卸载不排水剪切试验资料, 也能得到相似的结论, 只不过需要把其总应力替换成有效应力.

如果将试验中的水平压力 σ_r 作为作用在支护上的土压力, 将水平应变 ε_r 作为支护后土体的应变, 那么, 由式 (3-1) 就得到了土压力应变关系, 也就实现了本节研究土压力位移关系方法的第一步.

3.3.2　支护水平位移对支护后土体变形影响的研究

1. 力学模型的选取

基坑的开挖实际上是卸载过程, 作用在支护上的土压力从静止土压力基础上减小. 如果从叠加的角度来思考, 相当于图 3-14(a) 中的 ab 面土体在静止土压力的基础上又施加一个指向基坑内部的拉力. 根据实际情况对拉力做两个假设: ① 针对无支撑或只有一层支撑且在支护顶端的情况, 假设拉力分布呈三角形. q 出现在不同地方, 代表支护产生不同形式的变形. ② 采用的是文献 [10] 的结果, 拉力分布长度为 $H + D'$. 其中 H 为基坑深度; D 为埋入基坑底以下的支护长度; H_1 为坑顶至 q 距离, 且 $H_1 + H_2 = H + D'$, D' 可由式 (3-2) 得到

$$D' = 2 \cdot \cos\left(45^\circ - \frac{\varphi}{2}\right) \cdot D \cdot \mathrm{e}^{-\left(\frac{\pi(45^\circ - \varphi/2)\tan\varphi}{180^\circ}\right)} \tag{3-2}$$

当然, 必须说明的是图 3-14(a) 中的 H_1 不可能为 0 或 $H + D'$, 所以出现支护最大位移在顶端时, 假设 $H_1 = D' - D$.

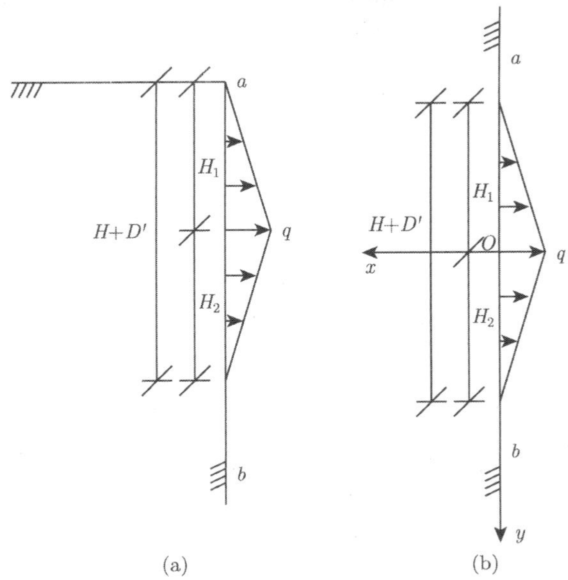

图 3-14　理论分析示意图

2. 力学模型的理论分析

从弹性力学[11] 的角度, 要得到图 3-14(a) 中楔体的应力解析解有困难, 我们采用 ANSYS 软件分析发现在距离图 3-14(a) 上边界稍远一点的地方, 图 3-14(a) 与图 3-14(b) 的应力数值解差别不大, 若用图 3-14(b) 的应力解析解代替图 3-14(a) 的解, 则

$$\begin{aligned}\sigma_x &= \frac{2}{\pi H_1}\int_0^{H_1}\frac{q(H_1-\xi)x^3}{[x^2+(y-\xi)^2]^2}\mathrm{d}\xi+\frac{2}{\pi H_2}\int_{-H_2}^{0}\frac{q(H_2+\xi)x^3}{[x^2+(y-\xi)^2]^2}\mathrm{d}\xi\\ \sigma_y &= \frac{2}{\pi H_1}\int_0^{H_1}\frac{q(H_1-\xi)x(y-\xi)^2}{[x^2+(y-\xi)^2]^2}\mathrm{d}\xi+\frac{2}{\pi H_2}\int_{-H_2}^{0}\frac{q(H_2+\xi)x(y-\xi)^2}{[x^2+(y-\xi)^2]^2}\mathrm{d}\xi\end{aligned} \tag{3-3}$$

在此不再对正应力 σ_x 和 σ_y 积分展开, 如果读者感兴趣, 可以自行推导. 根据广义胡克定律得 $\varepsilon_x=\sigma_x/E-\nu\sigma_y/E$, 可以将式 (3-3) 代入该式得到土体的 x 方向应变 ε_x 变化规律, 考虑 H_1 为 0.2, 0.4, 0.6, 0.8 倍 $(H+D')$ 以及泊松比 ν 为 0.3、0.4 和 0.49 的情况, 得到不同深度 (0.2, 0.4, 0.6, 0.8 倍 $(H+D')$) 的 ε_x 变化规律图如图 3-15 所示.

通过对不同情况下的 ε_x 的变化规律整理发现, 虽然泊松比 ν 对于每条曲线最大 ε_x 出现的位置有影响, 但非常小, 最大 ε_x 基本上出现在 $x=|y|$ 的位置, 即最大 ε_x 距挡土墙距离等于图 3-14(b) 中的 $|y|$, 图 3-16 中的虚线 AOB 为某深度最大水平应变所在位置.

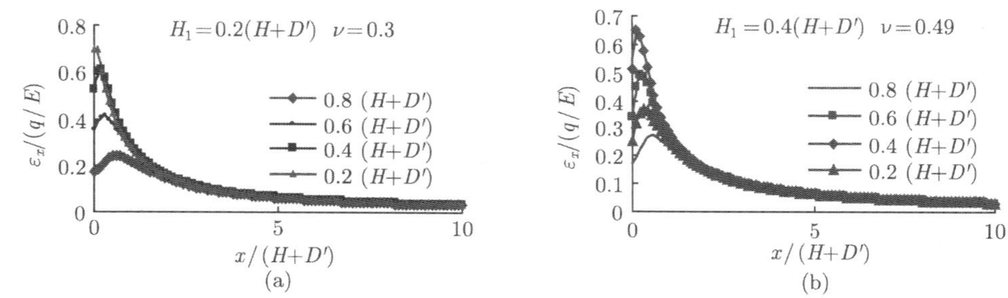

图 3-15　水平应变变化规律

ε_x 的解析公式非常复杂, 应用到实际当中很不方便, 根据保留主要因素, 去除次要因素的原则, 通过进一步研究, ε_x 的变化规律采用以下近似公式:

$$\varepsilon_x=\left|\frac{2\varepsilon_0}{\pi}\arctan\frac{H+D'}{2(x-|y|)}\right| \tag{3-4}$$

式中, ε_0 为支护后土体最大的水平应变; x 和 y 的含义与图 3-14(b) 相同.

从理论上讲, 紧靠支护的土体发生的水平位移为 $\Delta=\int_0^{+\infty}\varepsilon_x\mathrm{d}x$, 但将式 (3-4) 代入, 发现 $\Delta=+\infty$, 这与现实不符. 通过计算发现, 某深度在距离最大水平应变所在位置 3 倍 $(H+D')$ 的地方, 水平应变已经非常小了. 所以, 将支护后土体的水平位移 Δ 的积分区间即影响区域定为 0 到 $3(H+D')+|y|$, 如图 3-16 所示. 当然为了弥补积分区间以外部分的误差, 根据有限元数值模拟结果, 假设积分得到的位移是总位移 Δ 的 90%, 结果为

$$0.9\Delta=\int_0^{3(H+D')}\varepsilon_x\mathrm{d}x+\int_0^{|y|}\varepsilon_x\mathrm{d}x$$

或

$$0.9\Delta=0.89\varepsilon_0(H+D')+0.64\varepsilon_0\left\{|y|\arctan\frac{H+D'}{2|y|}+\frac{H+D'}{4}\ln\left[\frac{4y^2}{(H+D')^2}+1\right]\right\} \tag{3-5}$$

通过式 (3-3) 可以得到 ε_0, 进而可以得到紧靠支护土体的应变 ε_1 为

$$\varepsilon_1=\frac{2\varepsilon_0}{\pi}\arctan\frac{H+D'}{2|y|} \tag{3-6}$$

如果认为 Δ 等于支护水平位移, 则通过式 (3-4) 和式 (3-5), 可以得到支护水平位移与支护后土体水平应变的关系, 从而得到了位移应变关系.

还需要说明的是: 一般情况下, 图 3-14 中 O 出现的位置无法知道, 所以, 假设 q 在支护水平变形最大的位置, 即图 3-14 中的 H_1 代表支护最大水平变形发生位置至地面的距离, 当然, 这可能产生一定的误差.

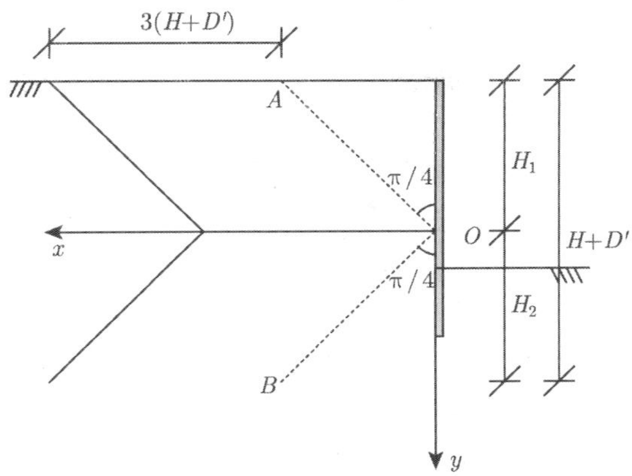

图 3-16　影响区域图

以上应变规律近似公式是否可信, 将在第 5 章通过有限元法进行验证.

当然, 由于没有相应的土压力实测结果, 所以无法验证提出的研究土压力位移关系方法的结果是否与实测结果一致, 这方面需要继续深入. 本书给出的水平位移与水平应变关系公式, 是在只有一层支撑且在支护顶端的或无支撑的情况下得到的, 其他情况下的问题虽然通过叠加方法可以给予考虑, 但一些细节需要深入研究.

3.4　挡土墙后填土碾压的土压力位移分析

20 世纪 90 年代以来, 随着我国高速公路建设快速发展, 在路堤修筑过程中建设的挡土结构物, 先进行挡土墙建设后填土碾压的施工工程越来越多, 填土分层碾压的施工工艺已日渐成熟, 对此施工工艺下墙体上的土压力分布的研究仍在进行. 现今, 对于作用在挡墙上的土压力, 众多工程设计人员仍然采用经典的库仑土压力理论或者朗肯土压力理论来进行土压力计算. 如我国的建筑地基基础设计规范规定, 若墙体向外移动或转动, 则作用在墙体上的土压力是根据主动土压力计算. 目前, 对于分层碾压情况下, 挡墙位移和土体形变等方面的研究十分缺乏. 鉴于此现状, 对墙体相对于各层填土的水平位移以及各层填土的不同形变进行分析, 以研究土压力的分布情况. 并希望从理论分析和工程施工的实例中寻求到能指导工程设计的分层碾压土压力计算方法.

3.4.1　墙体填土分层碾压中的位移分析

墙体侧壁在填土碾压过程中是受到侧向挤压作用的, 在填土逐层进行的过程中, 碾压荷载是局部往复的加、卸载作用, 碾压荷载的挤压作用及卸载后墙体会产生一定的水平位移. 在进行分层填土碾压时, 每一层填土的碾压都会致使墙体向外发生一定的位移. 而每一层土体和墙体之间的相对位移是不同的. 为便于阐述, 此处以墙体平动为例, 如图 3-17 所示. 在填筑第三层土体时, 可以看出墙体相对于第三层填土 (最上一层土体) 结束后的位移是 0, 而墙体相对于第二层填土的相对位移只为 δ_2, 墙体相对于第一层填土的相对位移为 $\delta_1+\delta_2$. 以此类推, 随着碾压层数的增多, 越是底层的土体, 墙体发生的相对位移就越大. 可以看出虽然每层填土后墙体的水平位移都很小, 但小位移的逐步累积使墙体相对底层填土的位移最大; 以上是对墙体平动分析得到的. 对于悬臂式挡墙, 其变形有可能是平动, 也有可能是平动加绕墙脚进行转动. 在挡墙为绕墙脚转动的情况下, 对于分层填土碾压, 最小位移仍然出现在最上层, 最大位移出现在下层土体, 但不一定是最底层土体.

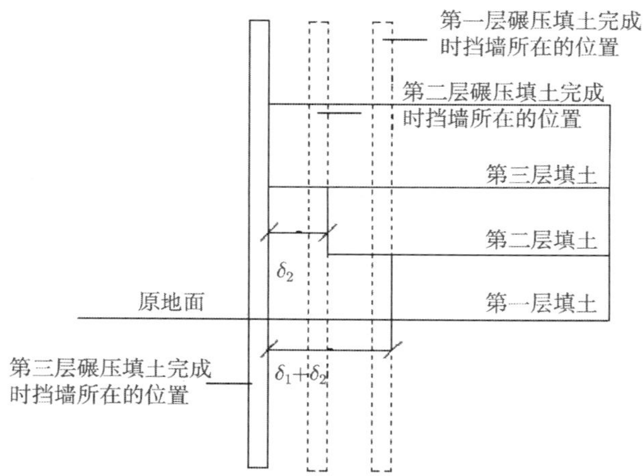

图 3-17　分层填土碾压下挡墙位移

3.4.2　墙体填土分层碾压的土压力分析

墙体相对于土体发生位移, 继而土体会随着墙体的位移发生形变, 所以在分层碾压过程中, 已填土体都会发生形变. 在墙体后填筑第一层土时, 由于碾压的作用, 土体是挤向墙体的. 由于碾压程度不同, 墙体向外移动, 土压力可能大于也可能小于静止土压力. 而已填筑好的土层, 由于水平位移的影响, 这些土层的土压力会 "减小". 以图 3-18 为例, 假设每次填土后, 墙体都发生一定的位移, 且每层土体被碾压过后都没有再发生变形. 那么图 3-18 的阴影区就是一个真空区域. 当然, 实际中, 阴影区肯定会被各层土体通过一定横向变形进行 "填充", "填充" 的面积越大, 那么这层的土压力就会 "减小" 得越多. 显然, 各层土体形变的大小与墙体相对于各层土体发生的位移大小是相等的. 而通过上述对墙体位移分析可以知道, 最上层的土体是没有发生变形的, 沿着墙体高度的变化, 越底层的土体, 发生的变形越大, 即

底层土压力 “减小” 得比较多.

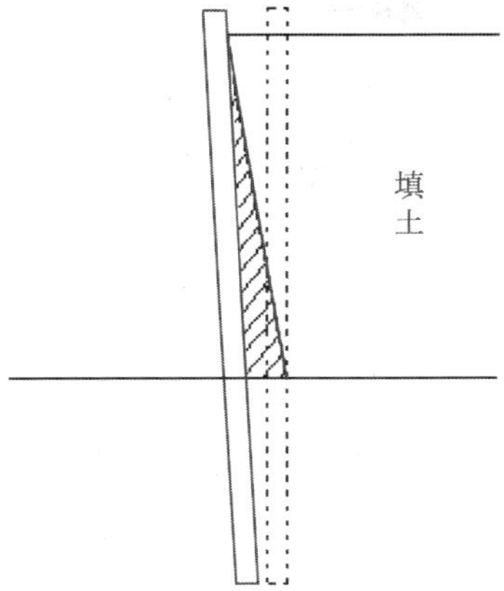

图 3-18　土体在分层填土碾压过程中的变形

由图 3-18 可看出分层填土碾压后的墙体与土体的位移关系与墙体绕墙顶的 “踢脚” 式转动 (墙体的 RT 变位模式) 相同. 所以分层填土碾压时墙体上的土压力分布与绕墙顶 “踢脚” 式下的墙体上土压力分布理应相似. 而图 3-19 和图 3-20 分别是蔡奇鹏[13] 和周应英[14] 通过有限元和实验模拟得到的墙体的 RT 变位模式的土压力分布.

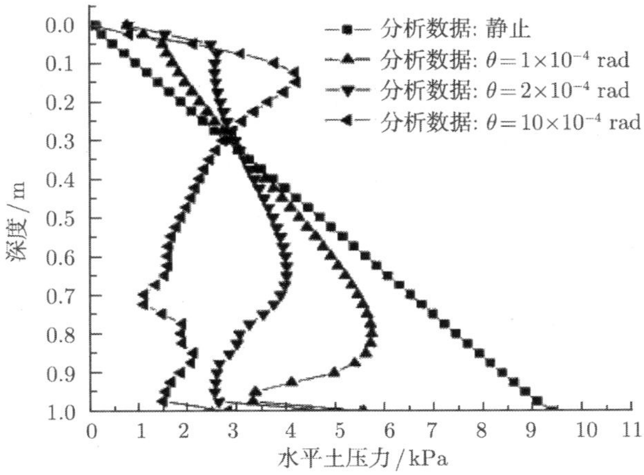

图 3-19　RT 变位模式下墙体上水平土压力分布

根据建筑地基基础设计规范, 若墙体外移或转动, 则作用在墙体上的土压力是根据主动土压力计算. 从以上的土压力分布图可以看出, 对于此类挡墙设计的计算用主动土压力作为标准并不合理.

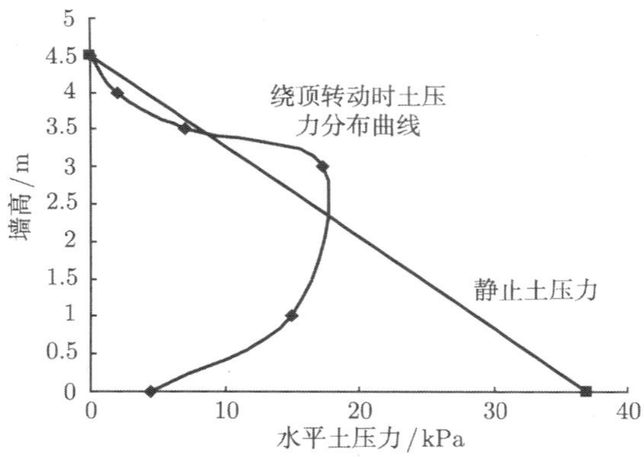

图 3-20 RT 模式下实测水平土压力分布

3.4.3 现场试验

前面的结论是在理论分析和室内实验的基础上得出的. 为了更好地检验这些成果能否很好地用于实践, 将通过具体的工程实例检验, 并希望进一步得到具有工程实用价值的成果.

1. 工程简介

在宁淮高速公路淮安段马武四标段选择 K142+550 洪金公路跨线桥 (设计填土高度 7.26m), 马武五标段选择桩号为 K154+954 东一道跨线桥 (设计填土高度 7.26m) 桥台等填土高度较高的桥头作为本次桥台台背土压力的现场试验场地, 于前面两个桥台填土期间还测试了填土期间桥台的水平位移. 图 3-21 和图 3-22 为这两段公路桥台的测量点的分布示意图.

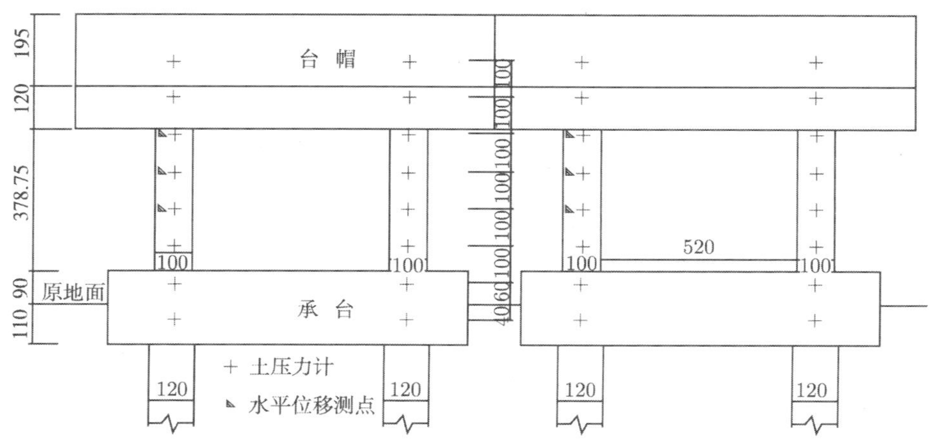

图 3-21 东一道西侧桥台观测点分布立面图 (单位:cm)

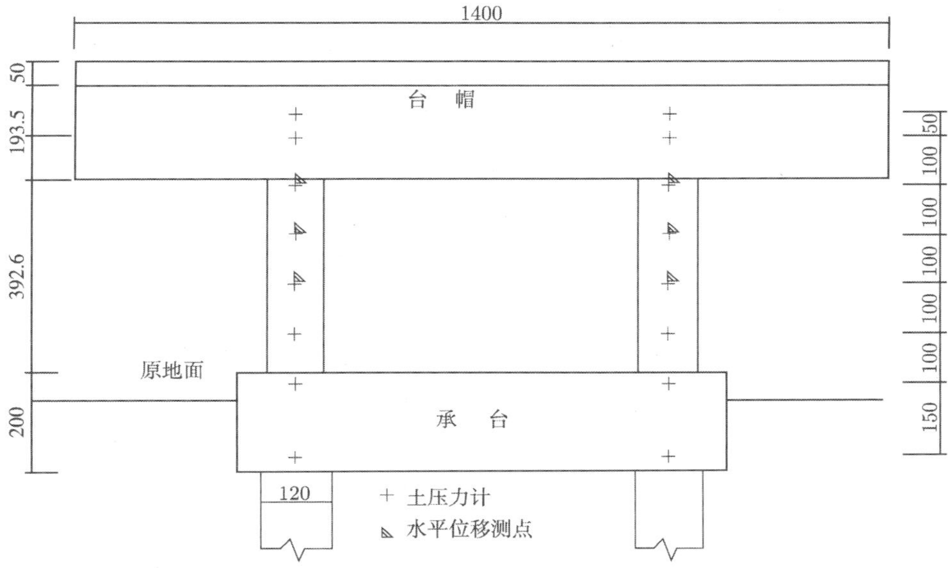

图 3-22　洪金公路东侧桥台观测点布置立面图 (单位: cm)

2. **工程数据验证**

墙体相对于各层土体的位移: 图 3-23 和图 3-24 分别为东一道西侧肋台和洪金公路东侧肋台在施工完成后, 相对于各层土体的位移与填土高度的关系曲线图. 可以看出, 图 3-23 和图 3-24 很好地证明了上述理论分析的结论. 填土顶层的墙体位移值最小为 0, 随着高度的降低, 位移值在不断地变大, 在下层土体达到了最大位移值. 可见, 在真实施工过程中顶层土体发生的形变最小, 越是接近底层的土体发生的形变越大, 其形变值与各层高度的位移值大小相同.

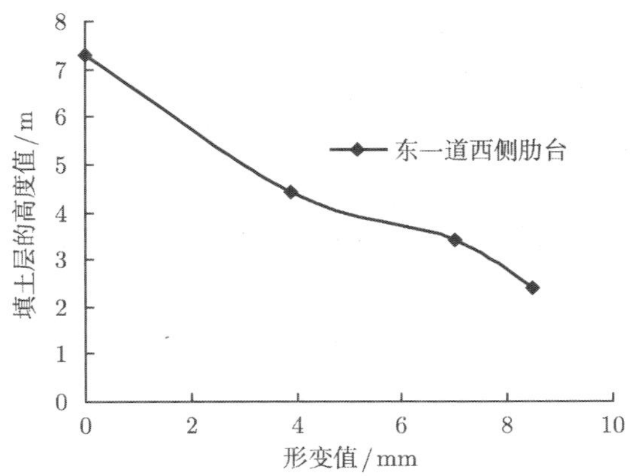

图 3-23　东一道西侧肋台位移与填土高度的关系

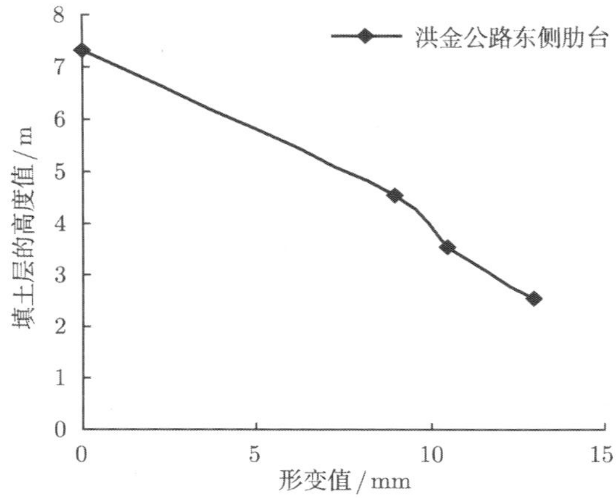

图 3-24 洪金公路东侧肋台位移与填土高度的关系

图 3-25 和图 3-26 分别为东一道西侧 1~4 号肋台和洪金公路东侧桥台 1~2 号肋台土压力分布曲线. 从图 3-25 和图 3-26 中可以看出, 实例中所测东一道西侧 1~4 号肋台土压力分布曲线和洪金公路东侧桥台 1~2 号肋台土压力分布曲线与上述分析得出的曲线大体一致, 所有土压力沿深度的分布并不是直线, 挡土墙底部的土压力值较小但都大于主动土压力, 中下部土压力值较大且有部分接近静止土压力, 上部土压力都超过静止土压力. 可以有效地验证上述通过理论分析和实验分析得到的墙体后土压力分布结果的正确性.

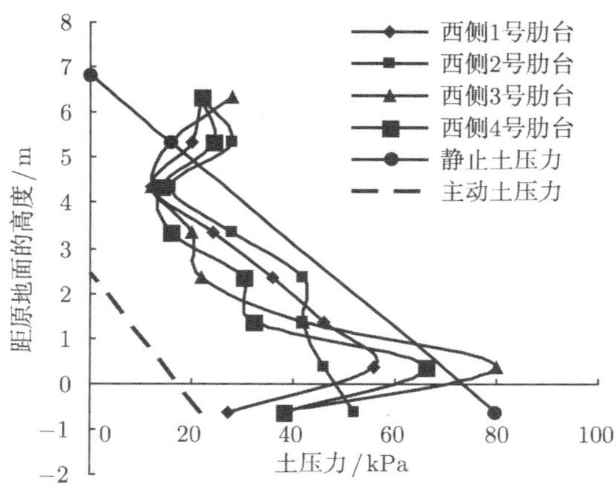

图 3-25 东一道西侧 1~4 号肋台土压力分布填土高度 6.75m

此外, 桥头区填土荷载和碾压荷载作用在台背上的土压力测试值均大于主动土压力, 大部分小于静止土压力. 由此, 主动土压力设计标准并不能满足该类型挡墙的设计要求. 所以作者建议, 在先进行墙体建设后进行填土碾压的设计中, 最好使用静止土压力为标准值计算. 这样一方面, 可以增加施工的安全性; 另一方面, 由于填土土体发生变形, 贴着墙体的各层土体密实程度有所不同, 呈"上实下虚"的状态, 随着时间的推移, 土体会缓慢地发生沉降, 底层土压力会渐渐地变为静止土压力, 所以静止土压力的设计标准更具有必要性.

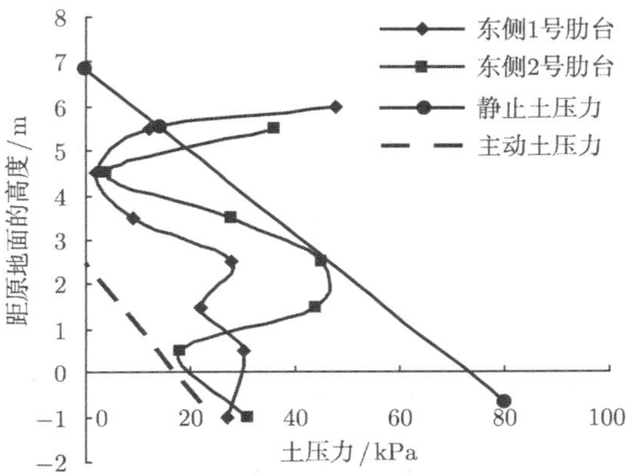

图 3-26　洪金公路东侧桥台 1~2 号肋台土压力分布填土高度 7.26m

3.4.4　结论与建议

通过室内试验和现场测试的方法, 研究了开挖条件下挡土结构位移与压力问题以及先做挡土结构物, 后填土条件下的挡土结构位移与土压力问题. 这两种条件下, 挡土结构的位移都与传统的土压力理论假设的条件有明显差别, 因此, 挡土结构的土压力也与传统土压力理论有明显不同. 主要结论如下:

(1) 基坑开挖条件下, 挡土结构的土压力是从静止土压力开始下降, 在有内支撑的条件下, 通常不会降低到主动土压力值. 土压力与挡土结构的水平位移关系密切.

(2) 在先进行建筑物施工, 再填土的施工工艺条件下, 逐层填土, 会使墙体等结构与各层土体发生背离产生各自不同的位移, 从而导致各层土体发生不同的形变. 底层土体形变最大, 随着填土高度的增加, 填土土层的变形在不断变小. 贴近挡墙的土体是"上实下虚"的分布状态.

(3) 逐层填土碾压, 会导致底部填土的大量土压力释放, 使得土压力沿深度分布不是线性的. 具体土压力特点为上中部压力值较小, 中下部压力值较大, 底部压力值又变为较小的拱形关系.

(4) 填土荷载和碾压荷载作用在挡土构筑物上的土压力测试值都大于主动土压力, 大部分在主动土压力和静止土压力之间, 只在挡土构筑物的中部超过了静止土压力. 鉴于此情况, 建议在此类墙体设计中最好使用静止土压力作为标准值进行计算.

当然, 本书仍有些问题没有能够解决. 在贴近墙体的土体是“上实下虚”的分布状态, 随着时间推移, 土体发生沉降, 底部土压力渐渐向静止土压力变化. 如何防止土体“上实下虚”的分布情况出现, 至今仍然没有一个很好的解决办法.

参 考 文 献

[1] Sherif M A, Fang Y, Sherif R I. K_a and K_0 Behind Rotating and Non-Yielding Walls[J]. Journal of Geotechnical Engineering, 1984, 110(1): 41-56.

[2] 徐日庆, 陈页开, 杨仲轩, 等. 刚性挡墙被动土压力模型试验研究 [J]. 岩土工程学报, 2002, (05): 569-575.

[3] Fang Y S, Ishibashi I. Static earth pressure with various wall movements[J]. Journal of Geotechnical Engineering, 1986, 112(3): 317-333.

[4] 陈页开, 汪益敏, 徐日庆, 等. 刚性挡土墙主动土压力数值分析 [J]. 岩石力学与工程学报, 2004, (06): 980-988.

[5] 陈页开, 汪益敏, 徐日庆, 等. 刚性挡土墙被动土压力数值分析 [J]. 岩石力学与工程学报, 2004, (06): 989-995.

[6] 张文慧. 基坑工程中应力路径对侧向变形的影响及土压力与侧向变形关系的研究 [D]. 南京: 河海大学, 2003.

[7] 陈页开, 徐日庆, 杨晓军, 等. 基坑工程柔性挡墙土压力计算方法 [J]. 工业建筑, 2001, (03): 1-4.

[8] 卢国胜. 考虑位移的土压力计算方法 [J]. 岩土力学, 2004, 25(4): 586-589.

[9] 秦建设. 深基坑开挖中位移土压力法的研究及其对“M”法的完善 [D]. 南京: 河海大学, 1999.

[10] 刘兴旺, 益德清, 施祖袁. 基坑开挖地表沉陷理论分析 [J]. 土木工程学报, 2000, 33(4): 51-55.

[11] 徐芝纶. 弹性力学 [M]. 北京: 高等教育出版社, 1990.

[12] 殷德顺, 王保田, 李向凤. 土压力–位移关系的应力路径试验研究 [J]. 岩土力学, 2008, 29(10): 2769-2774.

[13] 蔡奇鹏. 刚性与柔性挡墙的土压力研究 [D]. 杭州: 浙江大学, 2007.

[14] 周应英, 任美龙. 刚性挡土墙主动土压力的试验研究 [J]. 岩土工程学报, 1990, 12(2): 19-26.

第 4 章　基坑开挖条件下土压力变化规律与本构模型

4.1　概　　述

近年来, 数值模拟方法在基坑开挖问题的分析中得到广泛运用, 弹性、非线性弹性、弹塑性本构关系先后被应用到基坑开挖的有限元分析中, 这些都为合理设定和准确预测作用于挡土结构上的土压力分布以及研究结构变形与土压力之间关系提供了强有力的工具.

有限元法在基坑工程中应用, 可以从整体上分析支护结构和周围土体的应力与位移性状, 可以对施工逐级开挖及支撑的装拆进行动态模拟, 同时还可以考虑地下水引起的渗流、土体固结以及空间效应的影响. 有限单元法适应性强, 应用范围广泛, 它不仅能成功处理如应力分析中材料的非均质、各向异性, 非线性应力–应变关系以及复杂边界条件等难题, 而且随着其理论基础和方法的逐步改进完善, 还能成功求解如土的固结和变形耦合作用、土的黏弹塑性模型等许多复杂问题.

4.1.1　土体本构模型

伴随着土木水利工程的发展, 高层建筑、地下工程以及水利设施的数量迅速增多, 这些工程的建造使承担基础荷载的地基土体处于不同荷载的作用下, 土体承担的荷载不同, 其应力路径也会不同. 所谓应力路径是指土体在外力作用下应力变化情况或过程. 对于同一种土, 当采用不同的试验手段和不同的加荷方法使之剪切破坏时, 其变形变化的过程是不同的, 相应的土的变形与强度特性也将出现很大的差异.

应用有限元法分析土的问题时, 土体本构模型是科研工作者最关心的问题之一. 由于土体具有复杂的变形特性, 因而会受到应力路径影响, 所以土体变形的计算应该根据不同荷载情况应用不同的模型或参数.

邓肯–张模型是经常使用的一种弹性非线性本构模型, 优点在于它的参数少, 而且这些参数通过常规的三轴试验就可以获得. 还必须注意到一个现实情况, 在常规三轴试验中获得的邓肯–张模型参数是在轴向应力增加, 而侧向应力不变的情况下获得的 (称这种情况为轴向加载), 但是在现实中, 土体往往经历的应力路径不是轴向压缩, 还有可能是其他的应力路径, 这就造成邓肯–张模型不能很好地模拟它们. 虽然有些学者[1−7] 推导过某种应力路径下模量公式, 但系统地推导整理至今还没有. 本章的研究目的在于将邓肯–张模型模量公式系列化, 便于有关的科技工作者可以根据基坑工程中土体应力路径的不同，在有限元计算中选取不同的模量公式，以减少计算误差，从而使邓肯–张模型应用更加广泛并得到更切合实际的结果.

4.1.2 接触面单元

岩土工程中，经常会遇到土体与结构相互作用的问题，例如土体与挡土结构、土体与桩基础、土体与上部结构、加筋土的问题等. 在两种力学性质差别很大的界面上，实际中存在变形或应力不连续问题，但连续介质力学又必须保持单元间的变形连续、协调，为此，在有限元分析中，两种介质的分界面区域通过设置接触面单元来解决这一问题. 接触面单元的应用是土工数值分析中处理土与结构共同作用的主要手段. 在基坑工程中，土体与支护桩或地下连续墙的共同作用问题是基坑工程数值计算中的一个重要课题. 桩侧土体与支护结构的共同作用不仅影响支护结构的内力和侧向变形，而且显著影响坑外地面沉降和桩侧土压力分布.

接触面两侧材料的力学性能差异，导致了它们变形的显著差异，从而会在接触面上产生较大的剪应力，甚至产生滑移破坏. 通常假定接触面不能承受拉应力，当接触面处于拉应力区时，将会产生开裂. 准确模拟接触面的开裂与滑移，体现土体在接触面上的剪切变形特性，是接触面研究的两个重要方面，此外还包括接触面单元形式的研究和接触面土体本构关系的研究.

当前比较常用的两种接触面单元是 Goodman 无厚度单元和 Desai 薄单元. 相对而言，接触面本构关系的研究[8−10] 比较多，而单元形式的研究却不多，由于单元形式与本构关系是相互关联的，所以研究接触面单元的形式也十分重要. 本章将在考虑土体变形特性的基础上，研究一种新的接触面单元.

4.2 基坑开挖过程中土体的应力路径与土压力分析

基坑工程的特殊性在于开挖时不同部位土体的应力路径是不同的，因而研究基坑工程的特性就必须进行开挖条件下的土体应力–应变关系研究.

为方便分析，许多学者认为将基坑开挖影响区域划分为 4 个部分，如图 4-1 所示，在 p-q 应力空间进行应力路径分析，这里 $p=(\sigma_1+\sigma_3)/2$、$q=(\sigma_1-\sigma_3)/2$.

Ⅰ区：当假定围护结构与土体交界面的剪应力可忽略不计时，$\sigma_1=\sigma_{\rm v}$、$\sigma_3=\sigma_{\rm h}$，随着基坑的开挖，支护结构发生侧向位移，土体单元的垂直向应力不变，水平向应力逐渐减小，水平向应力从静止土压力向主动土压力变化. 应力路径如图 4-2 中 AD 所示.

Ⅱ区：上部土体开挖后，上覆压力减小，土体单元的垂直向应力减小；基坑开挖过程中，随着支护结构的侧向位移和坑底隆起，土体单元的水平向应力发生变化，应力路径如图 4-2 中 AFG 所示.

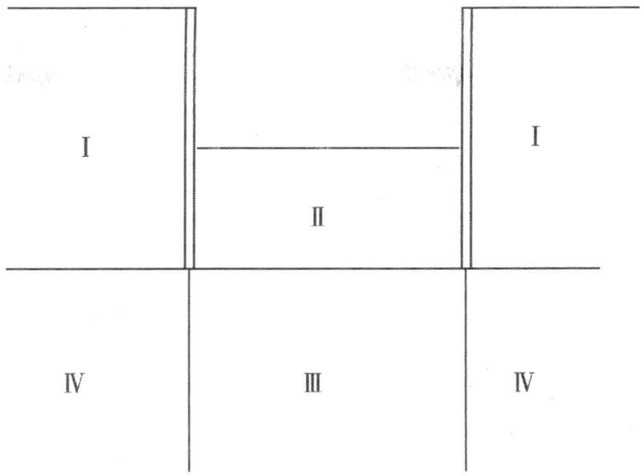

图 4-1　基坑开挖影响区域划分

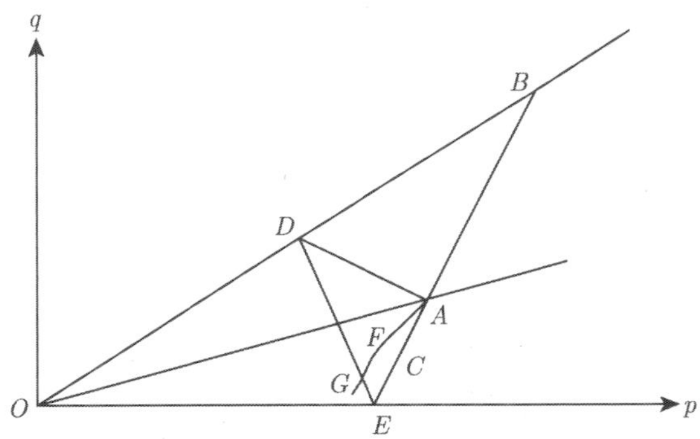

图 4-2　应力路径

Ⅲ区：随着上部土体的开挖，土体单元的垂直向应力逐渐减小，水平向应力不变，土体单元的应力路径如图 4-2 中 ACE 所示.

Ⅳ区：垂直向应力不变，水平向应力变化较小，土体单元的应力路径大致如图 4-2 中 AF 所示.

从上述分析可见，基坑开挖过程中土体单元的应力路径不同于一般加载的应力路径，有必要进行相应的应力路径试验.

上述四个区域中，Ⅰ区和Ⅱ区对基坑变形的影响最大，其中Ⅰ区是侧向变形的主体，Ⅱ区为支护结构提供反力，也对基坑变形产生重要影响. 在图 4-2 所示的应力路径中，AB 为轴向加载的应力路径，AC 为轴向卸载的应力路径，AD 为侧向卸载的应力路径，三种应力路径各有不同的破坏点，破坏时的应力状态各不相同，各应力路径对应的应力–应变关系也不相同.

以上基坑开挖影响区域划分得到很多学者[2] 认同，但也有学者[1,11] 对Ⅰ、Ⅱ

两区水平向应力的变化有不同看法, 他们认为: Ⅰ区随着基坑的开挖, 支护结构发生侧向位移, 土体单元的垂直向应力不变, 但水平向应力减小或增大, 水平向应力在静止土压力与主动土压力之间变化或在静止土压力与被动土压力之间变化; 如图 4-3 所示, 支护受力后变形, 支护底部可能向Ⅰ区挤压, 所以Ⅰ区的土体单元的水平向应力不可能只减小 (侧向卸载), 也可能增大 (侧向加载); 同样道理, Ⅱ区上部土体开挖后, 上覆压力减小, 土体单元的垂直向应力减小; 土体单元的水平向应力也增大或减小.

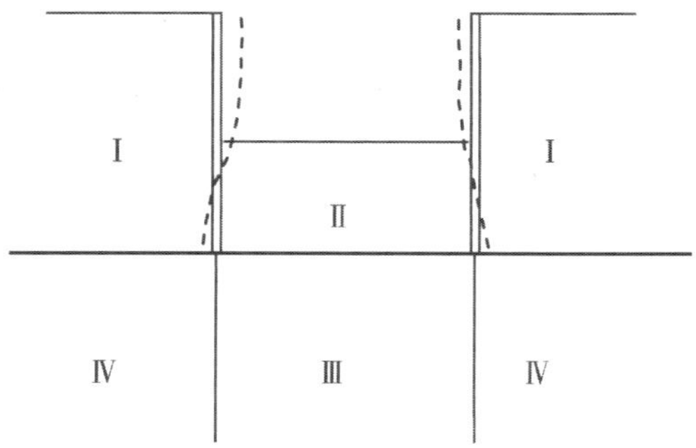

图 4-3　基坑开挖影响区域划分

以上认识是基于在一些工程中, 支护后的土压力的实测值往往小于其计算值[12]. 这些学者[1] 认为, 这是由于Ⅰ区一部分土体先受到向基坑外侧的挤压, 然后, 随着基坑的开挖, 支护又向坑内移动, 从而造成这部分土体被压密后又放松.

由于产生位移的主要因素位于Ⅰ、Ⅱ区, 所以研究的重点应该在于Ⅰ、Ⅱ区的应力–应变关系.

4.3　不同应力路径下的非线性弹性模型

非线性弹性模型是根据广义胡克定律建立刚度矩阵, 考虑到非线性, 它的刚度矩阵中的弹性模量 E 和泊松比 ν 不再视为常量, 而是看做随应力状态而改变的变量. 很多工程模拟显示, 非线性弹性模型在某些条件下能够得到比较好的精度, 1970 年邓肯 (Duncan) 和张 (Chang)[13] 建立的双曲线模型是最典型的非线性弹性模型之一, 它能够反映岩土变形的主要规律, 如非线性应力–应变关系等, 但它也存在一些不足, 如没有反映固结压力增加或减小的区别, 不能反映软化等. 为了克服邓肯–张模型的某些缺陷, 国内外学者提出了许多类似的非线性弹性模型. 如 Domaschuk[14]、Izumi[15] 、沈珠江[16] 等都进行了大量工作, 以使非线性弹性模型能够反映岩土的变形特性. 基坑土体侧向卸载、加载条件下的本构模型也可以根据邓肯–张模型的思路进行推演得到.

4.3.1　邓肯–张模型的基本公式和参数

1. 切线弹性模量

常规三轴试验中, 在 σ_3 不变条件下施加 $(\sigma_1-\sigma_3)$, 并测出轴向应变 ε_{a} 和体积应变 ε_v, 点绘 $(\sigma_1-\sigma_3)\sim\varepsilon_{\mathrm{a}}$ 曲线, 如图 4-4 所示. 康纳等发现, 可以用双曲线来拟合这些曲线. 对于某一 σ_3, $(\sigma_1-\sigma_3)\sim\varepsilon_{\mathrm{a}}$ 关系可表示成 $\sigma_1-\sigma_3=\varepsilon_{\mathrm{a}}/a+b\varepsilon_{\mathrm{a}}$, 式中, a 和 b 为试验常数. 上式可写为 $\varepsilon_{\mathrm{a}}/(\sigma_1-\sigma_3)=a+b\varepsilon_{\mathrm{a}}$. 以 $\varepsilon_{\mathrm{a}}/(\sigma_1-\sigma_3)$ 为纵坐标, ε_{a} 为横坐标, 则双曲线可转换成直线, 见图 4-5, 其斜率为 b, 截距为 a.

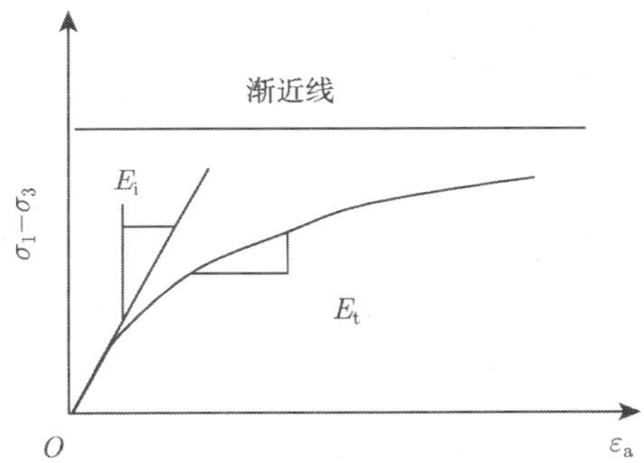

图 4-4　$(\sigma_1-\sigma_3)\sim\varepsilon_{\mathrm{a}}$ 关系曲线

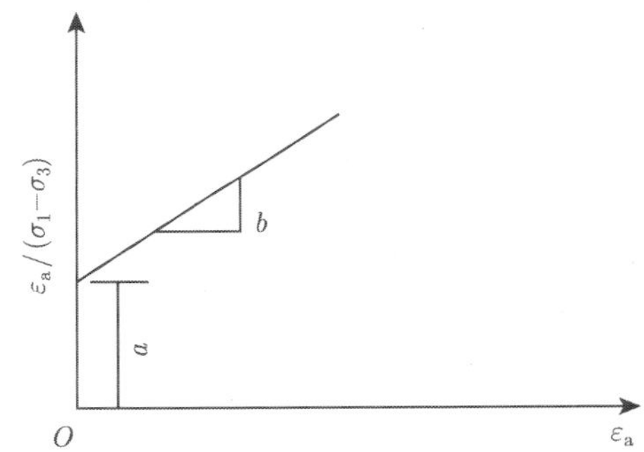

图 4-5　$\varepsilon_{\mathrm{a}}/(\sigma_1-\sigma_3)$ 与 ε_a 关系曲线

邓肯和张利用上述关系推导出了切线弹模 E_{t}、泊松比 ν_t 的计算公式.

在常规三轴试验中,

$$E=\frac{\Delta\sigma_1}{\Delta\varepsilon_1}=\frac{\Delta\left(\sigma_1-\sigma_3\right)}{\Delta\varepsilon_{\mathrm{a}}}=\frac{\partial\left(\sigma_1-\sigma_3\right)}{\partial\varepsilon_{\mathrm{a}}}\tag{4-1}$$

可见增量胡克定律中所用的弹模实际上是常规三轴试验的 $(\sigma_1-\sigma_3)\sim\varepsilon_{\mathrm{a}}$ 曲线的切线斜率. 这样的模量叫切线弹模, 用 E_{t} 表示. 将 $\sigma_1-\sigma_3=\varepsilon_{\mathrm{a}}/a+b\varepsilon_{\mathrm{a}}$ 代入式 (4-1), 可得

$$E_{\mathrm{t}}=\frac{a}{\left(a+b\varepsilon_{\mathrm{a}}\right)^2}\tag{4-2}$$

由式 $\varepsilon_{\mathrm{a}}/(\sigma_1-\sigma_3)=a+b\varepsilon_{\mathrm{a}}$ 可得

$$\varepsilon_{\mathrm{a}}=\frac{a}{\dfrac{1}{\sigma_1-\sigma_3}-b}\tag{4-3}$$

将上式代入式 (4-2), 得

$$E_{\mathrm{t}}=\frac{1}{a}\left[1-b\left(\sigma_1-\sigma_3\right)\right]^2\tag{4-4}$$

由式 $\varepsilon_{\mathrm{a}}/(\sigma_1-\sigma_3)=a+b\varepsilon_{\mathrm{a}}$ 可知, 当 $\varepsilon_{\mathrm{a}}\to 0$ 时

$$a=\left(\frac{\varepsilon_{\mathrm{a}}}{\sigma_1-\sigma_3}\right)_{\varepsilon_{\mathrm{a}}\to 0} \tag{4-5}$$

而 $((\sigma_1-\sigma_3)/\varepsilon_{\mathrm{a}})_{\varepsilon_{\mathrm{a}}\to 0}$ 是曲线 $(\sigma_1-\sigma_3)\sim\varepsilon_{\mathrm{a}}$ 的初始切线斜率, 称为初始切线模量, 用 E_{i} 表示, 见图 4-4. 故有 $a=1/E_{\mathrm{i}}$, $b=1/(\sigma_1-\sigma_3)_u$. 试验表明, E_{i} 随 σ_3 变化. 如果在双对数纸上点绘 $\lg(E_{\mathrm{i}}/p_{\mathrm{a}})-\lg(\sigma_3/p_{\mathrm{a}})$ 的关系, 则近似地为一直线, 直线的截距为 k, 斜率为 n. 于是有

$$E_{\mathrm{i}}=kp_{\mathrm{a}}\left(\frac{\sigma_3}{p_{\mathrm{a}}}\right)^n \tag{4-6}$$

设破坏比 $R_f=(\sigma_1-\sigma_3)_f/(\sigma_1-\sigma_3)_u$, 其中 $(\sigma_1-\sigma_3)_f$ 表示土体破坏时的偏应力, $(\sigma_1-\sigma_3)_u$ 表示 $\varepsilon_{\mathrm{a}}\to\infty$ 时的偏应力. 应力水平 $S=(\sigma_1-\sigma_3)/(\sigma_1-\sigma_3)_f$, 由莫尔–库仑强度准则可得破坏偏应力 $(\sigma_1-\sigma_3)_f=2c+2\sigma_3\sin\varphi/(1-\sin\varphi)$. 将初始切线模量 E_{i}、破坏比 R_f、应力水平 S、破坏偏应力 $(\sigma_1-\sigma_3)_f$ 及参数 b 代入式 (4-4), 可得

$$E_{\mathrm{t}}=\left[1-R_f\frac{(1-\sin\varphi)(\sigma_1-\sigma_3)}{2c\cos\varphi+2\sigma_3\sin\varphi}\right]^2 kp_{\mathrm{a}}\left(\frac{\sigma_3}{p_{\mathrm{a}}}\right)^n \tag{4-7}$$

2. 切线泊松比

库哈威和邓肯认为常规三轴试验测得的 $(-\varepsilon_{\mathrm{r}})\sim\varepsilon_{\mathrm{a}}$ 关系也可用双曲线来拟合, 点绘 $-\varepsilon_{\mathrm{r}}/\varepsilon_{\mathrm{a}}\sim(-\varepsilon_{\mathrm{r}})$ 的关系, 为一直线, 其截距为 f, 斜率为 D. 于是有

$$\frac{-\varepsilon_{\mathrm{r}}}{\varepsilon_{\mathrm{a}}}=f+D(-\varepsilon_{\mathrm{r}}) \tag{4-8}$$

由于侧压力增量为零, 故泊松比

$$\nu=\frac{-\Delta\varepsilon_{\mathrm{r}}}{\Delta\varepsilon_{\mathrm{a}}}=\frac{\partial(-\varepsilon_{\mathrm{r}})}{\partial\varepsilon_{\mathrm{a}}} \tag{4-9}$$

可见, $(-\varepsilon_{\mathrm{r}})\sim\varepsilon_{\mathrm{a}}$ 的切线斜率具有增量泊松比的物理意义, 称为切线泊松比 ν_{t}. 将式 (4-8) 代入式 (4-9), 并利用式 (4-3) 把所含 ε_{a} 用应力来代替, 可得

$$\nu=\frac{f}{(1-A)^2} \tag{4-10}$$

其中 $A=D(\sigma_1-\sigma_3)/kp_{\mathrm{a}}\left(\frac{\sigma_3}{p_{\mathrm{a}}}\right)^n\left[1-\frac{R_f(1-\sin\varphi)(\sigma_1-\sigma_3)}{2c\cos\varphi+2\sigma_3\sin\varphi}\right]$. 当 $-\varepsilon_{\mathrm{r}}\to 0$ 时,

$$f=\left(\frac{-\varepsilon_{\mathrm{r}}}{\varepsilon_{\mathrm{a}}}\right)_{\varepsilon_{\mathrm{r}}\to 0}=\nu_{\mathrm{i}} \tag{4-11}$$

式中, $\nu_{\rm i}$ 为初始切线泊松比. 对于不同的 σ_3, 有不同的 $\nu_{\rm i}$, 在半对数纸上点绘 $\nu_{\rm i} \sim \lg(\sigma_3/p_{\rm a})$ 关系曲线, 近似为一直线, 其截距为 G, 斜率为 F, 于是有

$$\nu_{\rm i} = G - F\lg\frac{\sigma_3}{p_{\rm a}} \tag{4-12}$$

切线泊松比为

$$\nu_{\rm t} = \frac{G - F\lg\left(\dfrac{\sigma_3}{p_{\rm a}}\right)}{(1-A)^2} \tag{4-13}$$

由式 (4-13) 算得的 $\nu_{\rm t}$ 有时可能大于 0.5, 在试验中测得的 ν 值也确有可能超过 0.5, 这是由于土体存在剪胀性. 在有限元计算中, ν 若大于或等于 0.5, 劲度矩阵就会出现异常. 因此, 实际计算中, 当 ν 大于 0.49 时, 取 ν 等于 0.49.

4.3.2　侧向卸载条件下的切线弹性模量

1. 切线弹性模量 $E_{\rm t}$ 公式推导

假设土体是各向同性介质, 根据增量广义胡克定律, 应力、应变有如下关系:

$$\Delta\varepsilon_{\rm a} = \frac{1}{E}[\Delta\sigma_{\rm a} - \nu(\Delta\sigma_{\rm r} + \Delta\sigma_{\rm r})]$$

$$\Delta\varepsilon_{\rm r} = \frac{1}{E}[\Delta\sigma_{\rm r} - \nu(\Delta\sigma_{\rm a} + \Delta\sigma_{\rm r})]$$

从而可推得

$$E = \frac{\Delta\sigma_{\rm a}(\Delta\sigma_{\rm a} + \Delta\sigma_{\rm r}) - 2\Delta\sigma_{\rm r}^2}{\Delta\varepsilon_{\rm a}(\Delta\sigma_{\rm a} + \Delta\sigma_{\rm r}) - 2\Delta\varepsilon_{\rm r}\Delta\sigma_{\rm r}}$$

当轴向压力保持不变, 侧向卸载时, 即 $\Delta\sigma_{\rm a} = 0$, 而 $\Delta\sigma_{\rm r} \neq 0$ 可写成:

$$E = \frac{-2\Delta\sigma_{\rm r}}{\Delta\varepsilon_{\rm a} - 2\Delta\varepsilon_{\rm r}} = \frac{\partial[2(\sigma_{\rm a} - \sigma_{\rm r})]}{\partial(\varepsilon_{\rm a} - 2\varepsilon_{\rm r})} \tag{4-14}$$

式中, $\Delta\sigma_{\rm a}$ 为三轴试验中轴向应力增量, $\Delta\sigma_{\rm a} = \Delta\sigma_1$; $\Delta\sigma_{\rm r}$ 为三轴试验中侧向应力增量, $\Delta\sigma_{\rm r} = \Delta\sigma_3$; $\Delta\varepsilon_{\rm a}$ 为三轴试验中轴向应变增量, $\Delta\varepsilon_{\rm a} = \Delta\varepsilon_1$; $\Delta\varepsilon_{\rm r}$ 为三轴试验中侧向应变增量, $\Delta\varepsilon_{\rm r} = \Delta\varepsilon_3$; E 为弹性模量; ν 为泊松比.

参照邓肯–张模型的推导过程, 假设侧向卸载条件下, 土体的 $2(\sigma_{\rm rc} - \sigma_{\rm r}) \sim \varepsilon_{\rm a} - 2\varepsilon_{\rm r}$ 关系曲线仍然可用双曲线拟合, 即 $(\varepsilon_{\rm a} - 2\varepsilon_{\rm r})/2(\sigma_{\rm rc} - \sigma_{\rm r}) \sim \varepsilon_{\rm a} - 2\varepsilon_{\rm r}$ 关系曲线是直线, 其中 $\sigma_{\rm rc}$ 为侧向固结压力. 关系曲线如图 4-6 所示.

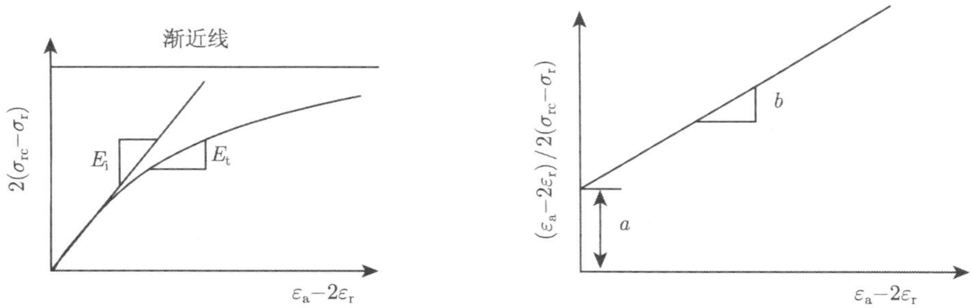

(a) $2(\sigma_{rc}-\sigma_r)\sim\varepsilon_a-2\varepsilon_r$ 曲线　　(b) $(\varepsilon_a-2\varepsilon_r)/2(\sigma_{rc}-\sigma_r)\sim\varepsilon_a-2\varepsilon_r$ 曲线

图 4-6　侧向卸载应力-应变曲线

因此对于某一固结围压 σ_{3c}, $2(\sigma_a-\sigma_r)\sim(\varepsilon_a-2\varepsilon_r)$ 关系可表示为

$$2(\sigma_a-\sigma_r)-2(\sigma_{ac}-\sigma_{rc})=\frac{(\varepsilon_a-2\varepsilon_r)}{a+b(\varepsilon_a-2\varepsilon_r)} \tag{4-15}$$

式中, σ_{ac}、σ_{rc} 分别为固结时的轴向应力、侧向应力, 有 $\sigma_{rc}/\sigma_{ac}=K_c$.

上式还可以写成:

$$a+b(\varepsilon_a-2\varepsilon_r)=\frac{(\varepsilon_a-2\varepsilon_r)}{2(\sigma_a-\sigma_r)-2(\sigma_{ac}-\sigma_{rc})} \tag{4-16}$$

将式 (4-15) 代入式 (4-14), 得

$$E_t=\frac{a}{[a+b(\varepsilon_a-2\varepsilon_r)]^2} \tag{4-17}$$

式中, E_t 为切线弹性模量.

将式 (4-16) 代入式 (4-17), 得

$$E_t=\frac{1}{a}\{1-b[2(\sigma_a-\sigma_r)-2(\sigma_{ac}-\sigma_{rc})]\}^2 \tag{4-18}$$

参照邓肯模型的参数推导过程, 知道式 (4-18) 中的 a 为 $2(\sigma_a-\sigma_r)-2(\sigma_{ac}-\sigma_{rc})\sim\varepsilon_a-2\varepsilon_r$ 关系曲线的初始切线模量, b 为该关系曲线的渐近值的倒数, 即 $a=\dfrac{1}{E_i}$; $b=\dfrac{1}{[2(\sigma_a-\sigma_r)-2(\sigma_{ac}-\sigma_{rc})]_u}$.

与邓肯-张模型类似, 同样假设初始切线模量 E_i(E_i 为 $2(\sigma_{rc}-\sigma_r)\sim\varepsilon_a-2\varepsilon_r$ 曲线上原点处的斜率) 随轴向固结压力 σ_{ac} 而变化, 且在双对数纸上点绘 $\lg(E_i/p_a)$ 和 $\lg(\sigma_{ac}/p_a)$ 的关系, 可用直线来拟合, 设直线的截距为 k、斜率为 n.

$$E_i=kp_a\left(\frac{\sigma_{ac}}{p_a}\right)^n \tag{4-19}$$

$[2(\sigma_a-\sigma_r)-2(\sigma_{ac}-\sigma_{rc})]_u$ 为 $\varepsilon_a-2\varepsilon_r\to\infty$ 时 $[2(\sigma_a-\sigma_r)-2(\sigma_{ac}-\sigma_{rc})]$ 的值, 也就是 $[2(\sigma_a-\sigma_r)-2(\sigma_{ac}-\sigma_{rc})]$ 的渐近值, 实际上当 $\varepsilon_a-2\varepsilon_r$ 达到一定值时试样就破坏

了, 也就是说, $\varepsilon_a-2\varepsilon_r$ 不可能达到无穷大, 即破坏时的应力 $[2(\sigma_a-\sigma_r)-2(\sigma_{ac}-\sigma_{rc})]_f$ 总是小于 $[2(\sigma_a-\sigma_r)-2(\sigma_{ac}-\sigma_{rc})]_u$.

类似于邓肯模型定义破坏比 R_f 为

$$R_f=\frac{[2(\sigma_a-\sigma_r)-2(\sigma_{ac}-\sigma_{rc})]_f}{[2(\sigma_a-\sigma_r)-2(\sigma_{ac}-\sigma_{rc})]_u} \tag{4-20}$$

式中, 下角标 u, f 以及参数 c, φ 的含义与邓肯–张模型雷同, 在此不再赘述.

定义应力水平 S 为

$$S=\frac{(\sigma_a-\sigma_r)-(\sigma_{ac}-\sigma_{rc})}{[(\sigma_a-\sigma_r)-(\sigma_{ac}-\sigma_{rc})]_f}=\frac{(\sigma_a-\sigma_r)-(\sigma_{ac}-\sigma_{rc})}{(\sigma_a-\sigma_r)_f-(\sigma_{ac}-\sigma_{rc})} \tag{4-21}$$

大量试验[7−14] 表明: 不同应力路径下土的强度准则仍然符合莫尔强度准则, 所以侧向卸载时, 由莫尔圆可推出破坏偏应力为

$$(\sigma_a-\sigma_r)_f=\frac{2c\cos\varphi+2\sigma_{ac}\sin\varphi}{1+\sin\varphi} \tag{4-22}$$

将式 (4-19)∼ 式 (4-22) 代入式 (4-18) 得

$$E_t=E_i\left(1-R_f\cdot S\right)^2 \tag{4-23}$$

$$E_t=kp_a\left(\frac{\sigma_{ac}}{p_a}\right)^n\left\{1-R_f\frac{[(\sigma_a-\sigma_r)-(\sigma_{ac}-\sigma_{rc})](1+\sin\varphi)}{2c\cos\varphi+2\sigma_{ac}\sin\varphi-(\sigma_{ac}-\sigma_{rc})(1+\sin\varphi)}\right\}^2 \tag{4-24}$$

需说明的是: 式 (4-22)、式 (4-24) 中的强度指标 c, φ 来自侧向卸载试验, 而不是常规轴向加载试验. 当然, 一些学者[7−8] 发现轴向加载与侧向卸载的强度指标相近, 可以相互代替; 也有学者[14] 不这样认为.

由于在侧向卸载时 $\sigma_a=\sigma_{ac}=\text{const}$, 且 $\dfrac{\sigma_{rc}}{\sigma_{ac}}=K_0=1-\sin\varphi$, 所以式 (4-24) 可以简化为

$$E_t=kp_a\left(\frac{\sigma_{ac}}{p_a}\right)^n\left\{1-R_f\frac{[\sigma_a(1-\sin\varphi)-\sigma_r](1+\sin\varphi)}{2c\cos\varphi+\sigma_a\sin\varphi-\sigma_a\sin^2\varphi)}\right\}^2 \tag{4-25}$$

2. K_0 固结侧向卸载排水剪试验

由于利用常规三轴仪就能够进行侧向卸载试验, 所以很多学者[1,2,7,17−19] 都进行过侧向卸载试验, 殷德顺[11] 得到的试验曲线如图 4-7、图 4-8 所示.

可见, 在侧向卸载条件下, 公式推导中使用的双曲线假设成立, 且关于初始切线模量 E_i 与固结应力关系假设也成立, 这样的结论在其他学者[7−14] 的试验结果分析中同样可以获得.

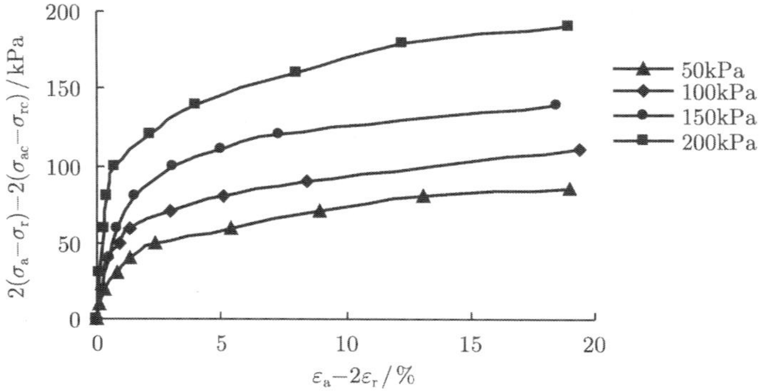

(a) $2(\sigma_a-\sigma_r)-2(\sigma_{ac}-\sigma_{rc})\sim\varepsilon_a-2\varepsilon_r$ 曲线

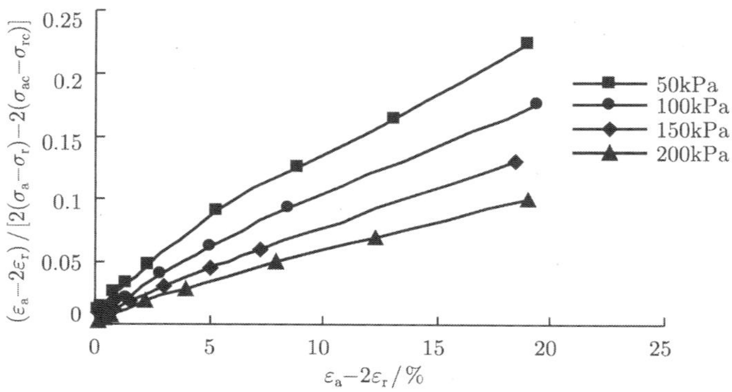

(b) $(\varepsilon_a-2\varepsilon_r)/[2(\sigma_a-\sigma_r)-2(\sigma_{ac}-\sigma_{rc})]\sim\varepsilon_a-2\varepsilon_r$ 曲线

图 4-7　侧向卸载应力–应变曲线

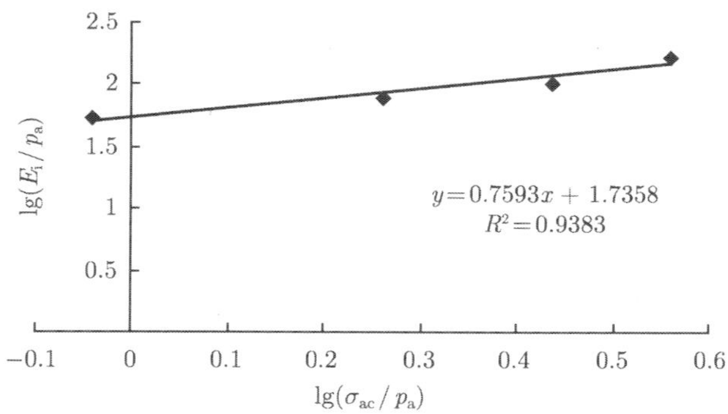

图 4-8　侧向卸载 $\lg(E_i/p_a)-\lg(\sigma_{ac}/p_a)$ 关系曲线

4.3.3　侧向加载条件下的切线弹性模量

1. 切线弹性模量 E_{t} 公式推导

侧向加载是指土样固结后轴向压力保持不变, 侧向压力增加, 试样破坏时$\sigma_{\mathrm{a}} < \sigma_{\mathrm{r}}$.

参照侧向卸载条件切线弹性模量公式的推导思路, 假设侧向加载条件下的应力–应变关系仍为双曲线或直线, 如图 4-9 所示. 同样假设在双对数纸上点绘$\lg(E_{\mathrm{i}}/p_{\mathrm{a}})$和 $\lg(\sigma_{\mathrm{ac}}/p_{\mathrm{a}})$ 的关系, 可用直线来拟合.

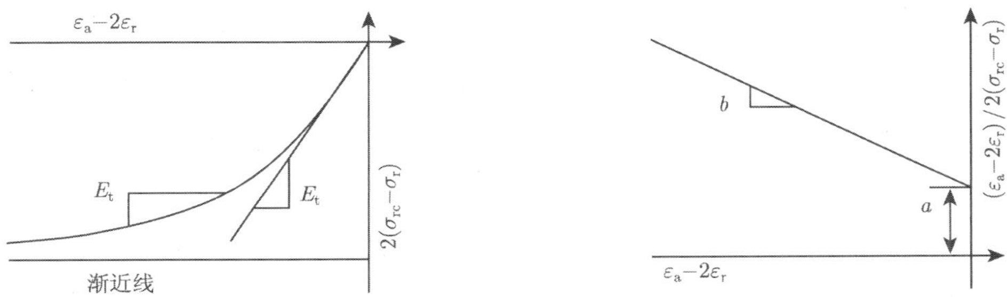

(a) $2(\sigma_{\mathrm{rc}}-\sigma_{\mathrm{r}})$~$\varepsilon_{\mathrm{a}}-2\varepsilon_{\mathrm{r}}$ 曲线　(b) $(\varepsilon_{\mathrm{a}}-2\varepsilon_{\mathrm{r}})/2(\sigma_{\mathrm{rc}}-\sigma_{\mathrm{r}})$~$\varepsilon_{\mathrm{a}}-2\varepsilon_{\mathrm{r}}$ 曲线

图 4-9　侧向加载应力–应变曲线

侧向加载时, 由莫尔圆可推出破坏偏应力为

$$(\sigma_{\mathrm{a}}-\sigma_{\mathrm{r}})_f = -\frac{2c\cos\varphi+2\sigma_{\mathrm{ac}}\sin\varphi}{1-\sin\varphi} \tag{4-26}$$

侧向加载条件下的切线弹性模量公式为

$$E_{\mathrm{t}} = kp_{\mathrm{a}}\left(\frac{\sigma_{\mathrm{ac}}}{p_{\mathrm{a}}}\right)^n \cdot \left\{1+R_f\frac{(\sigma_{\mathrm{rc}}-\sigma_{\mathrm{r}})(1-\sin\varphi)}{2c\cos\varphi+2\sigma_{\mathrm{ac}}\sin\varphi+(\sigma_{\mathrm{ac}}-\sigma_{\mathrm{rc}})(1-\sin\varphi)}\right\}^2 \tag{4-27}$$

式 (4-26)、式 (4-27) 中的 c, φ 来自侧向加载试验.

同样, 若假设不同应力路径的强度指标一致, K_0 固结侧向加载条件下的切线弹性模量公式如下:

$$E_{\mathrm{t}} = kp_{\mathrm{a}}\left(\frac{\sigma_{\mathrm{ac}}}{p_{\mathrm{a}}}\right)^n \cdot \left\{1+R_f\frac{[\sigma_{\mathrm{ac}}(1-\sin\varphi)-\sigma_{\mathrm{r}}](1-\sin\varphi)}{2c\cos\varphi+3\sigma_{\mathrm{ac}}\sin\varphi-\sigma_{\mathrm{ac}}\sin^2\varphi)}\right\}^2 \tag{4-28}$$

式中各符号意义同前, 其中 R_f 的定义仍与式 (4-20) 相同.

2. K_0 固结侧向加载排水剪试验

张孟喜[5] 利用日本生产的 SUM 动 (静) 力三轴试验剪切仪, 宋雄伟[4] 利用英国进口的 GDS 标准应力路径试验系统及殷德顺[11] 利用改进的三轴剪切仪进行过该试验. 张孟喜和殷德顺的试验结果经过整理后如图 4-10 和图 4-11 所示.

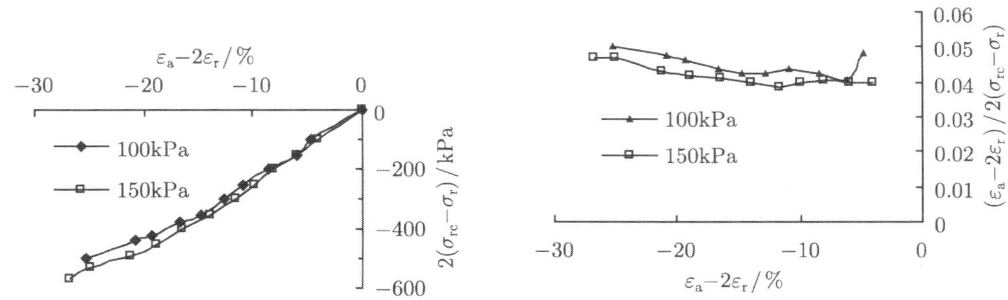

(a) $2(\sigma_{rc}-\sigma_r)\sim\varepsilon_a-2\varepsilon_r$ 曲线　　(b) $(\varepsilon_a-2\varepsilon_r)/2(\sigma_{rc}-\sigma_r)\sim\varepsilon_a-2\varepsilon_r$ 曲线

图 4-10　侧向加载应力–应变曲线

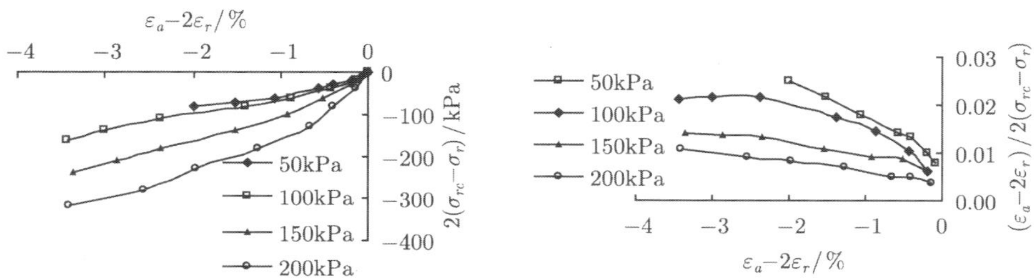

(a) $2(\sigma_{rc}-\sigma_r)\sim\varepsilon_a-2\varepsilon_r$ 曲线　　(b) $(\varepsilon_a-2\varepsilon_r)/2(\sigma_{rc}-\sigma_r)\sim\varepsilon_a-2\varepsilon_r$ 曲线

图 4-11　侧向卸载应力–应变曲线

可见, 在侧向加载条件下, 无论是张孟喜还是殷德顺得到的 $2(\sigma_{rc}-\sigma_r)\sim(\varepsilon_a-2\varepsilon_r)$ 关系曲线均呈微弯曲线, $(\varepsilon_a-2\varepsilon_r)/2(\sigma_{rc}-\sigma_r)\sim(\varepsilon_a-2\varepsilon_r)$ 关系曲线除个别段外都可以表示为直线. 基本满足公式推导使用的双曲线假设. 至于 $\lg(E_i/p_a)$ 和 $\lg(\sigma_{ac}/p_a)$ 的关系, 它可用直线来拟合, 当然, 张孟喜的试验由于只有两个点, 自然只能用直线来拟合.

4.3.4　K_0 固结侧向卸载、加载排水剪试验结果综合分析

殷德顺[1] 还曾经把相同固结围压的侧向卸载、加载排水剪试验的应力–应变关系曲线放到同一张图中, 从而发现侧向卸载和侧向加载的应力–应变关系曲线可连成一条光滑连续的曲线, 如图 4-12 所示. 同样, 把侧向卸载、加载的 $(\varepsilon_a-2\varepsilon_r)/[2(\sigma_a-\sigma_r)-2(\sigma_{ac}-\sigma_{rc})]\sim\varepsilon_a-2\varepsilon_r$ 曲线放到同一张图中, 可以发现纵坐标左右的点能够连成截距几乎相同的两条直线, 如图 4-13 所示.

为了避免不同围压情况在同一张图上混淆, 本书只以 $\sigma_{ac}=50$ kPa 为例, 由图可以说明 K_0 固结侧向卸载、加载条件下的初始切线模量 E_i 基本相同. 这一点对于基坑开挖的模拟计算很有价值. 在周围压力不超过轴向压力时, 如果认为侧向加载条件下 $[2(\sigma_a-\sigma_r)-2(\sigma_{ac}-\sigma_{rc})]\sim\varepsilon_a-2\varepsilon_r$ 曲线可以简化成直线, 那么其切线模

量就等于侧向卸载条件下的 E_{i}; 也就意味着, K_0 固结侧向加载排水剪试验就没必要进行, 只要进行 K_0 固结侧向卸载排水剪试验即可.

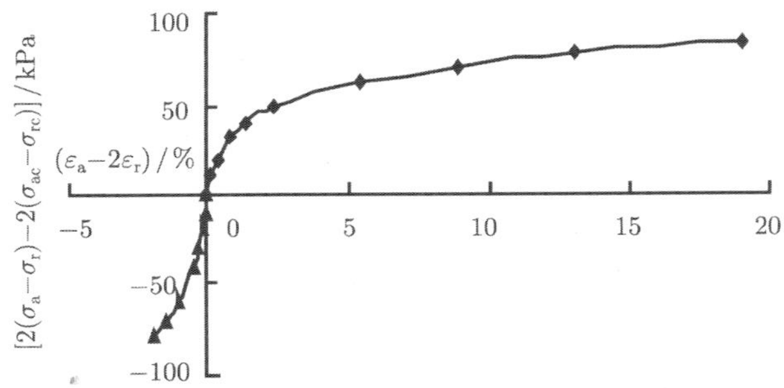

图 4-12　侧向加载、卸载 $2(\sigma_{\mathrm{a}}-\sigma_{\mathrm{r}})-2(\sigma_{\mathrm{ac}}-\sigma_{\mathrm{rc}})\sim\varepsilon_{\mathrm{a}}-2\varepsilon_{\mathrm{r}}$ 曲线 ($\sigma_{\mathrm{rc}}=50$ kPa)

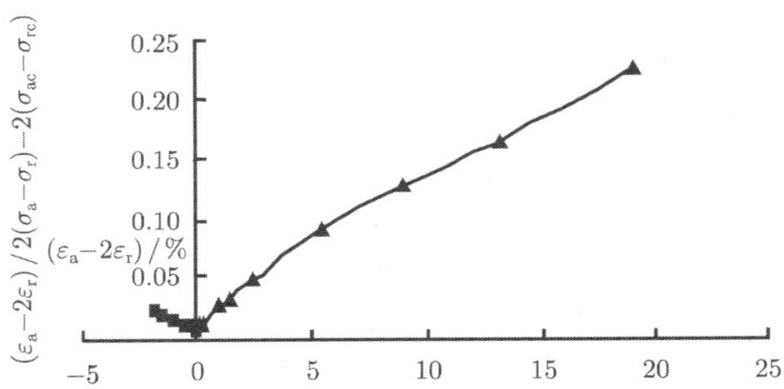

图 4-13　侧向加载、卸载 $(\varepsilon_{\mathrm{a}}-2\varepsilon_{\mathrm{r}})/[2(\sigma_{\mathrm{a}}-\sigma_{\mathrm{r}})-2(\sigma_{\mathrm{ac}}-\sigma_{\mathrm{rc}})]\sim\varepsilon_{\mathrm{a}}-2\varepsilon_{\mathrm{r}}$ 曲线 ($\sigma_{\mathrm{rc}}=50$ kPa)

4.3.5　轴向卸载条件下的切线弹性模量 E_{t}

1. 切线弹性模量 E_{t} 公式推导

轴向卸载是指土样固结后侧向压力保持不变, 轴向压力减小, 试样破坏时也是 $\sigma_{\mathrm{a}}<\sigma_{\mathrm{r}}$.

假设土体为各向同性介质, 根据增量广义胡克定律, 当 $\Delta\sigma_{\mathrm{a}}\neq0$, $\Delta\sigma_{\mathrm{r}}=0$ 时推得

$$E=\frac{\Delta\sigma_{\mathrm{a}}}{\Delta\varepsilon_{\mathrm{a}}}=\frac{\partial\sigma_{\mathrm{a}}}{\partial\varepsilon_{\mathrm{a}}}=\frac{\partial(\sigma_{\mathrm{a}}-\sigma_{\mathrm{r}})}{\partial\varepsilon_{\mathrm{a}}}\tag{4-29}$$

同样, 假设 $(\sigma_{\mathrm{a}}-\sigma_{\mathrm{ac}})\sim\varepsilon_{\mathrm{a}}$ 关系也是双曲线, $\varepsilon_{\mathrm{a}}/(\sigma_{\mathrm{a}}-\sigma_{\mathrm{ac}})\sim\varepsilon_{\mathrm{a}}$ 关系也是线性关系, 如图 4-14 所示.

轴向卸载时, 由莫尔圆可推出破坏偏应力为

$$(\sigma_{\mathrm{a}}-\sigma_{\mathrm{r}})_f=-\frac{2c\cos\varphi+2\sigma_{\mathrm{rc}}\sin\varphi}{1+\sin\varphi}\tag{4-30}$$

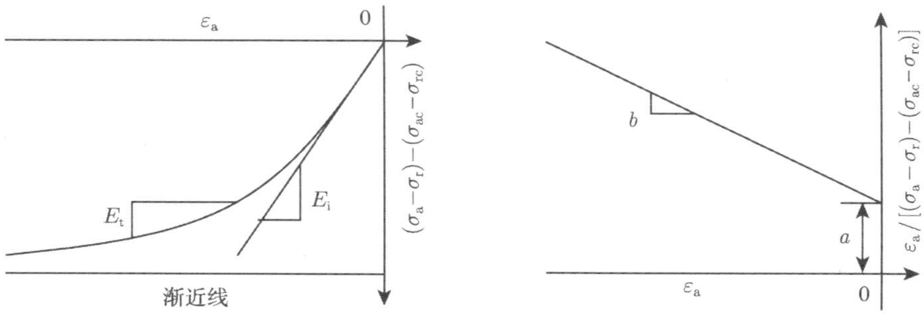

(a) $(\sigma_a-\sigma_r)-(\sigma_{ac}-\sigma_{rc})\sim\varepsilon_a$ 关系曲线　　(b) $\varepsilon_a/[(\sigma_{rc}-\sigma_r)-(\sigma_{ac}-\sigma_{rc})]\sim\varepsilon_a$ 关系曲线

图 4-14　轴向卸载应力–应变曲线

与邓肯–张模型类似, 假设 E_i 随 σ_{rc} 变化, 在双对数纸上点绘 $\lg(E_i/p_a)$ 和 $\lg(\sigma_{rc}/p_a)$ 的关系, 可以近似为一直线, 直线的截距是 k, 斜率是 n. 于是有

$$E_i = kp_a\left(\frac{\sigma_{rc}}{p_a}\right)^n \tag{4-31}$$

由式 (4-29) 可得

$$E_t = kp_a\left[\frac{\sigma_{rc}}{p_a}\right]^n\cdot\left\{1+R_f\frac{(\sigma_a-\sigma_{ac})(1+\sin\varphi)}{2c\cos\varphi+2\sigma_{rc}\sin\varphi-(\sigma_{ac}-\sigma_{rc})(1+\sin\varphi)}\right\}^2 \tag{4-32}$$

式 (4-30)、式 (4-31) 中的 c, φ 来自轴向卸载试验.

若假设不同应力路径的强度指标一致, 对于 K_0 固结, 式 (4-32) 可以简化为

$$E_t = kp_a\left(\frac{\sigma_{rc}}{p_a}\right)^n\cdot\left\{1+R_f\frac{[\sigma_a(1-\sin\varphi)-\sigma_{rc}](1+\sin\varphi)}{2c\cos\varphi(1-\sin\varphi)+\sigma_{rc}\sin\varphi-3\sigma_{rc}\sin^2\varphi}\right\}^2 \tag{4-33}$$

式中各符号意义同前, 其中 R_f 仍为式 (4-20).

2. 轴向卸载应力路径试验

何世秀等[7] 和张孟喜[5] 分别利用改进的三轴剪切仪和日本生产的 SUM 动 (静) 力三轴试验剪切仪进行过 K_0 固结的轴向卸载试验. 何世秀和张孟喜的试验结果经过整理后如图 4-15、图 4-16 所示.

可见, 在轴向卸载条件下, 试验得到的 $(\sigma_a-\sigma_{ac})\sim\varepsilon_a$ 关系曲线呈双曲线; 但是, 经过分析 $\lg(E_i/p_a)$ 和 $\lg(\sigma_{rc}/p_a)$ 的关系不能很好地表示为直线, 关于这方面的研究有待通过更多的试验继续深入.

4.3.6　轴向加载条件下的切线弹性模量 E_t

邓肯–张模型就是在轴向应力增加、侧向应力不变的情况下得到的, 但是, 它的公式是在各向固结应力相等的情况下得到的, 即 $\sigma_{ac}=\sigma_{rc}$. 所以本书在此推导 $\sigma_{ac}\neq\sigma_{rc}$ 情况下的轴向加载邓肯–张模型模量公式.

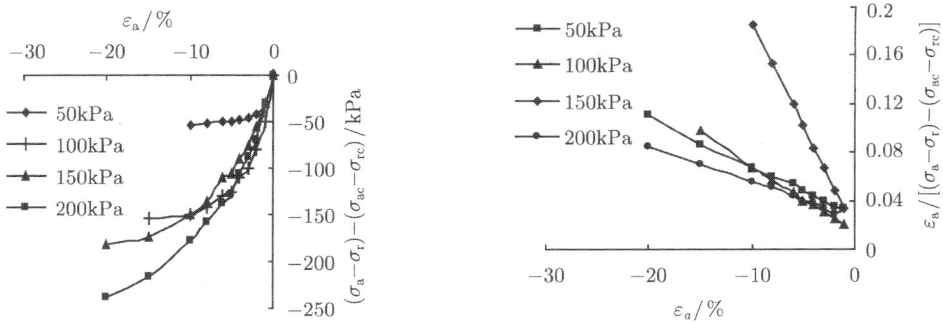

(a) $(\sigma_a-\sigma_r)-(\sigma_{ac}-\sigma_{rc})$~$\varepsilon_a$ 关系曲线　　(b) $\varepsilon_a/[(\sigma_a-\sigma_r)-(\sigma_{ac}-\sigma_{rc})]$~$\varepsilon_a$关系曲线

图 4-15　轴向卸载应力–应变曲线

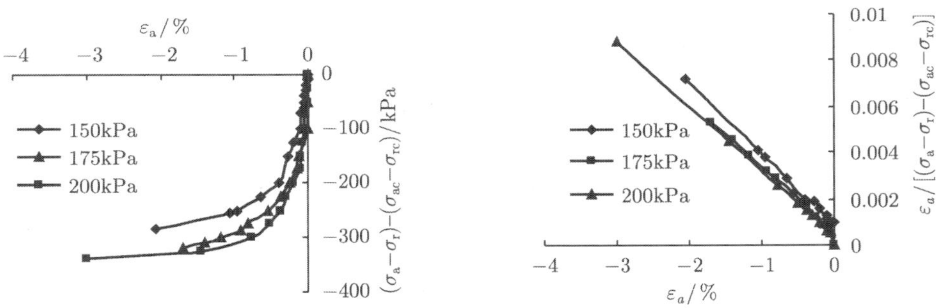

(a) $(\sigma_a-\sigma_r)-(\sigma_{ac}-\sigma_{rc})$~$\varepsilon_a$ 关系曲线　　(b) $\varepsilon_a/[(\sigma_a-\sigma_r)-(\sigma_{ac}-\sigma_{rc})]$~$\varepsilon_a$ 关系曲线

图 4-16　轴向卸载应力–应变曲线

轴向加载时, 由莫尔圆可推出破坏偏应力为

$$(\sigma_a-\sigma_r)_f=-\frac{2c\cos\varphi+2\sigma_{rc}\sin\varphi}{1-\sin\varphi} \tag{4-34}$$

模量公式为

$$E_t=kp_a\left(\frac{\sigma_{rc}}{p_a}\right)^n\cdot\left\{1-R_f\frac{(\sigma_a-\sigma_{ac})(1-\sin\varphi)}{2c\cos\varphi+2\sigma_{rc}\sin\varphi+(\sigma_{ac}-\sigma_{rc})(1-\sin\varphi)}\right\}^2 \tag{4-35}$$

K_0 固结轴向加载条件下的模量公式为

$$E_t=kp_a\left(\frac{\sigma_{rc}}{p_a}\right)^n\left\{1-R_f\frac{\sigma_a(1-\sin\varphi)-\sigma_{rc}}{2c\cos\varphi+3\sigma_{rc}\sin\varphi}\right\}^2 \tag{4-36}$$

式中各符号意义同前, 其中 R_f 仍为式 (4-20).

通过推导, 对应不同的应力路径, 邓肯–张模型的模量公式会有式 (4-24)、式 (4-27)、式 (4-32) 和式 (4-35) 四个公式, 如果是 K_0 固结情况, 且假设不同应力路径的强度指标一致, 则上述 4 个公式可简化成式 (4-25)、式 (4-28)、式 (4-33) 和式 (4-36), 从而实现了模量公式的系列化. 当然, 公式推导中所做的假设还要得到更多的试验和工程应用验证.

总之, 通过对不同学者使用不同仪器, 在不同时间进行的试验研究发现: 前文公式推导中使用的双曲线假设是正确的, 具有一定的普遍性; 关于初始切线模量 E_i 与固结应力关系的假设在侧向卸载、加载条件下也成立. 这说明前文推导的公式能够经得起试验的检验.

4.3.7 侧向卸载应力路径泊松比 ν

在侧向卸载应力路径试验过程中, 体积变形的试验曲线较为复杂, 难以从中推求泊松比 ν 的实用表达式, 工程应用中可以参照丹尼尔提出的较为简单的公式, 假定 ν 随应力水平直线变化:

$$\nu = \nu_{\mathrm{i}} + (\nu_f - \nu_{\mathrm{i}})S_1 \tag{4-37}$$

式中, ν_{i} 为切线泊松比, 可按下式计算:

$$\nu_{\mathrm{i}} = G - F\lg\left(\frac{\sigma_3}{p_{\mathrm{a}}}\right) \tag{4-38}$$

式中, σ_3 为 K_0 固结下的小主应力, $\sigma_3 = K_0\sigma_1$; G、F 为邓肯–张模型参数; ν_f 为破坏时的泊松比, 根据李守德[17] 的试验, 在应力水平较大的阶段, $\varepsilon_v \sim \varepsilon_{\mathrm{a}}$ 曲线接近于直线, 可作近似处理, 根据经验取 ν_f 为常数.

$$S_1 = \frac{(\sigma_1 - \sigma_3)_1}{(\sigma_1 - \sigma_3)_{f1}}$$

很多学者[1,2,17] 都曾经应用上述不同应力路径下的模型模拟过工程实例, 通过对比实测数据, 发现考虑应力路径的本构模型计算得到的数据更加接近现场实测数据, 如果不考虑应力路径情况, 计算误差会较大. 鉴于篇幅, 本书不再将相关实例在此一一陈述.

4.4 接触面单元

4.4.1 Goodman 单元与 Desai 薄单元

Goodman 单元是于 1968 年提出并应用于岩石力学中作为节理单元, 后来被推广应用于土与结构的共同作用中作为接触面单元, 由于其形式简单, 应用方便, 目前被广泛应用.

Goodman 提出的无厚度四结点 8 自由度接触面单元 (图 4-17), 假定接触面上的法向应力和剪应力与法向相对位移和切向相对位移之间无交叉影响, 则应力与相对位移的关系式为

$$\{\sigma\}=[k_0]\{\omega\} \tag{4-39}$$

式中, $[k_0]=\begin{bmatrix} k_s & 0 \\ 0 & k_n \end{bmatrix}$; $\{\sigma\}=\begin{bmatrix} \tau \\ \sigma_n \end{bmatrix}$; $\{\omega\}=\begin{bmatrix} \omega_s \\ \omega_n \end{bmatrix}$.

Goodman 单元能较好地反映接触面切向应力和变形的发展, 能考虑接触面变形的非线性特性. 但是 Goodman 单元也有很大的缺陷, 就是在受压时会使两侧普通单元相互嵌入, 解决办法是：当单元受压时将 k_n 取一大值, 当受拉时则取一小值. 但是这样做的结果是只要法向位移有一微小误差, 就会使法向应力有较大误差. 鉴于 Goodman 单元的缺点, 有学者[20] 也曾经对其进行了修正.

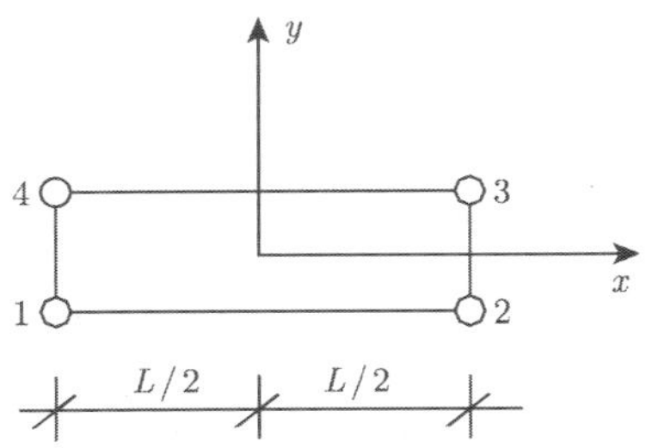

图 4-17　Goodman 单元示意图

为了避免无厚度单元的不足, 许多学者主张采用有厚度的薄单元. Desai 提出的薄层单元是其中的代表. 薄层单元厚度为 t, 长为 B. 其单元劲度矩阵的形成与普通单元一样, 但在本构矩阵中, 将法向和切向分开来考虑：

$$[D]=\begin{bmatrix} D_{ss} & D_{sn} \\ D_{ns} & D_{nn} \end{bmatrix} \tag{4-40}$$

式中, D_{sn} 及 D_{ns} 一般取值为 0. D_{nn} 分不滑动、滑动、开裂、重新闭合四种情况来确定. 剪切模量的计算式为

$$G=k_s t \tag{4-41}$$

可见, 单元厚度 t 的取值对 G 的数值有直接的影响. Desai 给出了一个取值范围：

$$\frac{t}{B}=0.01\sim 0.1 \tag{4-42}$$

Desai 的薄单元同样有不容忽视的缺点: 一是压缩模量的确定仍然有较大的随意性, 若选择不当仍然可能出现单元的嵌入等问题. 一是单元厚度 t 给出的变动范围较大, 难以准确确定. 倘若处理不当仍然会导致较大的偏差.

4.4.2　新接触面单元[17]

为了克服前两种接触面单元的一些不足，本章提出一种新接触面单元. 仍然采用无厚度的单元，但是，与 Goodman 单元的不同之处在于，其法向采用无数刚连杆相连，当单元受压时法向相对位移为 0，单元受拉时，使其断开，单元不贡献劲度，如图 4-18 所示.

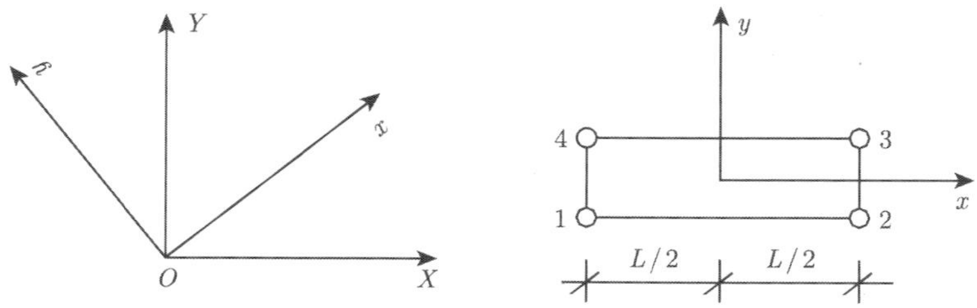

(a) 坐标转换示意图　　(b) 单元示意图

图 4-18　新接触面单元示意图

考虑法向无相对位移，因而接触面单元对其各结点法向位移无劲度贡献. 只需考虑切向位移，即 u_1、u_2、u_3、u_4，相对位移可由下式表出：

$$\tau = k_s\omega \tag{4-43}$$

取线性位移模式，接触面上任一点的位移为

$$\begin{aligned} u_{\text{顶}} &= \left(\frac{1}{2}+\frac{x}{L}\right)u_3+\left(\frac{1}{2}-\frac{x}{L}\right)u_4 \\ u_{\text{底}} &= \left(\frac{1}{2}-\frac{x}{L}\right)u_1+\left(\frac{1}{2}+\frac{x}{L}\right)u_2 \end{aligned} \tag{4-44}$$

则两项之差为相对位移

$$\omega_s = u_{\text{底}} - u_{\text{顶}} \tag{4-45}$$

用矩阵表示为

$$\omega = [B]\{\delta\}^e, \quad [B] = [ab - b - a] \tag{4-46}$$

式中

$$a = \frac{1}{2}-\frac{x}{L}, \quad b = \frac{1}{2}+\frac{x}{L} \tag{4-47}$$

由虚位移原理

$$\{F\}^e = \int_{-\frac{L}{2}}^{\frac{L}{2}} [B]^{\mathrm{T}} k_s [B] \mathrm{d}x \{\delta\}^e = [k]\{\delta\}^e \tag{4-48}$$

单元劲度矩阵：

$$[k]=\frac{L}{6}\begin{bmatrix} 2k_s & k_s & -k_s & -2k_s \\ k_s & 2k_s & -2k_s & -k_s \\ -k_s & -2k_s & 2k_s & k_s \\ -2k_s & -k_s & k_s & 2k_s \end{bmatrix} \tag{4-49}$$

弹性系数 k_s 的取值与应力变形状态有关. 由直剪试验确定时, 在双曲线假定下, 可推导为

$$k_s=\frac{\partial\tau}{\partial\omega}=\left(1-\frac{R_f\tau}{\sigma_n\tan\delta}\right)^2 K_1\gamma_\omega\left(\frac{\sigma_n}{p_a}\right)^n \tag{4-50}$$

4.4.3　新接触面单元的有限元实现

本章提出的法向为刚连杆的无厚度接触面单元, 物理意义明确, 但单元结点位移未知量分配比较复杂. 一般来讲, 单元无拉应力时, 单元有两个法向位移未知量和四个切向位移未知量, 当单元断开时单元无劲度贡献. 当接触面为更复杂的形式时, 如丁字缝、十字缝等, 单元的劲度分配则更显麻烦. 因此, 有必要对其有限元实现方法作进一步说明, 如图 4-19 所示.

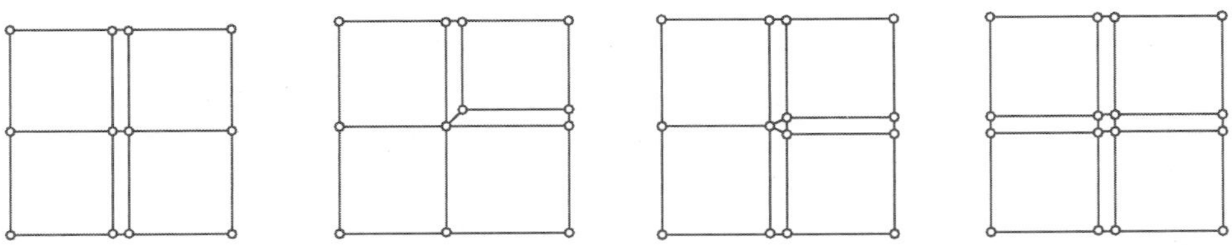

(a) 正接触　(b) 斜接触　(c) 三角接触　(d) 十字接触

图 4-19　不同的接触面形式

1. *有限元方法分析*

由于此接触面单元切向分析方法同 Goodman 无厚度单元, 现不作过多讨论. 其法向无相对位移, 因而在有限元处理中可以采用同一位移未知量, 以简化计算.

首先在整体矩阵中分析某一对法向位移未知量及其对方程组的影响. 简便分析起见, 令接触面方向与坐标轴重合, 则接触面法向和切向位移未知量就是整体方程组中的该结点位移未知量, 将此对未知量放在最末的位置, 则方程组结构如下:

$$\begin{bmatrix} \cdot & \cdots & \cdot & \times & \times \\ \vdots & & \vdots & \vdots & \vdots \\ \cdot & \cdots & \cdot & \times & \times \\ \times & \cdots & \times & k_{ii} & 0 \\ \times & \cdots & \times & 0 & k_{jj} \end{bmatrix}_{n\times n}\begin{Bmatrix} \cdot \\ \vdots \\ \cdot \\ \delta_i \\ \delta_i \end{Bmatrix}_n=\begin{Bmatrix} \cdot \\ \vdots \\ \cdot \\ F_i \\ F_j \end{Bmatrix}_n \tag{4-51}$$

式中, δ_i 为结点 i, j 对应的法向位移; F_i 为结点 i 对应的结点力; F_j 为结点 j 对应的结点力; k_{ii} 为结点 i 的位移对自身的劲度贡献; k_{jj} 为结点 j 的位移对自身的劲度贡献.

以上 n 个方程中, 有 $n-1$ 个未知量, 必有一对方程为线性相关. 并注意到, F_i, F_j 可以看做同一个结点的两个力, 对此方程组作线性运算可得

$$\begin{bmatrix} \cdot & \cdots & \cdot & \times+\times \\ \vdots & & \vdots & \vdots \\ \cdot & \cdots & \cdot & \times+\times \\ \times+\times & \cdots & \times+\times & k_{ii}+k_{jj} \end{bmatrix}_{n-1\times n-1} \begin{Bmatrix} \cdot \\ \vdots \\ \cdot \\ \delta_i \end{Bmatrix}_{n-1} = \begin{Bmatrix} \cdot \\ \vdots \\ \cdot \\ F_i+F_j \end{Bmatrix}_{n-1} \tag{4-52}$$

应当指出, 接触面单元对 k_{ii}、k_{jj} 的劲度贡献为 0, 也就是说 k_{ii}、k_{jj} 只与对应的结点 i、j 周围的单元有关; 另外 F_i、F_j 通常为 0, 在不为 0 的情况下, 一般只知道 F_i+F_j 的值.

由上面的分析可以得出重要的结论: 接触面单元的各对应的一对法向位移未知量, 可以作为一个未知量来考虑, 将该位移对应的一对结点视作单结点, 其对应的总劲度就是该结点周围单元对该结点的总劲度贡献. 这样一来, 我们对接触面法向未知量的处理方法就和普通单元的处理方法基本一致了.

现在, 我们可以结合切向位移未知量来讨论该接触面单元的劲度分配实施方法.

对于某接触面单元如图 4-20 所示, 两两对应的结点为 1、4 和 2、3, 分别对应于法向位移 u_1、u_4 和 u_2、u_3, 在整体矩阵中用两个位移未知量表示成为 δ_i、δ_j. 而切向未知量 v_1、v_4、v_2、v_3, 在整体矩阵中为 δ_k、δ_l、δ_m、δ_n.

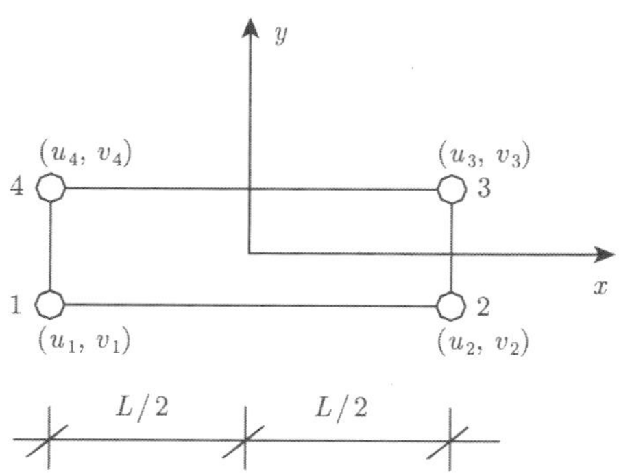

图 4-20　新接触面单元

因为考虑接触面单元可能会出现开裂的现象, 在确定未知量排序时, 仍将接触面单元法向位移作 4 个未知量, 并进行整体排序. 然后核对各接触面单元的破坏信

息, 凡是未开裂的单元将对应的法向位移未知量合并, 并进行重新排序. 而开裂的单元边界则变为无约束的自由边界, 这样, 法向和切向均保持为 4 个位移未知量, 而且接触面单元对各切向位移也无劲度贡献, 开裂后, 接触面单元形态将如图 4-21 所示, 当该单元再次受到压应力时, 应恢复接触面单元的劲度. 接触面单元的状态判断将在下面讨论.

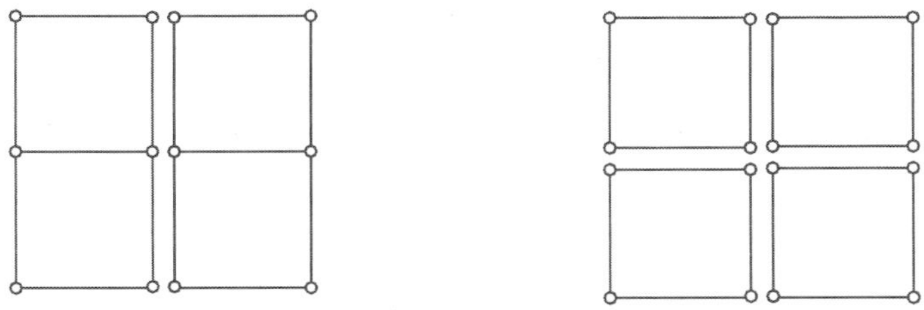

(a) 正开裂　　(b) "十"字形开裂

图 4-21　不同的接触面单元开裂形式

2. 拉应力求解

由于此接触面单元法向采用刚连杆连接, 计算过程中无法由位移直接求出单元法向应力. 因而, 单元状态判断将与一般接触面单元的处理方法有所不同. 在一般接触面单元中, 当单元法向拉应力达到极限应力时, 认为单元被拉裂, 同时单元失去法向和切向劲度. 而在此接触面单元中, 由于不能直接求出法向应力, 可以改由法向结点力判断单元状态. 法向结点力可由下式求得

$$F_i = \sum_{\Omega} \{H\}^{\mathrm{T}}[A]^{\mathrm{T}}\{F\}^e \tag{4-53}$$

式中, 右端项是指对该接触面的正向, 与 i 端相邻的所有单元对 i 结点的法向结点力贡献求和; $\{H\}^{\mathrm{T}}$ 是坐标转换矩阵: $\{H\}^{\mathrm{T}}=\{\cos\alpha\ \sin\alpha\}$, α 是该单元正法向的方向角, 可由接触面单元结点坐标求得; $\{A\}^{\mathrm{T}}$ 是接触面的正向, 接触面单元 i 端位移 u_x、u_y 在单元 e 未知量中的顺序指示向量, 例如: $[A]^{\mathrm{T}} = \begin{bmatrix} 0 & 0 & 0 & 0 & 1 & 0 & 0 & 0 \\ 0 & 0 & 0 & 0 & 0 & 1 & 0 & 0 \end{bmatrix}$, 说明 i 端的位移未知量在该单元未知量编号中序号为 5、6; 相邻单元的单元结点力可由结点位移求得

$$\{F\}^e = \iint [B]^{\mathrm{T}}[D][B]\mathrm{d}x\mathrm{d}y\{\delta\}^e \tag{4-54}$$

注: 当接触面单元法向向量与坐标轴重合时, 上面的计算式可得到简化.

求出接触面单元结点力之后, 可以判断单元的拉压状态. 当接触面法向向量的正向选取是采用右手螺旋方向, 则 $F_i > 0$ 时, 表示结点法向受拉力; 反之, 为压力.

一般认为, 土体不能承受拉应力, 当 $F_i > 0$ 时则认为接触面开裂. 同时, 放松与该结点相关联的接触面单元的法向刚连杆约束和切向劲度, 模拟土体的开裂.

3. 接触面再受压的情况

接触面单元断开后, 单元的法向和切向自由度均得到放松, 结点可以在接触面两侧移动. 但是, 当法向位移向内相对移动, 并存在压应力时则应恢复接触面单元的约束. 问题是, 在此情况下无法直接考察单元的压应力. 采用对应结点的相对位移可以较好地处理这一问题.

相对位移为

$$\Delta\delta = \delta_i - \delta_j \tag{4-55}$$

式中, δ_i 为接触面正侧的结点法向位移; δ_j 为接触面负侧的结点法向位移.

当出现相对位移 $\Delta\delta < 0$ 的情况, 说明单元产生叠合, 须恢复接触面单元.

4.4.4 优缺点分析

本章提出的接触面单元可以克服 Goodman 单元存在的两侧单元嵌入的缺陷, 同时也克服了 Desai 薄单元厚度难以确定以及单元剖分容易遇到困难等问题, 在程序上容易实现, 显示出了较大的优越性. 但单元本身依然存在着问题与不足. 以下作一些简要分析.

(1) Goodman 单元中在单元法向取一个较大的弹性系数反映接触面的情况, 存在两大问题, 一是在受压时就会使两侧的单元相互重叠; 二是求解的法向位移有一个较小的偏差, 就可能引起法向应力的计算有一个较大的偏差, 有时甚至是不合理的. Desai 薄单元中往往遇到选取单元厚度的问题. 常取 $t = (0.01 \sim 0.1)B$. 显然依据单元的宽度来确定单元厚度在理论上是不充分的. 采用本章提出的法向刚连杆无厚度接触面单元可以较好地解决这两个问题.

(2) 本章提出的接触面单元及其实施方法由于其自身的优越性, 可以有较为广泛的应用范围. 它不仅可以应用于一般土工问题, 还可以较好地应用于岩石力学模拟岩石节理; 应用于土工复合结构, 如土工织物复合地基; 应用于砌体结构分析等.

(3) 此接触面单元可以较好地刻画不规则的节理, 见图 4-19(a)～图 4-19(d). 应用于模拟岩石力学不规则节理和块体的接缝, 更符合实际情况. 由于其有限元实现方法灵活, 容易模拟接触面的不同工况.

(4) 在土工织物复合结构的数值分析中, 往往通过较多的简化假设才能得到其复合模量, 容易造成偏差. 而采用一般的接触面单元来处理土与结构物的共同作用, 依然会遇到单元叠合或单元厚度难以确定的问题. 因为土工织物复合材料往往分层较多, 层厚较小, 单元叠合的问题会造成计算结果的不合理. 另外, 因为土工织物本身的厚度就难以确定, 故采用有厚度单元的情况仍然有待探讨.

综上所述, 在此提出的接触面单元本身有较大的优越性, 有限元程序实现灵活, 有广泛的应用范围, 是一个很有前途的接触面单元形式, 值得进一步的开发.

文献 [17] 通过进行基坑有限元计算发现, 若不设置接触面单元, 将不能模拟接触面上土体的应力–应变特性, 其位移计算结果将偏离实际情况, 出现明显错误, 而采用本书的新的接触面单元能够反映墙体与土体接触面上的土体变形规律, 计算结果与实际情况较为相符. 同时, 新的接触面单元克服了 Goodman 单元的一些缺陷, 具有更大的理论价值和实用价值. 由于篇幅问题, 本书在此不再展开.

参 考 文 献

[1] 殷德顺. 基坑支护结构侧向土压力的研究 [D]. 南京: 河海大学, 2005.

[2] 张文慧. 基坑工程中应力路径对侧向变形的影响及土压力与侧向位移关系的研究 [D]. 南京: 河海大学, 2003.

[3] 葛卫春. 基坑侧向卸荷应力路径及挡墙侧向变形研究 [D]. 南京: 河海大学, 2001.

[4] 宋雄伟. 基坑支护设计中的土压力系数研究 [D]. 南京: 河海大学, 2004.

[5] 张孟喜. 受施工扰动土体的工程性质研究 [D]. 上海: 同济大学, 1999.

[6] 刘国彬, 侯学渊. 软土的卸荷模量 [J]. 岩土工程学报, 1996, 18(6): 18-23.

[7] 何世秀, 韩高升, 庄心善, 等. 基坑开挖卸荷土体变形的试验研究 [J]. 岩土力学, 2003, 24(1): 17-20.

[8] 胡黎明, 濮家骝. 土与结构物接触面特性研究 [J]. 工程力学, 1998, (A03): 358-363.

[9] 栾茂田, 武亚军. 土与结构间接触面的非线性弹性 - 理想塑性模型及其应用 [J]. 岩土力学, 2004, 25(4): 507-513.

[10] 袁凡凡, 詹云刚, 栾茂田. 弹塑性无厚度接触面单元的本构积分算法及验证 [J]. 岩土力学, 2008, 29(3): 734-740.

[11] 殷德顺, 王保田. 基坑工程侧向卸、加载应力路径试验及模量计算 [J]. 岩土力学, 2007, 28(11): 2421-2425.

[12] 李广信. 基坑支护结构上水土压力的分算与合算 [J]. 岩土工程学报, 2000, (03): 348-352.

[13] Duncan J M, Chang C Y. Nonlinear analysis of stresses and strain in soil[J]. Journal of the Soil Mechanics and Foundations Division, 1970, 96(SM5): 1629-1653.

[14] Domaschuk L, Valliappan P. Nonlinear Settlement Analysis by Finite Element[J]. Journal of the Geotechnical Engineering Division, 1975, GT7(101): 601-614.

[15] Izumi H K, Kamemura K, Sato S. Finite element analysis of stresses and movements in excavations[J]. International Journal for Numerical Analytical Methods in Geomechanics, 1976, 1: 701-712.

[16] 沈珠江. 土的弹塑性应力应变关系的合理形成 [J]. 岩土工程学报, 1980, 2(2): 11-19.

[17] 李守德. 深基坑工程计算理论研究 [D]. 南京: 河海大学, 2000.

[18] 张文慧. 基坑工程中应力路径对侧向变形的影响及土压力与侧向变形关系的研究 [D]. 南京: 河海大学, 2003.

[19] 曾国熙, 潘秋元, 胡一峰. 软黏土地基基坑开挖性状的研究 [J]. 岩土工程学报, 1988, 10(3): 13-22.

[20] 李守德, 俞洪良. Goodman 接触面单元的修正与探讨 [J]. 岩石力学与工程学报, 2004, 23(15): 2628-2631.

第 5 章　基坑开挖土压力与围护结构变形规律有限元分析

5.1　不同方向卸载对支护位移和土压力的影响

为验证第 4 章提出的不同应力路径下邓肯–张模型的切线弹性模量公式的实用性, 本节用四结点等参单元非线性有限元程序进行基坑开挖平面应变分析的方法, 对一工程实例进行计算分析.

5.1.1　工程概况及支护体系

1) 工程简介

南京二桥薛家巷办公楼位于南京市中山路薛家巷, 该办公楼基坑大致呈长方形, 长 89.0m, 宽 60.0m[1] . 在基坑东侧和南侧有六栋已建居民楼和一栋在建楼, 基坑西侧为南京市交通要道中山路, 北侧为一条正在规划中的待建路. 基坑开挖深度为 9.00m.

2) 支护结构

工程采用钻孔灌注桩、人工挖孔桩作为支护结构, 桩长为 15.0m; 采用深层搅拌桩和树根桩作为止水结构. 基坑东西向设置一道水平钢筋混凝土支撑, 四个角点设置一道水平钢筋混凝土角撑, 支撑和角撑的顶面在地面下 1.0m 处, 支撑和角撑的高度均为 0.50m. 基坑支护平面图及施工过程中的部分测点布置见图 5-1.

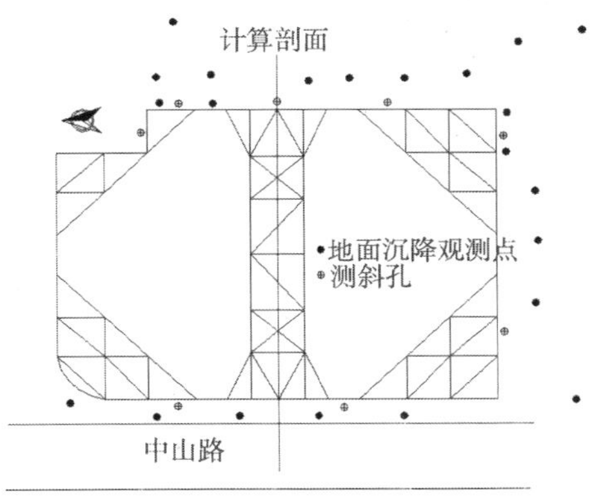

图 5-1　基坑支护平面及部分观测点布置图

5.1.2　有限元计算

计算所选取剖面见图 5-2, 在计算平面上, 基坑宽度为 60.0m. 计算区域在水平向支护以内 (即基坑内) 取 30.0m, 支护以外 (即基坑外) 取 89.0m, 计算深度从地面向下取 35.0m. 根据实际工程开挖情况, 按三级开挖模拟整个开挖过程, 开挖模拟采用中点增量法, 水平支撑假设为铰接杆件单元.

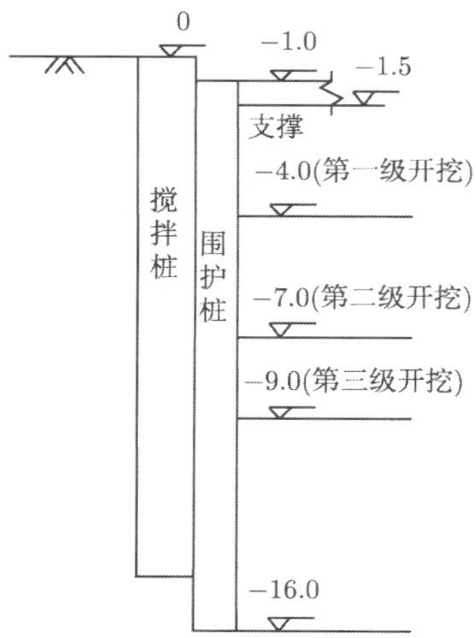

图 5-2　基坑开挖工况图 (单位：m)

基坑内外土体都采用本书提出的侧向卸载、加载路径下邓肯–张模型的切线弹性模量公式. 计算时土体的切线弹性模量分以下三种情况:

$$E_{\mathrm{t}}=kp_{\mathrm{a}}\left(\frac{\sigma_{\mathrm{ac}}}{p_{\mathrm{a}}}\right)^{n}\left\{1-R_{f}\frac{[\sigma_{\mathrm{a}}(1-\sin\varphi)-\sigma_{\mathrm{r}}](1+\sin\varphi)}{2c\cos\varphi+\sigma_{\mathrm{a}}\sin\varphi-\sigma_{\mathrm{a}}\sin^{2}\varphi)}\right\}^{2}\ (\sigma_{\mathrm{a}}(1-\sin\varphi)\geqslant\sigma_{\mathrm{r}}) \tag{5-1}$$

$$E_{\mathrm{t}}=kp_{a}\left(\frac{\sigma_{\mathrm{ac}}}{p_{\mathrm{a}}}\right)^{n}(\sigma_{\mathrm{a}}(1-\sin\varphi)\leqslant\sigma_{\mathrm{r}}\leqslant\sigma_{\mathrm{a}}) \tag{5-2}$$

$$E_{\mathrm{t}}=kp_{\mathrm{a}}\left(\frac{\sigma_{3}}{p_{\mathrm{a}}}\right)^{n}\left[1-R_{f}\frac{(1-\sin\varphi)(\sigma_{1}-\sigma_{3})}{2c\cos\varphi+2\sigma_{3}\sin\varphi}\right]^{2}(\sigma_{\mathrm{r}}\geqslant\sigma_{\mathrm{a}}) \tag{5-3}$$

支护结构、地基土、水平支撑的计算参数见表 5-1.

表 5-1　地基土计算参数[1]

计算参数	$\gamma'/(\mathrm{kN/m^3})$	c'/kPa	$\varphi'/(^\circ)$	R_f	k	n	ν
邓肯–张模型	9.1	20.6	28.6	0.98	237.2	0.62	0.49
侧向卸载、加载路径下切线弹性模量公式	9.1	20.6	28.6	1.00	78.0	0.74	0.49

支护结构. 计算剖面处支护为人工挖孔桩, 桩径为 1.00m, 桩间距为 1.50m, 混凝土标号为 C25, 其弹性模量和泊松比分别为 $E = 2.85 \times 10^7\text{kPa}$, $\nu = 0.2$, 考虑到桩间土的影响, 计算时将围护桩简化为围护墙, 取 $E = 1.49 \times 10^7\text{kPa}$, $\nu = 0.3$.

水平支撑. 混凝土标号为 C30, 其弹性模量为 $E = 3.00 \times 10^7\text{kPa}$, 计算时取水平支撑的压缩刚度: $EA/L = 47\ 656\text{kN/m}$.

计算边界条件. 在计算区域的右边界和底边界为铰支撑, 左边界为杆支撑.

为便于有限元计算结果和实测资料进行比较 (实测资料是从支撑施工以后开始的), 本书在计算时初始状态基坑内为地面以下 1.50m 处 (即支撑底面), 基坑外为天然地面 (即 0.0 m). 计算时假定坑内地下水位与支撑底面齐平, 坑外地下水位在天然地面下 1.50 m 处.

5.1.3　计算结果

本书首先根据实测的各级开挖支护后 4.0m 处土体的水平位移, 对比利用本书提出的侧向卸载、加载路径下邓肯–张模型的切线弹性模量公式计算的各级开挖支护后 4.0m 处土体的水平位移, 发现能够较好地与实测值相符合. 图 5-3 为各级开挖支护后 4.0m 处土体的水平位移, 实例计算表明, 利用本书提出的侧向卸载、加载路径下邓肯–张模型的切线弹性模量公式得到的结果可以较好地与实测结果相符.

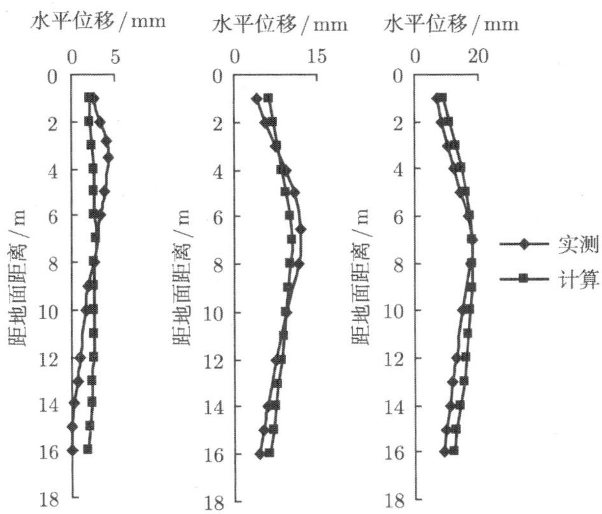

(a) 第一级开挖　(b) 第二级开挖　(c) 第三级开挖

图 5-3　支护后 4.0m 处土体的水平位移

5.1.4　水平、竖向卸载对支护水平位移和内力的影响[2]

前面的工作说明有限元模拟使用的本构模型是合适的, 利用该本构模型研究支护结构内力与位移, 所得结论应该是可信的.

基坑的开挖实际上是一个卸载过程, 原来作用在支护内侧上的水平压力和作用在坑底的竖向压力卸除, 当然, 这种卸载是两个方向同时卸载, 也就是支护结构的位移和内力是由它们共同作用引起的, 为了搞清楚这两个方向卸载分别对支护水平位移和内力的影响, 通过对原有的增量法有限元程序进行修改, 来分别模拟只有一个方向卸载, 另一个方向不卸载的情况.

通过有限元方法计算, 发现只考虑水平向压力卸载时, 能够很好地计算出最大水平位移出现的位置, 第一级开挖时支护最大水平位移位于距地面 4m 处, 这与实测的 3.5m 接近, 第二级开挖时位于距地面 7m 处, 这与实测位置 6.5m 接近, 第三级开挖时位于距地面 8m 处, 这与实测位置 7m 接近, 如图 5-4 所示. 虽然只考虑水平向压力卸载得到的水平位移比同时考虑两个方向卸载得到的水平位移小一点, 但它所占比例已经达到了很大, 也就是说水平向压力卸载是支护产生水平位移的主要因素.

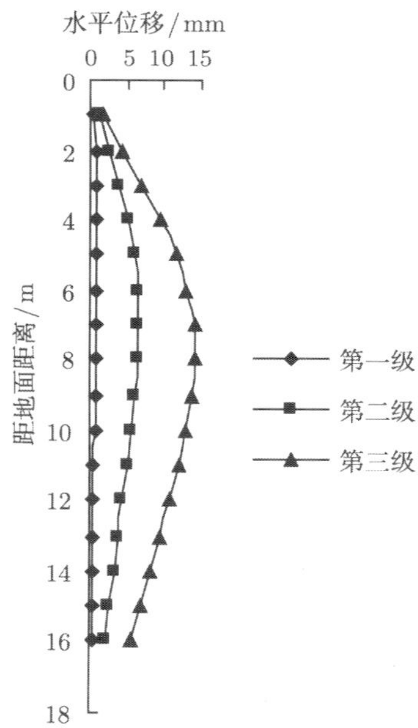

图 5-4　只有水平压力卸载时支护水平位移

通过比较还可以发现, 只有水平向压力卸载时, 支护结构上的最大内力比两个方向同时卸载时产生的最大内力大, 这是由于没有考虑竖向压力卸载, 坑底以下的土体给支护结构很大的约束力, 限制了支护结构底端的上翘 (支护结构底端水平位移非常小, 刚好说明这一点). 由此联想到基坑支护结构的常规设计方法, 虽然用开挖后的土层来计算土压力, 但它却将这部分土体能够施加给支护的最大作用力即被动土压力作用到支护底端, 这无疑类似于只考虑水平向压力卸载的情况, 也将限制支护底端水平位移的产生, 这种作法将使计算的内力增大.

同样当只考虑坑底竖向压力卸载, 原来作用在支护内侧上的水平压力暂时不消除时, 通过有限元方法计算, 可以发现计算的支护水平位移上小下大, 支护呈向上翘的形式, 支护最大水平位移基本上在底部, 如图 5-5 所示. 相对于只有水平向压力卸载引起的水平位移, 只有竖向压力卸载引起的支护水平位移要小得多. 通过计算还能发现, 只有竖向压力卸载引起的内力虽然不大, 但它在靠近支护顶端的位置却产生了负的内力 (与只有水平向压力卸载相比), 从图 5-5 中的位移曲线存在反弯点也能说明这一点. 本次模拟中没有考虑渗流的影响, 笔者认为如果考虑渗流的影响, 那么支护上产生的负的内力将更大. 支护常规设计方法既不能考虑支护结构与周围环境相互影响, 也不能考虑外降水影响 [3], 通过它得到的支护结构内力为什么比实测值大就能得到一定的解释.

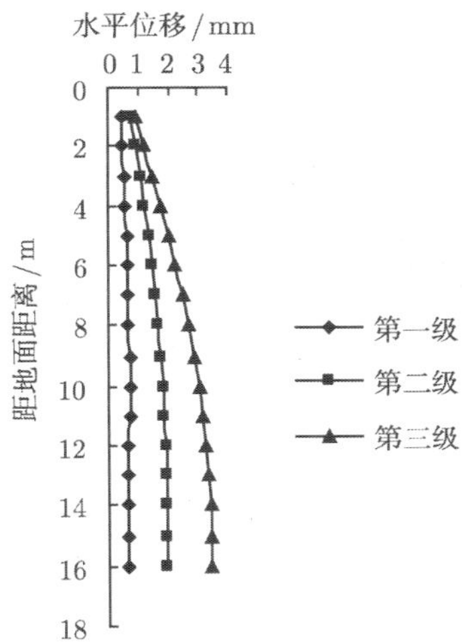

图 5-5　只有竖向压力卸载时支护水平位移

上述有限元方法的模拟是对前面提到的实例进行的, 结论可能具有局限性. 但是通过调整支护刚度、调整支撑刚度以及增减支护入土长度等措施, 模拟刚性支护和柔性支护以及有支撑和无支撑等工况, 结果得到了与前面的模拟几乎一样的结论.

5.1.5　结论

本节通过考虑应力路径的邓肯–张模型模量公式, 利用有限元方法分析了某基坑实例发现:

(1) 利用本书提出的侧向卸载、加载路径下邓肯–张模型的切线弹性模量公式得到的结果可以较好地与实测结果相符.

(2) 支护的水平位移主要是由水平向压力卸载造成的, 且通过只考虑水平向压力卸载的有限元方法, 可以估计支护上出现最大水平位移的位置.

(3) 虽然竖向压力卸载产生的水平位移不大, 它却产生了负内力 (与只有水平向压力卸载相比), 从内力的角度而言, 竖向压力卸载可以起到减小内力作用.

(4) 支护常规设计方法计算的支护内力大于实测值的原因之一是由于支护常规设计方法既不能考虑支护结构与周围环境相互影响, 也不能考虑外降水影响.

5.2　支护水平位移对支护结构土压力的影响

由于基坑开挖将会使周围建筑物及地下管线产生一定的位移, 所以为了保证周围建筑物及地下管线的安全, 基坑开挖设计时必须严格控制支护结构的变形. 基坑支护结构的水平位移控制是变形控制中最重要的指标之一, 鉴于支护结构属于临时结构, 广大设计者必须既要考虑周围设施的安全, 又要考虑投入费用的经济. 因此, 能否根据周围建筑物及地下管线允许的水平位移量来确定支护水平位移, 是一个非常有实际意义的课题. 当然, 这个问题在假设地下设施是随土体一起位移的情况下, 就是支护水平位移对支护后土体变形怎样影响以及影响范围有多大的问题.

目前, 国内外关于支护水平位移对支护后土体变形影响以及影响范围的研究比较少, Caspe[4] 于 1966 年通过对墙后土体的变形进行分析, 将支护后土体分为塑性平衡区 (A 区)、弹性平衡区 (B 区)、未受扰动区 (C 区) 三个区, 刘兴旺等[5] 于 2000 年在 Caspe 工作基础上将分区的对数螺线形式简化为线性形式, 如图 5-6、图 5-7 所示.

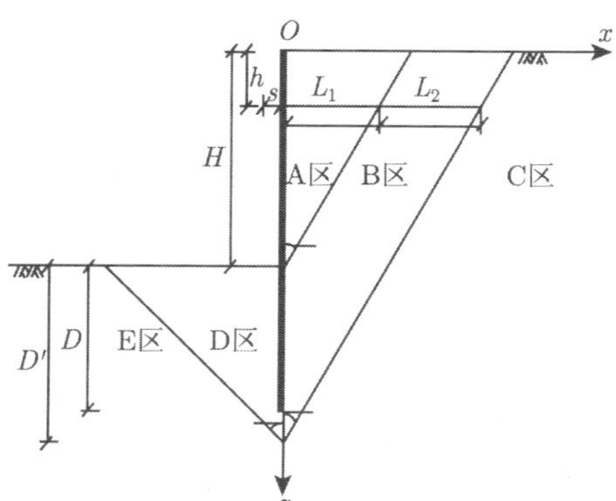

图 5-6　土体变形分区图

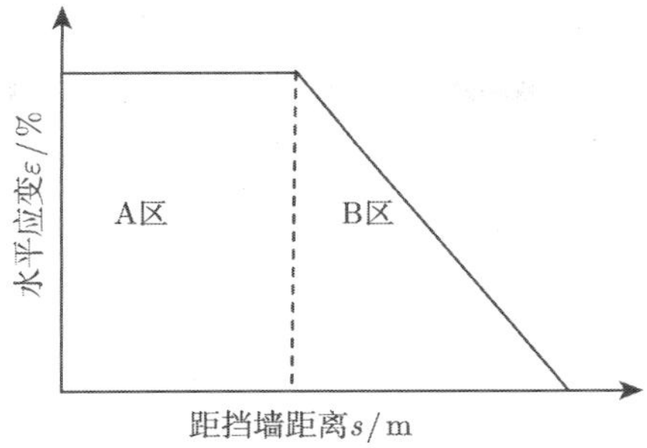

图 5-7 水平应变变化规律

Caspe 和刘兴旺的成果被一些学者[6,7] 引用进行了其他方面的研究, 应该说他们的工作是有一定影响力的, 但必须注意到他们成果的核心内容即 Caspe 的分区方法产生于 20 世纪 60 年代, 是在一定假设基础上得到的, 在当时人们无法验证它; 随着科技的发展, 今天人们可以利用新的手段和理论研究支护水平位移对支护后土体变形影响以及影响范围的问题, 并可以检验 Caspe 和刘兴旺的成果.

通过实测或实验手段研究支护水平位移对支护后土体变形影响以及影响范围是最直接的方法, 但是它的难度太大, 特别是土体内部的变形无法准确测得. 有限单元法的发展, 为这个问题的研究提供了一个很有效的工具, 本节将应用上一节的实例, 通过有限单元法进行模拟, 研究支护水平位移对其后土体的影响, 并对相关理论成果进行验证.

5.2.1 利用有限元方法研究水平位移对支护后土体变形影响

为了研究水平位移对支护后土体变形影响以及影响范围, 以上节实例为依据, 描绘出距地面不同深度的水平应变与距支护的距离的关系曲线, 第三级开挖时部分结果见图 5-8.

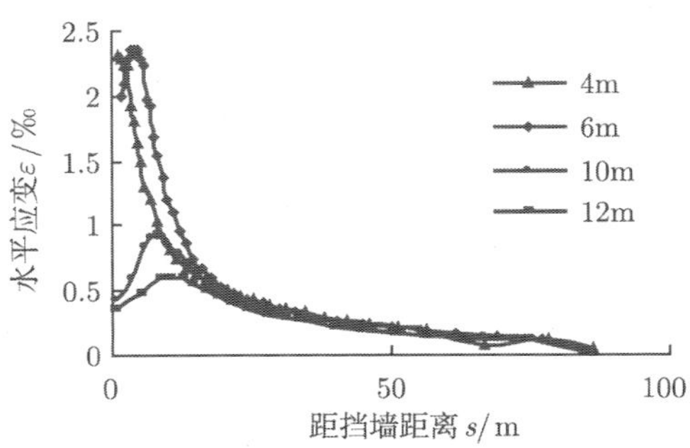

图 5-8 不同深度条件下水平应变变化规律

从图 5-8 可以发现, 支护后土体在不同的支护位移下, 其水平应变的变化规律曲线与近似公式结果曲线 (图 3-15) 十分接近, 即紧靠支护的土体不一定发生最大水平应变, 且水平应变在距支护一段距离后迅速减小, 距支护三倍距离 $(H+D')$ 的土体, 其水平应变相对于最大水平应变已经非常非常小, 因此说明理论研究时将影响范围取为图 3-16 形式是合理的, 它能够被有限元模拟结果印证. 其中, H, D' 的含义及计算公式见第 3.3 节.

5.2.2　近似公式结果与有限元结果的对比

对应前文的实例, 以有限元法得到的支护水平位移作为基准的支护位移, 利用近似公式 (3-4) 和式 (3-5) 得到支护后土体的水平应变变化规律, 并和有限元结果对比, 如图 5-9 所示.

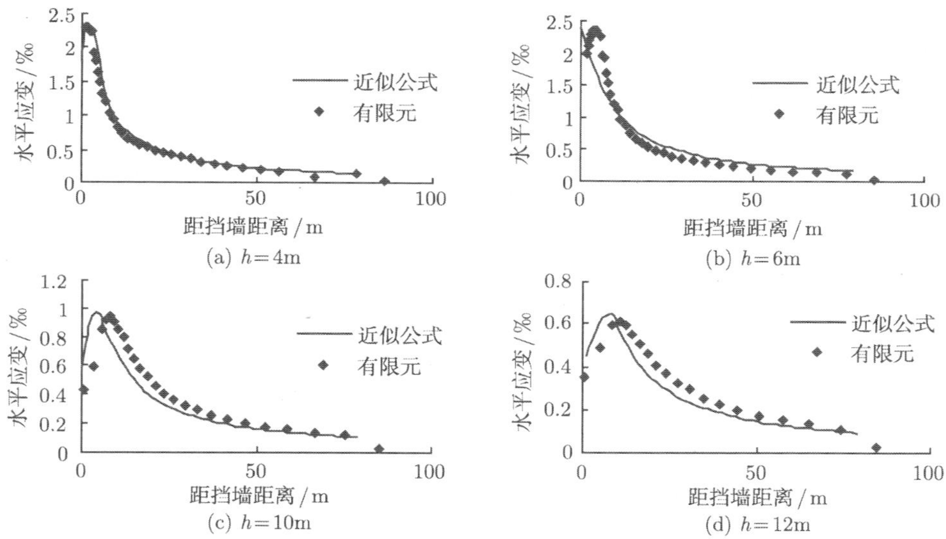

图 5-9　近似公式与有限元得到的水平应变变化规律

可以发现, 利用公式和有限元得到的基坑支护后土体水平应变变化规律曲线几乎一致, 但是, 近似公式的最大应变出现位置离挡墙距离要近一些. 为什么出现这种现象呢? 分析认为, 这主要是在实际应用公式 (3-5) 时, 把最大水平位移发生位置作为最大拉力集度 q 出现的位置造成的 (一般情况下两位置不一致), 所以, 在使用公式时, 应该根据最大水平变形发生的位置, 做出适当调整, 尽量找到 q 真正出现的地方.

5.2.3　与文献 [4]、[5] 结论的对比

无论是近似公式结果和有限元结果, 其支护后土体的水平应变变化规律和影响区域都与文献 [4]、[5] 结论相差很大, 究竟应该怎样认识它们呢? 对于前述实例, 利

用文献 [5] 中的公式, 得到基坑三级开挖影响区域, 结果如表 5-2 所示. 通过表 5-2 结果可以发现, 第三级开挖的影响区域小于第一、第二级开挖的影响区域, 也就是说, 挖得越深, 影响区域越小, 这显然是不合理的. 所以, 文献 [4]、[5] 得到的结论存在一定的局限性.

表 5-2　文献 [5] 公式得到的影响区域　(单位: m)

深度 h	第一级开挖		第二级开挖		第三级开挖	
	L_1	L_1+L_2	L_1	L_1+L_2	L_1	L_1+L_2
2	0.59	9.74	2.38	9.24	3.56	8.90
4	0.00	8.56	1.19	8.05	2.38	7.71
6	0.00	7.37	0.00	6.86	1.19	6.52
8	0.00	6.19	0.00	5.68	0.00	5.34
10	0.00	5.00	0.00	4.49	0.00	4.15
12	0.00	3.80	0.00	3.30	0.00	2.96

表 5-2 中 L_1, L_2, H, D, D' 的含义如图 5-6 所示.

5.2.4　结论

(1) 通过与某实例有限元模拟结果对比, 发现力学理论近似公式得到的土体水平应变变化规律和水平位移影响区域十分接近, 从而说明得到的理论近似公式是合理的.

(2) 比较发现: 文献 [4]、[5] 得到的水平位移影响区域以及水平应变变化规律不合适.

当然, 本书是在只有一层支撑且在支护顶端的情况下, 得到了公式 (3-4) 和影响区域范围, 其他情况下的问题虽然通过叠加方法可以给予考虑, 但一些细节需要深入研究.

5.3　考虑空间效应的土压力有限元分析及算例

众所周知, 基坑是三维空间结构, 大量的工程实践证明, 深基坑坑壁中部范围的位移值大于坑角一定范围的位移值, 而平面有限元大都是对基坑中部进行计算, 由于没有考虑坑角的作用, 因此平面有限元计算结果比三维的计算结果和实测值都偏大. 已经有许多学者[9−13] 对深基坑空间效应的变形特性方面进行了系统的研究, 但对于坑角效应的讨论却不多, 本节将通过空间有限元方法重点讨论坑角效应及其影响范围. 本节涉及的坑角为基坑工程当中所指的阴角.

5.3.1　有限元计算算例

有限元的计算模式:

(1) 基坑开挖一般属于临时性工程, 工期不长, 故按不排水条件进行总应力分析. 不考虑地下水的影响和固结效应, 考虑由于支护结构施工对坑后一定范围内土体扰动的影响.

(2) 支护结构按弹性材料考虑, 为了寻找定性的规律, 土体采用单一的土体, 采用空间八结点等参元. 本构模型采用莫尔–库仑弹塑性模型.

(3) 开挖顺序. 分五级开挖, 每次开挖 2m.

(4) 接触面的形式. 采用薄层单元.

(5) 计算参数. 基坑几何尺寸为: 长度是 40m, 宽度是 40m, 开挖深度 $H=10$m; 支护结构按地下连续墙及弹性材料考虑, 其厚度 $D=0.8$m, 插入深度为 10m, 弹性模量折减后取 E=25GPa, 泊松比 ν=0.17; 土体按莫尔–库仑弹塑性模型考虑, ρ=17kN/m^3 , 弹性模量 E=5MPa, 泊松比 ν=0.4, φ=15°, c=20kPa.

(6) 采用 ADINA 软件进行模拟.

计算简图如图 5-10 所示.

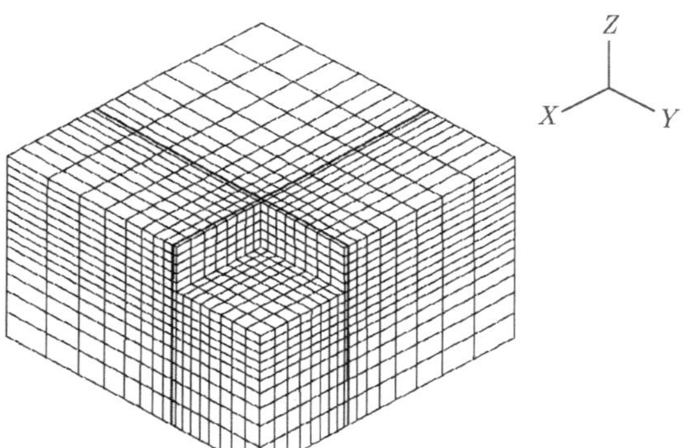

图 5-10　1/4 三维有限元开挖后的模型

由于模型是轴对称的, 所以取 1/4 进行计算, 采用的坐标如图 5-10 所示, 坐标原点位于地表面两面支护结构相交的坑外侧. 因 YOZ 面和 XOZ 面上土压力值和支护结构的变形值相等, 本书只分析 YOZ 面.

5.3.2 主动状态土压力坑角效应影响系数研究

为了更好地说明主动状态土压力的坑角效应, 本节定义了一个主动状态土压力坑角效应影响系数 K_{a}', 其值由式 (5-4) 得到

$$K_{\mathrm{a}}'=\frac{\sigma_Y}{\sigma_{YM}},\quad 0\leqslant Y\leqslant 20 \tag{5-4}$$

式中, K_{a}' 表示主动状态土压力坑角效应影响系数; σ_Y 表示支护结构任意深度处的土压力值; σ_{YM} 为基坑对称面上与 σ_Y 相同深度处的土压力值, 即 $Y=20$m 时相

应深度处的土压力. 当 K_a' 大于 1 表明受坑角效应的影响, K_a' 等于 1 表明不受坑角效应的影响.

为了研究方便, 我们把坑角效应影响系数大于 1.1 的区域称为坑角效应主要影响区, 1.1~1.05 称为次要影响区, 1.05 以下称为不受坑角效应的影响区. 表 5-3 中以加粗系数作为受坑角效应影响的范围 (后面的研究都做同样的处理). 从表 5-3 中可以看出:

(1) 沿基坑边 Y 向 16~20m 的范围内坑角效应影响系数基本趋于稳定, 可以认为不受坑角效应的影响; 离坑角 10m 范围内可以认为是坑角效应的主要影响区, 10~14m 可以认为是坑角效应的次要影响区.

(2) 开挖面以上的主动状态土压力比开挖面以下的主动土压力所受到的坑角效应更加明显, 开挖面以下的主动状态土压力沿基坑边 Y 向 10~20m 基本上不受坑角效应的影响了.

表 5-3　主动状态土压力坑角效应影响系数分布 (YOZ 面)

深度/m	剖面位置/m							
	$Y=0$	$Y=3.6$	$Y=5.7$	$Y=8.0$	$Y=10.6$	$Y=13.4$	$Y=16.6$	$Y=20$
2	1.50	1.27	1.20	1.13	1.07	**1.05**	1.00	1.00
4	1.38	1.23	1.17	1.13	**1.07**	1.03	1.00	1.00
6	1.30	1.21	1.16	1.12	**1.07**	1.04	1.02	1.00
8	1.30	1.21	1.16	1.12	**1.07**	1.04	1.02	1.00
10	1.26	1.21	1.15	1.10	**1.06**	1.03	1.00	1.00
12	1.20	1.14	1.12	1.08	**1.05**	1.02	1.01	1.00
14	1.15	1.11	1.09	**1.06**	1.03	1.02	1.01	1.00
16	1.14	1.09	1.08	**1.05**	1.03	1.02	1.01	1.00
18	**1.09**	**1.06**	**1.05**	1.03	1.02	1.01	1.01	1.00

(3) 结合开挖面上下土体坑角效应的影响范围, 近似地得到坑角效应的最大影响范围为 14m 左右, 并且呈从上至下大小不等的阶梯状. 开挖面以上, 10m 处可以认为是主、次要坑角效应影响区的分界点, 14m 处可以认为是次要和不受坑角效应影响区的分界点.

1. *支护结构刚度对土压力坑角效应影响系数的影响*

为了考察支护结构刚度对坑角效应的影响, 通过改变支护结构的厚度来改变支护结构的刚度, 主要对支护结构厚度为 60cm、80cm、100cm 和 120cm 几种情况进行了分析. 图 5-11 为支护顶端不同支护结构厚度沿水平 Y 向的变形图, 图 5-12 为基坑对称面 (Y=20m) 处不同支护结构厚度沿深度 Z 向的变形图. 由图可知: 随着刚度的不断增大, 支护结构的变形逐渐减小. 限于篇幅, 在以下的影响因素分析当中只分析土压力坑角效应影响因素, 而不再讨论对支护结构变形的影响.

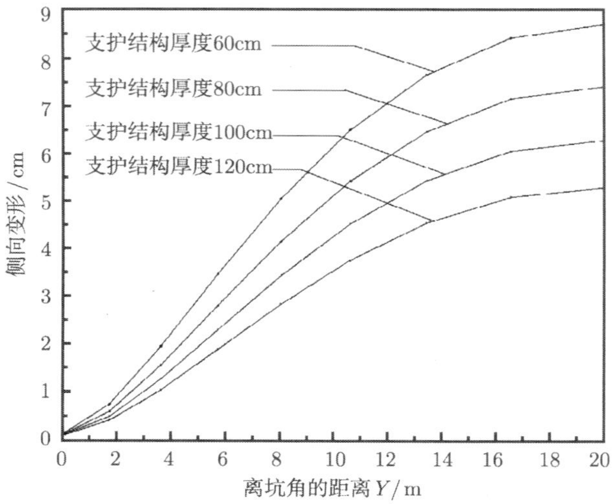

图 5-11 支护结构沿 Y 向的侧向变形图

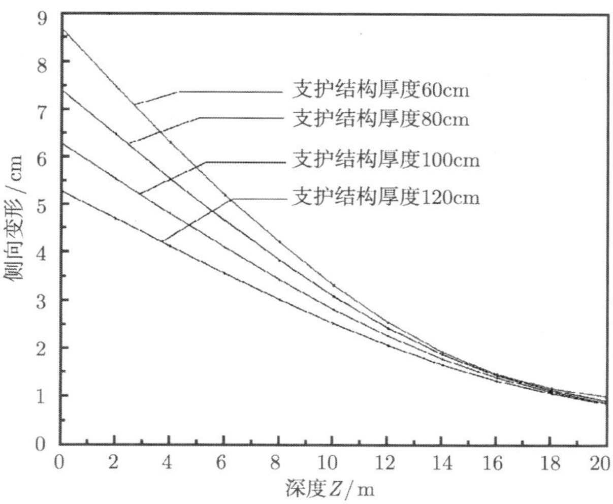

图 5-12 支护结构沿 Z 向的侧向变形图

表 5-4、表 5-5、表 5-6 分别为支护结构厚度为 60cm、100cm、120cm 主动状态土压力坑角效应影响系数沿基坑深度 Z 向和基坑边 Y 向的分布情况. 结合表 5-3 可以看出主动状态土压力坑角效应影响系数与支护结构刚度有关, 随着刚度的增大, 主动状态土压力坑角效应影响系数在影响范围内逐渐地减小, 但是超过一定限度后, 其作用逐渐减弱. 这也说明随着支护刚度的增大能够有效地抑制主动状态

表 5-4　主动状态土压力坑角效应影响系数分布 (YOZ 面) (支护结构厚度 60cm)

深度/m	剖面位置/m							
	$Y=0$	$Y=3.6$	$Y=5.7$	$Y=8.0$	$Y=10.6$	$Y=13.4$	$Y=16.6$	$Y=20$
2	1.53	1.33	1.27	1.20	1.13	**1.07**	1.00	1.00
4	1.40	1.27	1.20	1.13	**1.10**	1.03	1.00	1.00
6	1.33	1.23	1.19	1.12	**1.07**	1.02	1.00	1.00
8	1.38	1.27	1.20	1.15	**1.09**	1.04	1.02	1.00
10	1.40	1.30	1.24	1.16	**1.10**	1.04	1.02	1.00
12	1.30	1.23	1.18	1.11	**1.08**	1.04	1.01	1.00
14	1.23	1.17	1.13	1.09	**1.05**	1.03	1.01	1.00
16	1.18	1.13	1.11	**1.07**	1.04	1.02	1.00	1.00
18	**1.11**	**1.07**	**1.05**	1.04	1.02	1.01	1.00	1.00

表 5-5　主动状态土压力坑角效应影响系数分布 (YOZ 面)(支护结构厚度 100cm)

深度/m	剖面位置/m							
	$Y=0$	$Y=3.6$	$Y=5.7$	$Y=8.0$	$Y=10.6$	$Y=13.4$	$Y=16.6$	$Y=20$
2	1.47	1.27	1.20	1.13	1.07	**1.07**	1.00	1.00
4	1.33	1.20	1.17	1.10	**1.07**	1.03	1.00	1.00
6	1.25	1.16	1.14	1.09	**1.07**	1.02	1.00	1.00
8	1.20	1.13	1.10	**1.07**	1.03	1.02	1.00	1.00
10	1.18	1.13	1.10	**1.07**	1.04	1.01	1.00	1.00
12	1.11	1.08	**1.06**	1.04	1.02	1.01	1.00	1.00
14	1.08	1.06	**1.05**	1.03	1.02	1.01	1.00	1.00
16	1.09	1.06	**1.05**	1.03	1.02	1.01	1.00	1.00
18	**1.07**	1.04	1.03	1.02	1.01	1.01	1.00	1.00

表 5-6　主动状态土压力坑角效应影响系数分布 (YOZ 面) (支护结构厚度 120cm)

深度/m	剖面位置/m							
	$Y=0$	$Y=3.6$	$Y=5.7$	$Y=8.0$	$Y=10.6$	$Y=13.4$	$Y=16.6$	$Y=20$
2	1.47	1.20	1.20	1.13	**1.07**	1.00	1.00	1.00
4	1.33	1.20	1.13	1.10	**1.07**	1.03	1.00	1.00
6	1.20	1.13	1.09	**1.07**	1.04	1.02	1.00	1.00
8	1.15	1.08	1.06	**1.05**	1.02	1.02	1.00	1.00
10	1.11	1.08	**1.07**	1.04	1.03	1.01	1.00	1.00
12	**1.06**	1.04	1.03	1.02	1.02	1.01	1.01	1.00
14	1.04	1.03	1.03	1.02	1.01	1.01	1.01	1.00
16	1.04	1.03	1.02	1.02	1.01	1.00	1.00	1.00
18	1.04	1.02	1.02	1.01	1.01	1.01	1.00	1.00

土压力坑角效应的影响, 而支护结构的刚度对主动状态土压力坑角效应的影响随着刚度的增大越来越不明显, 主要是因为支护结构刚度的增大, 支护结构的变形减小, 由图 5-11、图 5-12 可以看出. 所以通过增大支护结构刚度来减小主动状态土压力坑角效应的影响, 其作用是有限的, 且不经济.

2. 不同坑底土体对土压力坑角效应影响系数的影响

坑底土体的力学性质不同, 支护结构位移就不同, 坑角效应也不一样, 通过改变开挖面以下土体的物理参数来讨论坑底土体对主动土压力坑角效应的影响, 参数如表 5-7 所示.

表 5-7　不同坑底土体参数

E/MPa	ν	ρ/(kN/m^3)	c/kPa	φ/(°)
3	0.42	17	20	15
5	0.40	17	20	15
8	0.38	17.5	20	15
12	0.35	18	20	15

表 5-8、表 5-9、表 5-10 分别为不同坑底土体的主动状态土压力坑角效应影响系数沿基坑深度 Z 向和基坑边 Y 向的分布情况, 与表 5-3 比较后可以看出: 坑底土体的性质对坑角效应有显著的影响. 随着土质的变好, 主动状态土压力坑角效应影响系数逐渐减小, 但是超过一定的限度后效果就不是很明显了. 所以对被动区土体的加固处理要讲究适度的原则, 一味地加强, 效果不明显且造成不经济. 由于坑底土质变好后能够抑制支护结构的整体变形, 与增大支护结构的刚度具有同样的效果, 但是比增大支护结构的刚度要经济.

表 5-8　主动状态土压力坑角效应影响系数 (YOZ 面)(坑底土体弹性模量 3MPa)

深度/m	剖面位置/m							
	$Y=0$	$Y=3.6$	$Y=5.7$	$Y=8.0$	$Y=10.6$	$Y=13.4$	$Y=16.6$	$Y=20$
2	1.53	1.33	1.27	1.20	1.13	**1.07**	1.00	1.00
4	1.40	1.27	1.20	1.13	**1.10**	1.03	1.00	1.00
6	1.33	1.23	1.19	1.12	**1.07**	1.02	1.00	1.00
8	1.38	1.27	1.20	1.15	**1.09**	1.04	1.02	1.00
10	1.40	1.30	1.24	1.16	**1.10**	1.05	1.02	1.00
12	1.30	1.23	1.18	1.11	**1.08**	1.04	1.01	1.00
14	1.23	1.17	1.13	1.09	**1.05**	1.03	1.01	1.00
16	1.18	1.13	1.11	**1.07**	1.04	1.02	1.00	1.00
18	**1.11**	**1.07**	**1.05**	1.04	1.02	1.01	1.00	1.00

表 5-9 主动状态土压力坑角效应影响系数 (YOZ 面) (坑底土体弹性模量 8MPa)

深度/m	剖面位置/m							
	$Y=0$	$Y=3.6$	$Y=5.7$	$Y=8.0$	$Y=10.6$	$Y=13.4$	$Y=16.6$	$Y=20$
2	1.47	1.27	1.20	1.13	1.07	**1.05**	1.00	1.00
4	1.33	1.20	1.17	1.10	**1.07**	1.03	1.00	1.00
6	1.25	1.16	1.14	1.09	**1.07**	1.02	1.00	1.00
8	1.20	1.13	1.10	**1.07**	1.03	1.02	1.00	1.00
10	1.18	1.13	1.10	**1.07**	1.04	1.01	1.00	1.00
12	1.11	1.08	**1.06**	1.04	1.02	1.01	1.00	1.00
14	1.08	1.06	**1.05**	1.03	1.02	1.01	1.00	1.00
16	1.09	1.06	**1.05**	1.03	1.02	1.01	1.00	1.00
18	**1.07**	1.04	1.03	1.02	1.01	1.01	1.00	1.00

表 5-10 主动状态土压力坑角效应影响系数 (YOZ 面)(坑底土体弹性模量 12MPa)

深度/m	剖面位置/m							
	$Y=0$	$Y=3.6$	$Y=5.7$	$Y=8.0$	$Y=10.6$	$Y=13.4$	$Y=16.6$	$Y=20$
2	1.47	1.20	1.20	1.13	**1.07**	1.00	1.00	1.00
4	1.33	1.20	1.13	1.10	**1.07**	1.03	1.00	1.00
6	1.20	1.13	1.09	**1.07**	1.04	1.02	1.00	1.00
8	1.15	1.08	1.06	**1.05**	1.02	1.02	1.00	1.00
10	1.11	1.08	**1.07**	1.04	1.03	1.01	1.00	1.00
12	**1.06**	1.04	1.03	1.02	1.02	1.01	1.01	1.00
14	1.04	1.03	1.03	1.02	1.01	1.01	1.01	1.00
16	1.04	1.03	1.02	1.02	1.01	1.00	1.00	1.00
18	1.04	1.02	1.02	1.01	1.01	1.01	1.00	1.00

3. 不同地基土体对基坑土压力坑角效应影响系数的影响

不同基坑底面以下的土体对土压力坑角效应影响系数和支护结构变形有影响，同样，基坑底面以上的土体对于支护结构变形也有影响，为了定性地寻找规律，本书采用单一的土体，通过改变土体的参数来讨论其对主动状态土压力坑角效应影响．具体参数如表 5-11 所示．

表 5-11 不同基坑土体参数

E/MPa	ν	$\rho/(\text{kN/m}^3)$	c/kPa	$\varphi/(°)$
3	0.42	17	20	15
5	0.40	17	20	15
8	0.38	17.5	20	15
12	0.33	18	20	15

表 5-12、表 5-13、表 5-14 分别为不同周围土体条件下, 基坑围护结构主动状态土压力坑角效应影响系数的分布情况, 与表 5-3 比较, 可以看出不同的土体对主

表 5-12　主动状态土压力坑角效应影响系数 (YOZ 面) (基坑土体 3MPa)

深度/m	剖面位置/m							
	$Y=0$	$Y=3.6$	$Y=5.7$	$Y=8.0$	$Y=10.6$	$Y=13.4$	$Y=16.6$	$Y=20$
2	1.56	1.25	1.19	1.13	1.10	**1.08**	1.00	1.00
4	1.45	1.26	1.19	1.13	1.10	**1.06**	1.03	1.00
6	1.28	1.15	1.11	1.09	**1.07**	1.02	1.00	1.00
8	1.29	1.16	1.13	1.08	**1.05**	1.02	1.02	1.00
10	1.25	1.15	1.11	**1.07**	1.04	1.01	1.00	1.00
12	1.20	1.11	1.08	**1.05**	1.02	1.01	1.00	1.00
14	1.18	1.09	**1.06**	1.04	1.02	1.01	1.01	1.00
16	1.18	1.08	**1.05**	1.03	1.02	1.01	1.00	1.00
18	**1.12**	**1.06**	1.04	1.02	1.02	1.01	1.00	1.00

表 5-13　主动状态土压力坑角效应影响系数 (YOZ 面) (基坑土体 8MPa)

深度/m	剖面位置/m							
	$Y=0$	$Y=3.6$	$Y=5.7$	$Y=8.0$	$Y=10.6$	$Y=13.4$	$Y=16.6$	$Y=20$
2	1.28	1.08	1.08	**1.05**	1.04	1.00	1.00	1.00
4	1.29	1.13	1.09	**1.07**	1.04	1.02	1.00	1.00
6	1.28	1.14	1.11	**1.07**	1.04	1.02	1.00	1.00
8	1.29	1.16	1.12	**1.09**	1.04	1.03	1.01	1.00
10	1.28	1.17	1.13	**1.09**	1.04	1.03	1.01	1.00
12	1.19	1.09	1.06	**1.05**	1.03	1.01	1.00	1.00
14	1.14	1.06	**1.05**	1.04	1.02	1.01	1.00	1.00
16	1.12	**1.05**	1.03	1.02	1.01	1.01	1.01	1.00
18	**1.07**	1.02	1.01	1.01	1.01	1.01	1.00	1.00

表 5-14　主动状态土压力坑角效应影响系数 (YOZ 面)(基坑土体 12MPa)

深度/m	剖面位置/m							
	$Y=0$	$Y=3.6$	$Y=5.7$	$Y=8.0$	$Y=10.6$	$Y=13.4$	$Y=16.6$	$Y=20$
2	1.26	1.14	1.10	**1.07**	1.04	1.01	1.00	1.00
4	1.25	1.14	1.11	**1.08**	1.04	1.03	1.00	1.00
6	1.24	1.11	1.08	**1.06**	1.03	1.02	1.00	1.00
8	1.24	1.10	1.06	**1.10**	1.02	1.02	1.00	1.00
10	1.21	1.07	**1.05**	1.04	1.04	1.04	1.00	1.00
12	1.16	1.07	**1.05**	1.04	1.02	1.01	1.00	1.00
14	1.12	**1.05**	1.04	1.03	1.02	1.01	1.00	1.00
16	**1.10**	1.03	1.02	1.02	1.01	1.01	1.00	1.00
18	**1.05**	1.01	1.01	1.01	1.01	1.00	1.00	1.00

动状态土压力坑角效应具有很显著的影响, 随着土体土质的不断变好, 坑角效应不断减弱, 弹性模量为 3MPa 和 12MPa 的土体两者的坑角效应影响系数最大相差 25%之多. 一般软土的弹性模量的大致范围在 2~8MPa, 由表 5-13 和表 5-14 看出弹性模量超过 8MPa 以后对坑角效应的影响就逐渐减弱了, 对软土的影响却是非常明显. 主要是土质变好以后, 土体自身的自稳性越来越好, 变形量也会逐渐减少.

4. 地面超载对土压力坑角效应影响系数的影响

产生超载的现象很多, 如挖土机械、运土工程车、坑后材料堆放、没有及时运走的开挖土等, 所有这些都会导致基坑支护结构的变形增大, 作用在支护结构上的土压力增大. 地面超载有均匀和局部均匀超载以及集中荷载等情况. 本节讨论均匀超载, 以 20kPa 施加在基坑的地表面. 表 5-15 是考虑超载计算得到的主动状态土压力沿基坑深度和基坑边的分布情况. 没有地面超载的主动状态土压力见表 5-16,

表 5-15 考虑地面超载主动状态土压力分布 (YOZ 面)

深度/m	剖面位置/m							
	$Y=0$	$Y=3.6$	$Y=5.7$	$Y=8.0$	$Y=10.6$	$Y=13.4$	$Y=16.6$	$Y=20$
2	27	23	21	20	19	19	18	18
4	44	39	37	35	34	33	32	31
6	60	55	53	50	48	47	46	45
8	78	72	70	67	64	62	61	60
10	91	86	82	79	75	73	71	70
12	107	102	99	96	93	91	89	89
14	121	117	114	111	109	107	106	105
16	140	134	131	129	126	124	123	122
18	148	143	141	139	137	136	135	135

表 5-16 主动状态土压力分布规律 (YOZ 面)

深度/m	剖面位置/m					
	$Y=0$	$Y=1.7$	$Y=5.7$	$Y=10.6$	$Y=16.6$	$Y=20$
2	23	21	18	16	15	15
4	41	39	35	32	30	30
6	56	54	50	46	44	43
8	74	72	66	61	58	57
10	86	85	78	72	68	68
12	102	100	95	89	86	85
14	116	115	110	104	102	101
16	134	132	127	121	119	118
18	144	142	138	134	133	132

比较可以看出：支护结构中部的土压力最大增大了 20%, 坑角处最大增大了 17.4%. 主要是地面超载加速了坑后土体向基坑内的变形速度, 导致作用在支护结构上的土压力增大. 表 5-17 是主动状态土压力坑角效应影响系数沿基坑深度和基坑边的分布. 所以地面超载对土压力坑角效应影响显著, 在实际的基坑开挖过程中要避免地面过度超载的情况.

表 5-17　主动状态土压力坑角效应影响系数 (YOZ 面)(地面超载 20kPa)

深度/m	剖面位置/m							
	$Y=0$	$Y=3.6$	$Y=5.7$	$Y=8.0$	$Y=10.6$	$Y=13.4$	$Y=16.6$	$Y=20$
2	1.50	1.28	1.17	1.11	1.06	**1.06**	1.00	1.00
4	1.42	1.26	1.19	1.13	1.10	**1.06**	1.03	1.00
6	1.33	1.22	1.18	1.11	**1.07**	1.04	1.02	1.00
8	1.30	1.20	1.17	1.12	**1.07**	1.03	1.02	1.00
10	1.30	1.23	1.17	1.13	**1.07**	1.04	1.01	1.00
12	1.20	1.15	1.11	**1.08**	1.04	1.02	1.00	1.00
14	1.15	1.11	1.09	**1.06**	1.04	1.02	1.01	1.00
16	1.15	1.10	1.07	**1.06**	1.03	1.02	1.01	1.00
18	**1.10**	**1.06**	1.04	1.03	1.01	1.01	1.00	1.00

5. *主动状态土压力坑角效应影响系数分布规律分析*

影响坑角效应的因素非常多, 本节将以上几个主要的因素进行综合考虑, 因为本节主要讨论软土深基坑的情况, 所以对表 5-3、表 5-4、表 5-5、表 5-6、表 5-8、表 5-9、表 5-10、表 5-12、表 5-17 中的数值进行算术平均, 结果如表 5-18 所示. 由表 5-18 可知：对于坑角效应影响范围为 14m 左右, 而由文献 [14] 计算得到的空

表 5-18　主动状态土压力坑角效应影响系数 (YOZ 面)(考虑综合因素)

深度/m	剖面位置/m							
	$Y=0$	$Y=3.6$	$Y=5.7$	$Y=8.0$	$Y=10.6$	$Y=13.4$	$Y=16.6$	$Y=20$
2	1.50	1.27	1.21	1.14	1.08	**1.05**	1.00	1.00
4	1.37	1.23	1.17	1.12	**1.08**	1.04	1.01	1.00
6	1.27	1.18	1.14	1.10	**1.06**	1.03	1.00	1.00
8	1.26	1.17	1.13	1.10	**1.05**	1.03	1.01	1.00
10	1.24	1.18	1.14	1.09	**1.06**	1.02	1.01	1.00
12	1.17	1.12	1.09	**1.06**	1.04	1.02	1.01	1.00
14	1.13	1.09	1.07	**1.05**	1.03	1.02	1.01	1.00
16	1.12	1.08	**1.06**	1.04	1.02	1.01	1.00	1.00
18	**1.08**	**1.05**	1.04	1.02	1.01	1.01	1.00	1.00

间效应影响范围是 14.3m, 所以与本节的结论基本上是一致的. 图 5-13、图 5-14 是坑角效应影响系数沿深度方向和基坑边方向的分布情况, 由图可知:

(1) 沿深度方向上, 主动状态土压力坑角效应影响系数的分布具有明显的非线性, 离坑角越近越明显.

(2) 沿基坑边方向上, 主动状态土压力坑角效应影响系数的分布也呈现一定的非线性. 在 0~10m 曲线的曲率很大, 是坑角效应的主要影响区间, 在 10~14m 的范围内曲率比较稳定, 是坑角效应的次要影响区间.

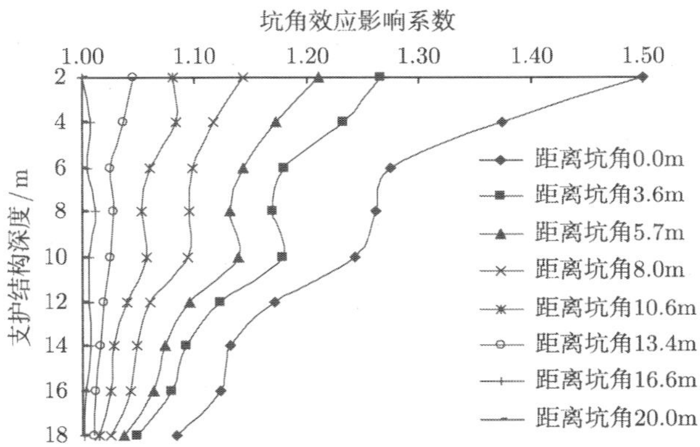

图 5-13　坑角效应影响系数沿深度 Z 方向的分布

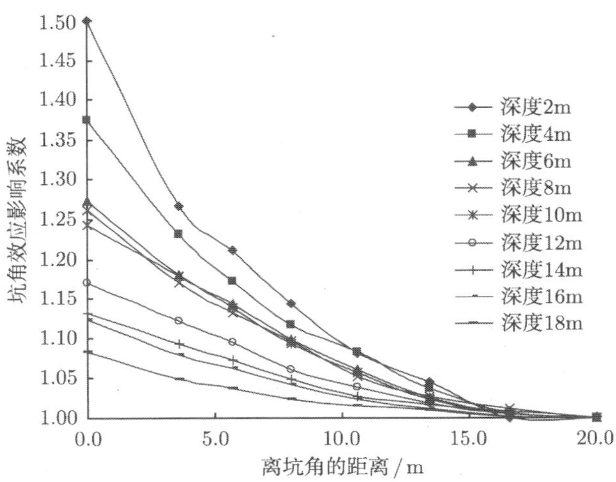

图 5-14　坑角效应影响系数沿 Y 方向的分布

6. 基坑长宽比对土压力坑角效应影响系数的影响

基坑长宽比也是影响坑角效应的因素, 本小节通过保持宽度 40m 不变, 改变长度, 来探讨基坑长宽比对土压力坑角效应影响系数的影响. 基坑具体尺寸如表 5-19 所示, 基坑开挖深度和其他参数与原始算例相同.

表 5-19　不同长宽比基坑的尺寸

长宽比	长/m	宽/m
1.5	60	40
2.0	80	40
2.5	100	40
3.0	120	40

为了说明长宽比对坑角效应影响系数的影响, 本节定义了一个拟临界长深比公式 (5-5):

$$L_{\max}=\frac{\text{坑角效应影响范围}}{\text{基坑开挖深度}} \tag{5-5}$$

对短边主动状态土压力坑角效应影响系数的影响：表 5-20~表 5-23 分别是长宽比为 1.5、2.0、2.5 和 3.0 的短边主动状态土压力坑角效应影响系数沿基坑深度 Z 向和基坑边 Y 向的分布情况, 和表 5-3 比较可知, 尺寸效应对短边坑角效应的影响并不明显, 影响范围在 14m 附近. 并且主、次要坑角效应影响范围基本和表 5-18 一致, 分别为 10m 和 10~14m, 所以对于具有类似基坑尺寸短边内力的设计时可以参考表 5-18 的主动状态土压力坑角效应影响系数.

对长边主动状态土压力坑角效应影响系数的影响：表 5-25~表 5-28 是长宽比分别为 1.5、2.0、2.5 和 3.0 的长边主动状态土压力坑角效应影响系数沿基坑深度 Z 向和基坑边 Y 向的分布情况, 和表 5-3 比较可知, 坑角效应影响范围随着长宽比的增大而增大, 当长宽比大于 2 时影响范围趋于稳定. 表 5-24 为不同长宽比长边上坑角效应影响范围, 图 5-15 是影响范围随长宽比的变化图.

表 5-20　短边主动状态土压力坑角效应影响系数 (XOZ 面)(尺寸 60m×40m)

深度/m	剖面位置/m							
	$Y=0$	$Y=3.6$	$Y=5.7$	$Y=8.0$	$Y=10.6$	$Y=13.4$	$Y=16.6$	$Y=20$
2	1.47	1.27	1.20	1.13	1.07	**1.07**	1.00	1.00
4	1.37	1.20	1.17	1.10	**1.07**	1.03	1.00	1.00
6	1.30	1.21	1.16	1.12	**1.07**	1.04	1.02	1.00
8	1.28	1.21	1.16	1.11	**1.07**	1.04	1.02	1.00
10	1.28	1.21	1.15	1.10	**1.06**	1.03	1.00	1.00
12	1.20	1.15	1.12	1.08	**1.05**	1.02	1.01	1.00
14	1.15	1.11	1.09	**1.06**	1.04	1.02	1.01	1.00
16	1.14	1.09	1.08	**1.05**	1.03	1.02	1.01	1.00
18	**1.08**	**1.05**	1.04	1.03	1.02	1.01	1.01	1.00

表 5-21 短边主动状态土压力坑角效应影响系数 (XOZ 面) (尺寸 80m×40m)

深度/m	剖面位置/m							
	$Y=0$	$Y=3.6$	$Y=5.7$	$Y=8.0$	$Y=10.6$	$Y=13.4$	$Y=16.6$	$Y=20$
2	1.47	1.27	1.20	1.13	1.07	**1.07**	1.00	1.00
4	1.37	1.20	1.17	1.10	1.07	**1.05**	1.00	1.00
6	1.30	1.21	1.16	1.12	1.07	**1.05**	1.02	1.00
8	1.30	1.21	1.16	1.11	**1.07**	1.04	1.02	1.00
10	1.28	1.21	1.15	1.10	**1.06**	1.03	1.00	1.00
12	1.20	1.15	1.12	1.08	**1.05**	1.02	1.01	1.00
14	1.15	1.11	1.09	**1.06**	1.04	1.02	1.01	1.00
16	1.14	1.10	1.08	**1.05**	1.03	1.02	1.00	1.00
18	**1.08**	**1.05**	1.04	1.02	1.01	1.01	1.00	1.00

表 5-22 短边主动状态土压力坑角效应影响系数 (XOZ 面) (尺寸 100m×40m)

深度/m	剖面位置/m							
	$Y=0$	$Y=3.6$	$Y=5.7$	$Y=8.0$	$Y=10.6$	$Y=13.4$	$Y=16.6$	$Y=20$
2	1.47	1.27	1.20	1.13	1.07	**1.07**	1.00	1.00
4	1.37	1.20	1.17	1.10	1.07	**1.05**	1.00	1.00
6	1.30	1.21	1.16	1.12	1.07	**1.05**	1.02	1.00
8	1.30	1.21	1.16	1.11	**1.07**	1.04	1.02	1.00
10	1.28	1.21	1.15	1.10	**1.06**	1.03	1.00	1.00
12	1.20	1.15	1.12	1.08	**1.05**	1.02	1.01	1.00
14	1.15	1.11	1.09	**1.06**	1.04	1.02	1.01	1.00
16	1.14	1.10	1.08	**1.05**	1.03	1.02	1.00	1.00
18	**1.08**	**1.05**	1.04	1.02	1.01	1.01	1.00	1.00

表 5-23 短边主动状态土压力坑角效应影响系数 (XOZ 面) (尺寸 120m×40m)

深度/m	剖面位置/m							
	$Y=0$	$Y=3.6$	$Y=5.7$	$Y=8.0$	$Y=10.6$	$Y=13.4$	$Y=16.6$	$Y=20$
2	1.47	1.27	1.20	1.13	1.07	**1.07**	1.00	1.00
4	1.37	1.23	1.17	1.13	**1.07**	1.03	1.00	1.00
6	1.27	1.18	1.14	1.09	**1.05**	1.02	1.00	1.00
8	1.28	1.19	1.14	1.10	**1.05**	1.02	1.00	1.00
10	1.28	1.21	1.16	1.10	**1.06**	1.03	1.00	1.00
12	1.20	1.15	1.12	1.08	**1.05**	1.02	1.01	1.00
14	1.15	1.11	1.08	**1.06**	1.04	1.02	1.01	1.00
16	1.13	1.09	1.07	**1.05**	1.03	1.01	1.00	1.00
18	**1.08**	**1.05**	1.04	1.02	1.01	1.01	1.00	1.00

表 5-24　不同长宽比下坑角效应影响范围

	1	1.5	2	2.5	3
开挖深度/m	10	10	10	10	10
影响范围/m	13.4	14.2	17.9	18.1	18.2

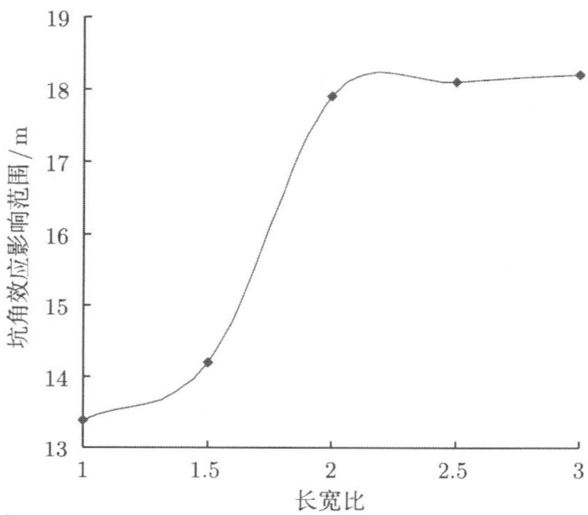

图 5-15　主动状态土压力坑角效应影响范围随长宽比变化图

从图中可以看出, 长宽比在 1~1.5 时, 主动土压力坑角效应影响范围增长比较缓慢, 1.5~2 时成线性增长, 当长宽比大于 2 时影响范围基本稳定在 18m 左右了, 相当于短边一半的长度, 但是这一结论是在开挖 10m 的情况下得到的. 所以对于开挖 10m 的基坑, 长宽比大于 2 的拟临界长深比为 1.8 左右, 而对于长宽比小于 2 的拟临界长深比为 1.4 左右. 由表 5-3、表 5-25~ 表 5-28 的数据和表 5-18 中的数据比较可以看出, 对于长边坑角效应影响范围内坑角效应影响系数变化不是很大, 主要

表 5-25　长边主动状态土压力坑角效应影响系数 (YOZ 面) (尺寸 60m×40m)

深度/m	剖面位置/m							
	$Y=0$	$Y=3.6$	$Y=5.7$	$Y=8.0$	$Y=10.6$	$Y=13.4$	$Y=16.6$	$Y=20$
2	1.57	1.27	1.13	1.12	**1.07**	1.00	1.00	1.00
4	1.46	1.32	1.21	1.14	**1.07**	1.04	1.00	1.00
6	1.43	1.34	1.25	1.18	**1.10**	1.04	1.03	1.00
8	1.42	1.33	1.23	1.17	**1.08**	1.04	1.02	1.00
10	1.40	1.30	1.20	1.15	**1.08**	1.04	1.03	1.00
12	1.28	1.23	1.15	1.11	**1.05**	1.04	1.03	1.00
14	1.19	1.15	1.10	**1.07**	1.03	1.02	1.01	1.00
16	1.16	1.12	1.08	**1.06**	1.03	1.02	1.01	1.00
18	**1.08**	1.04	1.03	1.01	1.00	1.00	1.00	1.00

表 5-26　长边主动状态土压力坑角效应影响系数 (YOZ 面) (尺寸 80m×40m)

深度/m	剖面位置/m							
	$Y=0$	$Y=3.6$	$Y=5.7$	$Y=8.0$	$Y=10.6$	$Y=13.4$	$Y=16.6$	$Y=20$
2	1.57	1.36	1.21	1.14	1.07	**1.07**	1.00	1.00
4	1.45	1.35	1.25	1.20	1.12	**1.06**	1.04	1.00
6	1.45	1.37	1.27	1.22	1.12	**1.05**	1.03	1.00
8	1.44	1.33	1.23	1.18	1.10	**1.05**	1.03	1.00
10	1.43	1.29	1.18	1.14	**1.07**	1.00	1.00	1.00
12	1.28	1.23	1.15	1.13	**1.06**	1.03	1.01	1.00
14	1.18	1.15	1.10	**1.07**	1.03	1.01	1.00	1.00
16	1.15	1.11	1.07	**1.05**	1.02	1.00	1.00	1.00
18	**1.08**	1.04	1.03	1.01	1.00	1.00	1.00	1.00

表 5-27　长边主动状态土压力坑角效应影响系数 (YOZ 面) (尺寸 100m×40m)

深度/m	剖面位置/m							
	$Y=0$	$Y=3.6$	$Y=5.7$	$Y=8.0$	$Y=10.6$	$Y=13.4$	$Y=16.6$	$Y=20$
2	1.57	1.36	1.21	1.14	1.07	**1.07**	1.00	1.00
4	1.48	1.33	1.22	1.19	1.11	**1.05**	1.04	1.00
6	1.44	1.33	1.23	1.18	1.10	**1.05**	1.03	1.00
8	1.45	1.35	1.25	1.20	1.12	**1.06**	1.04	1.00
10	1.45	1.37	1.27	1.22	1.12	**1.07**	1.03	1.00
12	1.29	1.24	1.18	1.14	**1.08**	1.04	1.03	1.00
14	1.20	1.16	1.11	1.09	**1.05**	1.02	1.01	1.00
16	1.15	1.11	1.08	**1.05**	1.02	1.00	1.00	1.00
18	**1.07**	1.04	1.03	1.01	1.00	1.00	1.00	1.00

表 5-28　长边主动状态土压力坑角效应影响系数 (YOZ 面)(尺寸 120m×40m)

深度/m	剖面位置/m							
	$Y=0$	$Y=3.6$	$Y=5.7$	$Y=8.0$	$Y=10.6$	$Y=13.4$	$Y=16.6$	$Y=20$
2	1.57	1.36	1.21	1.14	1.07	**1.07**	1.00	1.00
4	1.52	1.37	1.26	1.19	1.11	**1.06**	1.04	1.00
6	1.47	1.37	1.26	1.21	1.13	**1.08**	1.04	1.00
8	1.45	1.35	1.25	1.22	1.12	**1.06**	1.04	1.00
10	1.45	1.38	1.27	1.22	1.13	**1.07**	1.04	1.00
12	1.29	1.24	1.18	1.14	**1.08**	1.04	1.03	1.00
14	1.20	1.16	1.11	1.09	**1.05**	1.02	1.01	1.00
16	1.16	1.12	1.09	**1.06**	1.03	1.01	1.01	1.00
18	**1.07**	1.04	1.03	1.01	1.00	1.00	1.00	1.00

坑角效应影响范围在 10m 左右, 次要坑角效应影响范围在 10~18m. 对于长边主要坑角效应影响范围内的坑角效应影响系数可以参考表 5-28 的数据. 而次要影响范围内和临界影响范围 18m 之间的主动状态土压力坑角效应影响系数可以取表 5-28 中 $Y=10.6$ 的值. 非影响范围内主动状态土压力坑角效应影响系数取 1.

5.3.3 小结

本节采用有限元方法分析了悬臂式基坑坑角效应, 对主动状态土压力坑角效应及其影响因素进行了重点讨论. 为了更好地说明坑角效应对主动状态土压力及其影响范围的影响, 这里分别定义了坑角效应影响系数和拟临界长深比. 通过本节分析可以得出以下结论:

(1) 支护结构刚度、坑底土质和基坑土质对基坑坑角效应都有影响, 但是, 随着刚度或土质的变好, 主动状态土压力坑角效应影响系数逐渐减小, 土的强度超过一定的限度后, 对主动状态土压力坑角效应影响系数减小的作用就不是很明显了.

(2) 地面超载对坑角效应影响较显著, 因此, 工程中要尽量减少地面超载现象.

(3) 基坑长宽比对于坑角效应有影响, 影响范围随着长宽比的增加而增加, 当长宽比大于一定数值时, 影响范围不会再增加.

(4) 利用主动状态土压力坑角效应影响范围可以为支撑位置的确定以及分区开挖的范围提供一定的依据.

参考文献

[1] 殷德顺. 基坑支护结构侧向土压力的研究 [D]. 南京: 河海大学, 2005.

[2] 殷德顺, 王保田, 张文慧. 不同方向卸载对基坑支护位移内力的影响 [J]. 岩土力学, 2008, 29(6): 1701-1705.

[3] 高大钊. 软土深基坑支护技术中的若干土力学问题 [J]. 岩土力学, 1995, 16(3): 1-5.

[4] Caspe M S. Surface settlement adjacent to braced open cuts[J]. Journal of the Soil Mechanics and Foundation, 1966, 92(SM4): 51-59.

[5] 刘兴旺, 益德清, 施祖元. 基坑开挖地表沉陷理论分析 [J]. 土木工程学报, 2000, 33(4): 51-55.

[6] 施建勇, 雷国辉, 艾英钵, 等. 土压力变化规律的应力路径三轴试验研究 [J]. 岩土力学, 2005, 26(11): 1700-1704.

[7] 张文慧. 基坑工程中应力路径对侧向变形的影响及土压力与侧向位移关系的研究 [D]. 南京: 河海大学, 2003.

[8] 叶文武. 深基坑坑角效应数值模拟 [D]. 南京: 河海大学, 2007.

[9] 俞建霖. 软土地基深基坑工程数值分析研究 [D]. 杭州: 浙江大学, 1997.

[10] 陈页开, 徐日庆, 任超. 基坑开挖的空间效应分析 [J]. 建筑结构, 2001, 31(10): 42-44.

[11] 甑志禄. 悬臂式排桩挡土空间效应研究 [D]. 天津: 天津大学, 2004.

[12] 杨雪强, 刘祖德, 何世秀. 论深基坑支护的空间效应 [J]. 岩土工程学报, 1998, 20(2): 74-78.

[13] 俞建霖, 龚晓南. 深基坑工程的空间形状分析 [J]. 岩土工程学报, 1999, 21(1): 21-25.

[14] 黄强. 护坡桩空间受力简化计算方法 [J]. 建筑结构, 1989, 16(6): 43-45.

第6章　基坑工程施工期土压力与变形安全监测实例

6.1　概　　述

当前, 我国正处于城市化的快速发展过程中, 高层建筑和地下工程得到了迅猛发展. 由于受土地稀缺性的影响, 城市中建筑的密集程度越来越大, 开挖基坑对周边环境的影响增大, 基坑工程的重要性逐渐被人们所认识. 目前基坑工程设计、施工技术水平也随着工程经验的积累在不断提高, 但是在基坑工程实践中, 我们发现工程的实际工作状态与设计工况往往存在一定的差异, 设计值还不能全面而准确地反映工程的各种变化, 所以在理论分析指导下有计划地进行现场工程监测就显得十分必要.

造成设计值与实际工作状态差异的主要原因是:

(1) 地质勘察所获得的数据还很难代表岩土层的全面情况;

(2) 基坑工程设计理论和依据还是不够完善;

(3) 基坑工程施工过程中, 支护结构的受力经常发生动态变化, 诸如地面堆载突变、超挖、雨水等偶然因素的发生, 使得结构荷载作用时间和影响范围难以预料, 出现施工工况与设计工况不一致的情况.

基于上述情况, 我们认为, 基坑工程的设计计算虽能大致描述正常施工条件下支护结构以及相邻周边环境的变形规律和受力范围, 但必须在基坑工程期间开展系统的现场监测, 才能保证基坑及周边环境的安全, 保证工程建设的顺利进行. 归纳起来, 开展基坑工程监测应达到如下目的:

(1) 将监测数据与预测值相比较以判断前一步施工工艺和施工参数是否符合预期要求, 以确定和优化下一步的施工参数, 做好信息化施工;

(2) 为基坑周边环境中的建筑、各种设施的保护提供依据;

(3) 将现场测量结果用于信息化反馈优化设计, 使设计达到优质安全、经济合理、施工快捷的目的;

(4) 将现场监测的结果与理论预测值相比较, 用反分析法导出更接近实际的理论公式或参数, 用以指导其他工程.

6.2 监测范围

基坑工程的现场监测采用仪器监测和巡视检查相结合的方法, 现场监测的对象包括以下七个方面: ①支护结构; ②地下水状况; ③基坑底部及周边土体; ④周边建筑; ⑤周边管线及设施; ⑥周边重要的道路; ⑦其他应监测的对象.

在实际基坑工程施工过程中, 选择监测项目应考虑到工程实际和环境需要, 同时要与基坑工程设计、施工方案相匹配. 应针对监测对象的关键部位, 做到重点观测、项目配套并形成有效的、完整的监测系统.

基坑工程安全监测仪器应根据表 6-1 建议的监测项目进行选择.

表 6-1　建筑基坑工程仪器监测项目表

监测项目		基坑类别		
		一级	二级	三级
围护墙 (边坡) 顶部水平位移		应测	应测	应测
围护墙 (边坡) 顶部竖向位移		应测	应测	应测
深层水平位移		应测	应测	宜测
立柱竖向位移		应测	宜测	宜测
围护墙内力		宜测	可测	可测
支撑内力		应测	宜测	可测
立柱内力		可测	可测	可测
锚杆内力		应测	宜测	可测
土钉内力		宜测	可测	可测
坑底隆起 (回弹)		宜测	可测	可测
围护墙侧向土压力		宜测	可测	可测
孔隙水压力		宜测	可测	可测
地下水位		应测	应测	应测
土体分层竖向位移		宜测	可测	可测
周边地表竖向位移		应测	应测	宜测
周边建筑	竖向位移	应测	应测	应测
	倾斜	应测	宜测	可测
	水平位移	应测	宜测	可测
周边建筑、地表裂缝		应测	应测	应测
周边管线变形		应测	应测	应测

注: 基坑类别的划分按照现行国家标准《建筑地基基础工程施工质量验收规范》(GB 50202—2002) 执行.

基坑工程施工期安全监测分仪器监测和巡视检查, 仪器监测可以取得定量的数据, 进行定量分析; 以目测为主的巡视检查更加及时, 可以起到定性、补充的作用, 从而避免片面地分析和处理问题. 基坑工程巡视检查包括以下内容:

(1) 支护结构：包括察看支护结构成型质量；冠梁、围檩、支撑有无裂缝出现；支撑、立柱有无较大变形；止水帷幕有无开裂、渗漏；墙后土体有无裂缝、沉陷及滑移；基坑有无涌土、流沙、管涌等.

(2) 施工工况：检验开挖后暴露的土质情况与岩土勘察报告有无差异；基坑开挖分段长度、分层厚度及支锚设置是否与设计要求一致；场地地表水、地下水排放状况是否正常，基坑降水、回灌设施是否运转正常；基坑周边地面有无超载等.

(3) 周边环境：检查周边管道有无破损、泄漏情况；周边建筑有无新增裂缝出现；周边道路 (地面) 有无裂缝、沉陷；邻近基坑及建筑的施工变化情况等.

(4) 监测设施：基准点、监测点完好状况；监测元件的完好及保护情况；有无影响观测工作的障碍物等.

(5) 根据设计要求或当地经验确定的其他巡视检查内容.

6.3 测点布置

基坑工程安全监测的测点布置应尽可能地反映监测对象的实际受力和变形状态，以保证对监测对象的状况做出准确的判断. 在监测对象内力和变形变化大的代表性部位及周边环境重点监护部位，监测点应适当加密，以便更加准确地反映监测对象的受力和变形特征.

6.3.1 支护结构上的测点布置

(1) 围护墙或基坑边坡顶部的水平和竖向位移监测点应沿基坑周边布置，周边中部、阳角处应布置监测点. 监测点水平间距不宜大于 20m，每边监测点数目不宜少于 3 个. 水平和竖向位移监测点宜为共用点，监测点宜设置在围护墙顶或基坑坡顶上.

(2) 围护墙或土体深层水平位移监测点宜布置在基坑周边的中部、阳角处及有代表性的部位. 监测点水平间距宜为 20~50m，每边监测点数目不应少于 1 个.

用测斜仪观测深层水平位移时，当测斜管埋设在围护墙体内，测斜管长度不宜小于围护墙的深度；当测斜管埋设在土体中，测斜管长度不宜小于基坑开挖深度的 1.5 倍，并应大于围护墙的深度. 以测斜管底为固定起算点时，管底应嵌入到稳定的土体中.

(3) 围护墙内力监测点应布置在受力、变形较大且有代表性的部位. 监测点数量和水平间距视具体情况而定. 竖直方向监测点应布置在弯矩极值处，竖向间距宜为 2~4m.

(4) 支撑内力监测点的布置应符合下列要求：①监测点宜设置在支撑内力较大或在整个支撑系统中起控制作用的杆件上. ②每层支撑的内力监测点不应少于 3

个, 各层支撑的监测点位置在竖向上宜保持一致. ③钢支撑的监测截面宜选择在两支点间 1/3 部位或支撑的端头; 混凝土支撑的监测截面宜选择在两支点间 1/3 部位, 并避开节点位置. ④每个监测点截面内传感器的设置数量及布置应满足不同传感器测试要求.

(5) 立柱的竖向位移监测点宜布置在基坑中部、多根支撑交汇处、地质条件复杂处的立柱上. 监测点不应少于立柱总根数的 5%, 逆作法施工的基坑不应少于 10%, 且不应少于 3 根. 立柱的内力监测点宜布置在受力较大的立柱上, 位置宜设在坑底以上各层立柱下部的 1/3 部位.

(6) 锚杆的内力监测点应选择在受力较大且有代表性的位置, 基坑每边中部、阳角处和地质条件复杂的区段宜布置监测点. 每层锚杆的内力监测点数量应为该层锚杆总数的 1%~3%, 并不应少于 3 根. 各层监测点位置在竖向上宜保持一致. 每根杆体上的测试点宜设置在锚头附近和受力有代表性的位置.

(7) 土钉的内力监测点应选择在受力较大且有代表性的位置, 基坑每边中部、阳角处和地质条件复杂的区段宜布置监测点. 监测点数量和间距应视具体情况而定, 各层监测点位置在竖向上宜保持一致. 每根土钉杆体上的测试点应设置在有代表性的受力位置.

(8) 坑底隆起 (回弹) 监测点的布置应符合下列要求: ①监测点宜按纵向或横向剖面布置, 剖面宜选择在基坑的中央以及其他能反映变形特征的位置, 剖面数量不应少于 2 个. ②同一剖面上监测点横向间距宜为 10~30m, 数量不应少于 3 个.

(9) 围护墙侧向土压力监测点的布置应符合下列要求: ①监测点应布置在受力、土质条件变化较大或其他有代表性的部位. ②平面布置上基坑每边不宜少于 2 个监测点. 竖向布置上监测点间距宜为 2~5m, 下部宜加密. ③当按土层分布情况布设时, 每层应至少布设 1 个测点, 且宜布置在各层土的中部.

(10) 孔隙水压力监测点宜布置在基坑受力、变形较大或有代表性的部位. 竖向布置上监测点宜在水压力变化影响深度范围内按土层分布情况布设, 竖向间距宜为 2~5m, 数量不宜少于 3 个.

(11) 地下水位监测点的布置应符合下列要求: ①基坑内地下水位当采用深井降水时, 水位监测点宜布置在基坑中央和两相邻降水井的中间部位; 当采用轻型井点、喷射井点降水时, 水位监测点宜布置在基坑中央和周边拐角处, 监测点数量应视具体情况确定. ②基坑外地下水位监测点应沿基坑、被保护对象的周边或在基坑与被保护对象之间布置, 监测点间距宜为 20~50m. 相邻建筑、重要的管线或管线密集处应布置水位监测点; 当有止水帷幕时, 宜布置在止水帷幕的外侧约 2m 处. ③水位观测管的管底埋置深度应在最低设计水位或最低允许地下水位之下 3~5m. 承压水水位监测管的滤管应埋置在所测的承压含水层中. ④回灌井点观测井应设置在回灌井点与被保护对象之间.

另外随着一些面积超大型基坑和巨型带状地下交通工程的出现，根据工程位置和土层性质的差异，相应位置处的支护结构和防渗帷幕的形式往往会不同，因此在对此类基坑进行安全监控测点设置时必须要考虑支护结构和防渗帷幕的形式差异可能会产生的影响.

6.3.2 基坑周边环境

根据《建筑基坑工程监测技术规范》(GB 50497—2009)，从基坑边缘以外 1~3 倍基坑开挖深度范围内需要保护的周边环境应作为监测对象. 必要时应扩大监测范围.

(1) 建筑竖向位移监测点的布置应符合下列要求：①建筑四角、沿外墙每 10~15m 处或每隔 2~3 根柱基上，且每侧不少于 3 个监测点. ②不同地基或基础的分界处. ③不同结构的分界处. ④变形缝、抗震缝或严重开裂处的两侧. ⑤新、旧建筑或高、低建筑交接处的两侧. ⑥高耸构筑物基础轴线的对称部位，每一构筑物不应少于 4 点.

(2) 建筑水平位移监测点应布置在建筑的外墙墙角、外墙中间部位的墙上或柱上、裂缝两侧以及其他有代表性的部位，监测点间距视具体情况而定，每侧墙体的监测点不宜少于 3 点.

(3) 建筑倾斜监测点的布置应符合下列要求：①监测点宜布置在建筑角点、变形缝两侧的承重柱或墙上. ②监测点应沿主体顶部、底部上下对应布设，上、下监测点应布置在同一竖直线上.

(4) 建筑裂缝、地表裂缝监测点应选择有代表性的裂缝进行布置，当原有裂缝增大或出现新裂缝时，应及时增设监测点. 对需要观测的裂缝，每条裂缝的监测点至少应设 2 个，且宜设置在裂缝的最宽处及裂缝末端.

(5) 管线监测点的布置应符合下列要求：①应根据管线与基坑相对位置、类型、材料、尺寸及现状等情况，确定监测点设置. ②监测点宜布置在管线的结点、转角点和变形曲率较大的部位，监测点平面间距宜为 15~25m，并宜延伸至基坑边缘以外 1~3 倍基坑开挖深度范围内的管线. ③供水、煤气、暖气等压力管线宜设置直接监测点，在无法埋设直接监测点的部位，可设置间接监测点.

(6) 基坑周边地表竖向位移监测点宜按监测剖面设在坑边中部或其他有代表性的部位. 监测剖面应与坑边垂直，数量视具体情况确定. 每个监测剖面上的监测点数量不宜少于 5 个.

(7) 土体分层竖向位移监测孔应布置在靠近被保护对象且有代表性的部位，数量应视具体情况确定. 在竖向布置上，测点宜设置在各层土的界面上，也可等间距设置. 测点深度、测点数量应视具体情况确定.

在进行基坑周边环境变形监控时，除要考虑以上因素以外，还应该特别注意调查基坑周边建筑物和管线附近的地基中是否存在暗浜等不良地质因素, 若存在则需要在该处加密布点; 另外若基坑周边有在建工程, 尤其是相邻建筑也在进行基坑开挖或者降水施工时, 还需要调查该工程基坑围护结构采用的设计形式、施工组织设计和进度计划安排等内容, 以评估邻近建筑工程施工对本工程安全的影响.

6.4　监测项目的报警值

在工程监测中, 每一测试项目都应根据实际情况的客观环境和基坑工程设计计算书、地下结构设计计算书, 事先确定相应的警戒值, 以判断位移或受力状况是否会超过允许的范围, 判断工程施工是否安全可靠, 是否需要调整施工工序或优化原设计方案. 因此, 测试项目的报警值的确定至关重要. 一般情况下, 每个报警值应由监测项目的累计变化量和变化速率共同控制.

6.4.1　报警值确定的原则

(1) 满足设计计算的要求, 不可超出设计值;

(2) 满足测试对象的安全要求, 达到保护目的;

(3) 对于相同的保护对象, 应针对不同的环境和不同的施工因素而确定;

(4) 满足各保护对象的主管部门提出的要求;

(5) 满足现行的相关规范、规程的要求;

(6) 在保证安全的前提下, 综合考虑工程质量和经济等因素, 减少不必要的资金投入.

6.4.2　报警值的确定

1) 基坑及支护结构监测报警值

基坑及支护结构监测报警值应根据土质特征、设计结果及当地经验等因素确定; 当无当地经验时, 可根据土质特征、设计结果以及表 6-2 确定.

2) 基坑周边环境监测报警值

基坑周边环境监测报警值应根据主管部门的要求确定, 如主管部门无具体规定, 可按表 6-3 采用.

6.4.3　报警适用情形

(1) 监测数据达到监测报警值的累计值.

(2) 基坑支护结构或周边土体的位移值突然明显增大或基坑出现流沙、管涌、隆起、陷落甚至较严重的渗漏等.

表 6-2　基坑及支护结构监测报警值

序号	监测项目	支护结构类型	基坑类别								
			一级			二级			三级		
			累计值		变化速率/(mm/d)	累计值		变化速率/(mm/d)	累计值		变化速率/(mm/d)
			绝对值/mm	相对基坑深度(h)控制值		绝对值/mm	相对基坑深度(h)控制值		绝对值/mm	相对基坑深度(h)控制值	
1	墙（坡）顶水平位移	放坡、土钉墙、喷锚支护、水泥土墙	30～35	0.3%～0.4%	5～10	50～60	0.6%～0.8%	10～15	70～80	0.8%～1.0%	15～20
		钢板桩、灌注桩、型钢水泥土墙、地下连续墙	25～30	0.2%～0.3%	2～3	40～50	0.5%～0.7%	4～6	60～70	0.6%～0.8%	8～10
2	墙（坡）顶竖向位移	放坡、土钉墙、喷锚支护、水泥土墙	20～40	0.3%～0.4%	3～5	50～60	0.6%～0.8%	5～8	70～80	0.8%～1.0%	8～10
		钢板桩、灌注桩、型钢水泥土墙、地下连续墙	10～20	0.1%～0.2%	2～3	25～30	0.3%～0.5%	3～4	35～40	0.5%～0.6%	4～5
3	深层水平位移	水泥土墙	30～35	0.3%～0.4%	5～10	50～60	0.6%～0.8%	10～15	70～80	0.8%～1.0%	15～20
		钢板桩	50～60	0.6%～0.7%	2～3	80～85	0.7%～0.8%	4～6	90～100	0.9%～1.0%	8～10
		型钢水泥土墙	50～55	0.5%～0.6%		75～80	0.7%～0.8%		80～90	0.9%～1.0%	
		灌注桩	45～50	0.4%～0.5%		70～75	0.6%～0.7%		70～80	0.8%～0.9%	
		地下连续墙	40～50	0.4%～0.5%		70～75	0.7%～0.8%		80～90	0.9%～1.0%	
4	立柱竖向位移		25～35		2～3	35～45		4～6	55～65		8～10
5	基坑周边地表竖向位移		25～35		2～3	50～60		4～6	60～80		8～10
6	坑底回弹		25～35		2～3	50～60		4～6	60～80		8～10
7	土压力		$(60\%\sim70\%)f_1$			$(70\%\sim80\%)f_1$			$(70\%\sim80\%)f_1$		
8	孔隙水压力										
9	支撑内力		$(60\%\sim70\%)f_2$			$(70\%\sim80\%)f_2$			$(70\%\sim80\%)f_2$		
10	围护墙内力										
11	立柱内力										
12	锚杆内力										

注：①h 为基坑设计开挖深度；f_1 为荷载设计值；f_2 为构件承载能力设计值；②累计值取绝对值和相对基坑深度（h）控制值两者的小值；③当监测项目的变化速率达到表中规定值或连续 3 天超过报警值的 70%，应报警；④嵌岩的灌注桩或地下连续墙位移报警值宜按表中数值的 50%取用.

表 6-3　建筑基坑工程周边环境监测报警值

序号	监测对象			项目		备注
				累计值/mm	变化速率/(mm/d)	
1	地下水位变化			1000	500	—
2	管线位移	刚性管道	压力	10~30	1~3	直接观察点数据
			非压力	10~40	3~5	
		柔性管线		10~40	3~5	—
3	邻近建筑位移			10~60	1~3	—
4	裂缝宽度	建筑		1.5~3	持续发展	—
		地表		10~15	持续发展	—

注：建筑整体倾斜度累计值达到 2/1000 或倾斜速度连续 3d 大于 $0.0001H$/d (H 为建筑承重结构高度) 时应报警.

(3) 基坑支护结构的支撑或锚杆体系出现过大变形、压屈、断裂、松弛或拔出的迹象.

(4) 周边建筑的结构部分、周边地面出现较严重的突发裂缝或危害结构的变形裂缝.

(5) 周边管线变形突然明显增长或出现裂缝、泄漏等.

(6) 根据当地工程经验判断出现其他必须进行危险报警的情况.

6.5　基坑安全监测测点布设方案设计工程实例

6.5.1　工程背景

1) 工程概况

本工程位于某已建建筑物东侧 (本工程建好后与该建筑物直接相连), 东邻某大厦裙楼, 南靠城市主干道, 北侧分布密集的居民小区. 基地周边道路下均分布有市政管线. 主体建筑由 14~22 层商办公寓综合楼、4 层文化中心和 2 层纯地下车库组成. 主体结构设置 2 层地下室, 基坑面积约为 4300m^2, 基坑总延长米约为 322m. 基坑普遍区域考虑周边承台厚 2100mm 及 100mm 厚垫层, 开挖深度约为 10.35 m; 三层机械车库区域考虑周边承台厚 1900mm 及 100mm 厚垫层, 开挖深度约为 12.15m.

2) 场地工程地质

根据岩土工程勘察报告, 拟建场地地势较平整, 地面黄海标高约为 3.7m. 勘察报告揭示场地外西侧为暗河塘区, 有淤泥质土分布, 地质分区相邻处暗河塘自然埋深 4~7 m, 该土层具有含水量高、孔隙比大、强度低、压缩性高等不良工程特性, 基坑设计和施工时应予注意. 各层特征如下：①填土; ②粉质黏土; ③黏土; ④粉质黏土; ⑤粉土; ⑥粉砂; ⑦黏土; ⑧粉质黏土; ⑨黏土; ⑩粉质黏土.

3) 场地水文地质

场地地下水主要为上层滞水和承压水. 上层滞水含于层填土中, 主要由大气降水或场地内废弃管道渗水补给, 以蒸发、渗流等方式排泄, 水位随晴雨天气变化, 勘察期间雨天测得上层滞水水位一般为地面下 0.7m.

埋藏于层粉土、层粉砂的承压水属常州地区第 I 承压水, 与长江水、运河水呈补、迳、排关系. 第 I 承压水对本工程基坑有较大影响, 勘察期间进行了现场完整井非稳定流抽水试验, 根据抽水试验报告, 该承压水水位 (水头) 相当于黄海标高 1.41m, 渗透系数 K=1.6m/d. 该层承压水近几年最高水位约为黄海标高 2.0m, 最低水位约为黄海标高 −1.0m, 平均水位约为黄海标高 1.0m.

承压含水层分布稳定, 顶板平均黄海标高 −3.0 m, 底板平均黄海标高 −33.4 m, 平均层厚 30.4 m. 本工程基坑已挖至承压含水层, 且三轴水泥土搅拌桩并未隔断承压水, 故该含水层直接影响基坑坑底稳定.

4) 基坑围护方案

支护体采用钻孔灌注桩结合三轴水泥土搅拌桩止水帷幕. 本工程采用的钻孔灌注桩类型有 4 种, 分别是 Φ850@1050 钻孔灌注桩, 有效长度 19.55m; Φ850@1050 钻孔灌注桩, 有效长度 16.65m; Φ700@900 钻孔灌注桩, 有效长度 19.55m; Φ700@900 钻孔灌注桩, 有效长度 16.65m; 钻孔桩混凝土设计强度等级 C30(水下提高一级). 为增强止水帷幕的止水效果, 基坑南侧及西侧保护建筑侧围护桩与三轴水泥土搅拌桩之间进行压密注浆加固, 压密注浆的深度同围护桩, 注浆间距 1m.

6.5.2　基坑监测方案

1) 监测目的

基坑监测方案依据基坑围护结构设计方案和基坑支护设计方案及相关规范要求设计. 其目的是在施工过程中随时监测围护结构、周围建筑物、构筑物以及地下管线的变形、应力、水位和预报施工中出现的异常情况, 并正确指导施工, 为安全施工提供准确有效的资料, 实现信息化施工.

2) 监测项目

根据本工程顺作法施工的特点、周边环境特点及设计的常规要求, 监测主要包含以下几项 (测点布置图详见图 6-1～图 6-3):

(1) 围护桩 (地下连续墙) 顶水平位移及沉降监测: 测点 22 个, 编号为 ZW1～ZW22.

(2) 围护桩 (地下连续墙) 身深层水平位移监测: 测点 14 个, 编号为 ZX1～ZX14.

(3) 围护桩 (地下连续墙) 钢筋应力监测: 桩数 7 根, 测点编号为 GY1～GY7.

(4) 对应围护桩 (地下连续墙) 测斜点外侧的土体测斜监测: 测点 14 个, 编号 TX1～TX14.

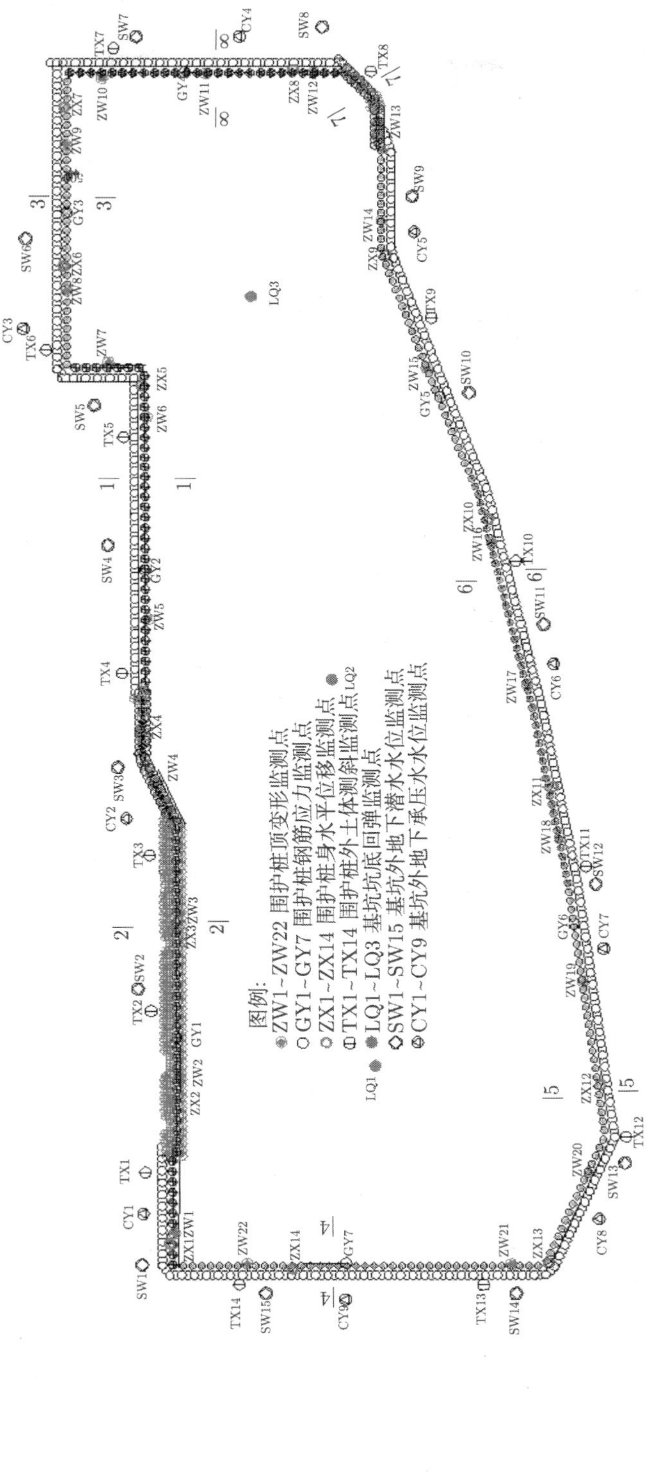

图6-1　基坑监测测点布置图

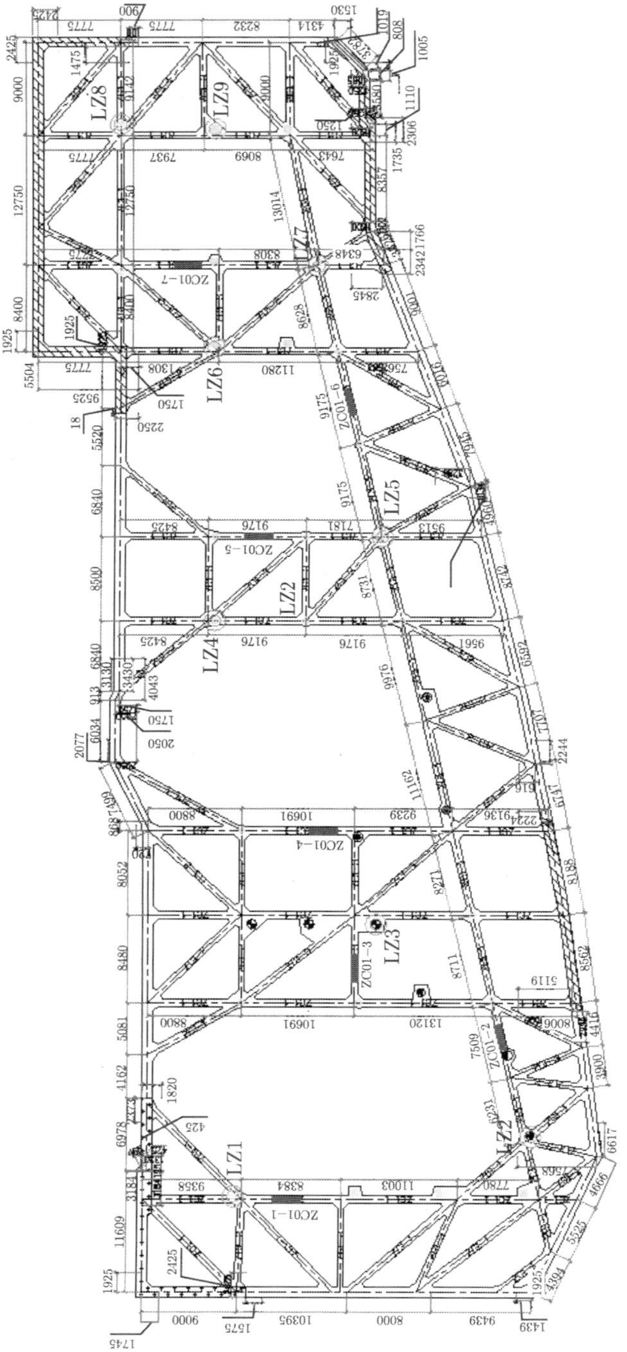

图6-2 第一道支撑轴力测点布置图

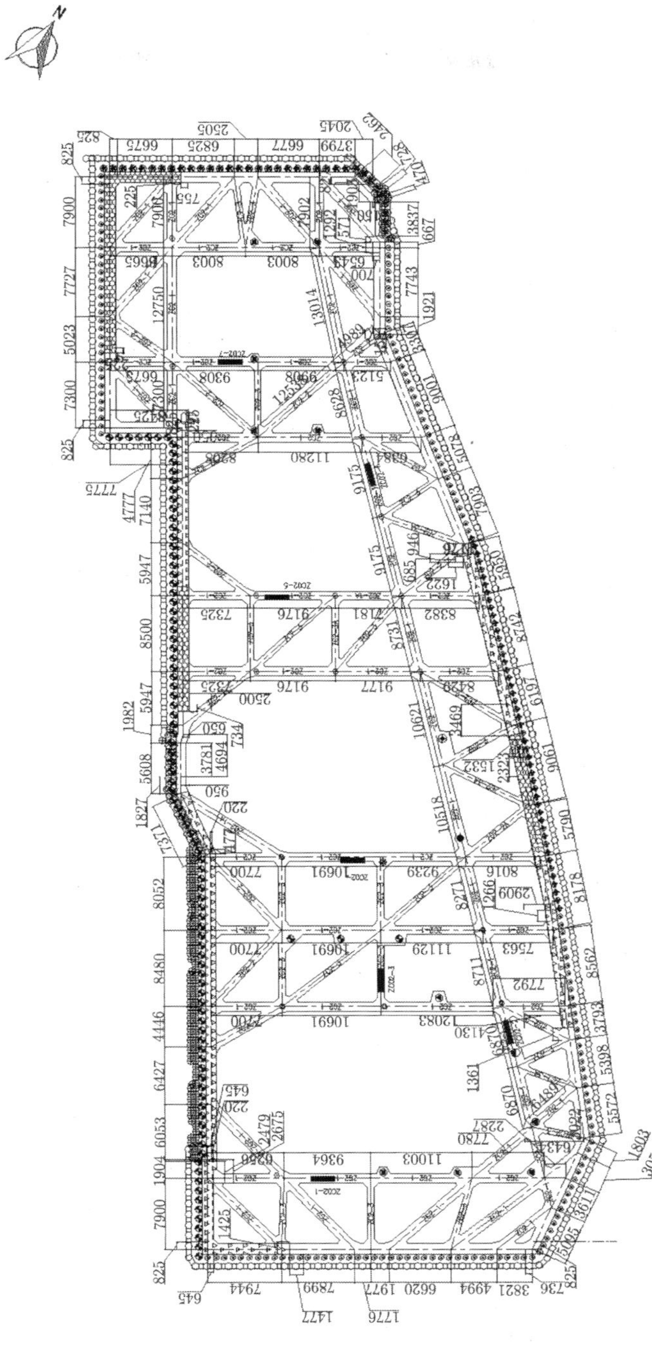

图6-3　第二道支撑轴力测点布置图

(5) 支撑轴力监测：根据设计计算的最大轴力断面布置轴力监测点, 每组轴力计由 2 支钢筋应力计组成, 安装在支撑断面钢筋 2 侧, 每侧中间各放一支. 第一、二道支撑轴力监测点上下两层对应布设, 每道支撑布置 7 个支撑轴力监测点, 两道支撑共布置支撑轴力监测点 14 个, 测点编号为 ZC1-1~ZC1-7 和 ZC2-1~ZC2-7. 共计 28 支钢筋应力计.

(6) 坑底回弹监测：测点 3 个, 编号为 LQ1~LQ3.

(7) 基坑外地下潜水水位监测：测点 15 个, 编号 SW1~SW15.

(8) 基坑外地下承压水水位监测：测点 9 个, 编号 CY1~CY9.

(9) 立柱的垂直、水平位移监测：测点 9 个, 测点编号为 LZ1~LZ9.

(10) 现场巡视目测, 主要观察围护结构裂缝及渗漏水情况.

具体监测项目详见表 6-4.

表 6-4　监测项目汇总表

监测项目	测点数量	观测仪器
围护桩顶水平位移及沉降监测	22 点	水准仪、全站仪
围护桩身深层水平位移监测	14 点	测斜仪
围护桩钢筋应力监测	7 根	振弦式频率计
对应围护桩测斜点外侧的土体测斜监测	14 点	测斜仪
支撑轴力监测	14 点	振弦式频率计
坑底回弹监测	3 点	钢尺沉降仪
基坑外地下潜水水位监测	15 点	尺式水位计
基坑外地下承压水水位监测	9 点	振弦式频率计
立柱的垂直、水平位移监测	9 点	水准仪、全站仪

3) 报警值汇总表

监测项目报警值汇总表见表 6-5.

表 6-5　监测项目报警值汇总表

监测项目	速率/(mm/d)	累计值/mm
围护桩 (地下连续墙) 顶位移	±3	±30
围护桩 (地下连续墙) 身位移	±3	±40
	±2(已建建筑物侧)	±30(已建建筑物侧)
土体位移	±3	±40
	±2(已建建筑物侧)	±30(已建建筑物侧)
地面沉降	±3	±30
立柱–立柱、立柱–围护桩 (地下连续墙) 之间的差异沉降		±15
立柱沉降		±30
支撑轴力		⩾ 设计值 80%
坑外地下水位、承压水水位	±500	±1000

4) 监测工况及相应频次

(1) 基坑安全监测时间为：从围护桩施工开始, 到 ±0.000m 结构顶板施工结束.

(2) 监测频率：施工期和工后监测频率不同, 施工期监测频率建议值见表 6-6. 工后随着时间延长, 频率不断减小, 一般由 3 天、7 天到一个月.

表 6-6　监测频率明细表

项目阶段	测斜	坑外水位	压顶梁位移	管线监测	建筑物监测
围护施工	安装	安装		1 次/1 周	1 次/1 周
井点降水		1 次/1 天		1 次/1 天	1 次/1 天
挖土	1 次/1 天	1 次/1 天	1 次/1 天	1 次/1 天	1 次/1 天
底板施工	1 次/2 天	1 次/2 天	1 次/2 天	1 次/2 天	1 次/2 天
地下室施工	1 次/3 天	1 次/3 天	1 次/3 天	1 次/3 天	1 次/3 天
支撑拆除	1 次/1 天	1 次/1 天	1 次/1 天	1 次/1 天	1 次/1 天

以上监测为原则性意见, 现场监测时根据施工工况和监测数据变化速率调整监测频率, 确保基坑和工程结构的施工安全.

6.5.3　监测数据分析

1) 围护桩顶水平位移及沉降监测

基坑共设置 22 个桩顶水平位移观测点, 具体布置点位见图 6-1. 桩顶水平位移变化速率报警值是 ±3mm/d, 累计变化报警值是 ±30mm, 到主体结构施工完成, 桩顶水平位移最大值为 11.77mm, 发生点位为 ZW1. 桩顶沉降变化速率报警值是 ±3mm/d, 累计变化报警值是 ±30mm, 到地下室主体结构施工完成, 桩顶沉降最大值为 14.95mm, 发生点位为 ZW12.

由上述监测数据可知：在基坑施工过程中, 围护桩顶水平位移和沉降监测值均未达到报警值.

2) 围护桩身深层水平位移监测

基坑方案共设置 14 个土体深层水平位移监测点, 围护桩深层水平位移监测点具体位置见图 6-1. 围护桩深层水平位移的变化速率报警值为 5mm/d, 围护桩深层水平位移报警值为 45mm. 基坑开挖施工过程中围护桩深层水平位移速率最大值为 4.2mm/d, 发生点位 ZX11(距桩顶 8.0m 深度处), 到地下室主体结构施工完成, 桩顶位移最大值为 36.24mm, 发生点位为 ZX11.

由上述监测数据可知：在基坑施工过程中, 围护桩身深层水平位移监测值均未达到报警值.

3) 坑外土体深层水平位移监测

基坑方案共设置 14 根土体深层水平位移监测点, 土体深层水平位移监测点具体位置见图 6-1. 土体深层水平位移的变化速率报警值为 5mm/d, 土体深层水平位移报警值为 45mm. 基坑开挖施工过程中坑外土体深层水平位移速率最大值为 4.1mm/d, 发生点位 TX11(距管顶 7.5m 深度处)；到地下室主体结构施工完成, 土体深层水平位移累计最大值为 32.37mm, 发生点位为 TX10.

由上述监测数据可知: 在基坑施工过程中, 坑外土体深层水平位移监测值均未达到报警值.

4) 支撑轴力监测

基坑共两道支撑, 每道支撑各设置 7 个支撑轴力观测点, 共设置 14 点支撑轴力观测点, 轴力观测点具体布置点位见图 6-2 和图 6-3. 第一道支撑轴力观测报警值为 ±5000kN, 第二道支撑轴力观测报警值是 ±10 000kN. 到支撑拆除, 第一道支撑轴力最大值为 4227kN, 发生点位为 ZC1-5, 第二道支撑轴力最大值为 3973kN, 发生点位为 ZC2-4, 均未达到报警值.

5) 坑外地下水位、承压水水位监测

基坑共设置了 15 个潜水位观测点和 9 个承压水水位监测点, 各个观测点具体位置见图 6-1. 地下水位的变化速率报警值为 500mm/d, 累计变化报警值为 1000mm/d. 至地下室主体施工完成为止, 地下水位的变化速率最大值为 +350mm, 地下水位累计变化最大值为 −640mm, 发生点位为 SW4, 均未达到报警值.

6) 立柱沉降监测

基坑共设置 9 个立柱沉降监测点, 立柱沉降观测点具体布置点位见图 6-1. 立柱变化速率报警值是 ±3mm/d, 累计变化报警值是 ±20mm. 至地下室主体施工完成为止, 立柱沉降最大值为 8mm, 未达到报警值.

6.5.4 监测总体评价及结论

由上述的总结数据看, 在基坑开挖和地下室施工期间, 围护结构的沉降和水平位移、围护结构和坑外土体深层水平位移、基坑外地下水水位监测值均在安全范围之内, 没有出现报警的情况. 因此本基坑工程在基坑施工过程中总体处于稳定安全状态.

参 考 文 献

[1] 中华人民共和国国家标准. 建筑基坑工程监测技术规范 (GB 50497—2009)[S]. 北京: 中国计划出版社, 2009.

[2] 中华人民共和国国家标准. 岩土工程勘察规范 (GB 50021—2001)[S]. 北京: 中国建筑工业出版社, 2001.

[3] 中华人民共和国国家标准. 建筑地基基础设计规范 (GB 50007—2011)[S]. 北京: 中国建筑工业出版社, 2011.

[4] 中华人民共和国行业标准. 建筑基坑支护技术规程 (JGJ 120—2012) [S]. 北京: 中国建筑工业出版社, 2012.

[5] 中华人民共和国行业标准. 建筑深基坑工程施工安全技术规范 (JGJ 311—2013) [S]. 北京: 中国建筑工业出版社, 2013.

[6] 刘国彬, 王卫东. 基坑工程手册 [M]. 北京: 中国建筑出版社, 2009.

第 7 章 基坑安全监测方法与工程实例

7.1 概　　述

基坑监测工作应遵循以下原则:

(1) 监测工作必须 “目的明确、方案可行、经济安全”, 并切实贯彻 “为安全而监测” 的宗旨; 同时监测方案在确保安全的前提下应做到经济节约.

(2) 监测仪器和方法的选用, 遵循技术成熟、方法可靠以及高精度、高灵敏度、强适应性和稳定性的原则, 并侧重考虑现场的环境条件.

(3) 既保证现场观测的质和量, 更注重对观测资料的整理、分析和利用, 并根据观测资料及时对基坑及周边道路、建筑物的安全状况进行评价, 进一步落实 “为安全而监测” 的宗旨.

(4) 监测点的布置遵循代表性原则、最不利原则和一点多用原则, 在确保安全的前提下, 力求经济性原则, 以减小投入.

(5) 鉴于基坑监测工作的复杂性及重要性, 对同一问题进行多因素 (广角度) 监控, 对同一物理量 (含原因量和响应量) 采用多种方法监控. 通过对多因素、多种方法监测结果的综合分析, 实现对重点部位安全问题的全面监控, 从而完成安全监测的基本任务 —— 监测并判断: “工程是否安全, 若有异常, 异常产生于什么部位、属于什么性质、发展趋势如何、对工程的影响多大、是否处理、如何处理”.

7.2 水平位移监测方法

7.2.1 表面水平位移监测

表面水平位移监测包括围护墙 (边坡) 顶部水平位移监测、周边建筑水平位移监测、地下管线水平位移监测.

测定特定方向上的水平位移时可采用视准线法、小角度法、投点法等; 测定任意监测点的水平位移时可视监测点的分布情况, 采用前方交会法、后方交会法、极坐标法等; 当测点与基准点无法通视或距离较远时, 可采用 GPS 测量法或三角、三边、边角测量与视准线法相结合的综合测量方法.

1) 前方交会法

前方交会法量测方式如图 7-1 所示, A、B 为已知点, P 为监测点, 在 A、B 两

点上观察了 α 与 β 角, 从而可以计算出 P 点的坐标. 这种在两个已知控制点上, 对待定点观测水平角, 然后根据已知点坐标和观测角值, 计算出待定点的坐标的方法, 称为前方交会法. 根据以后各期监测点坐标之差, 就可以得到 P 点的坐标位移.

前方交会法有三种: 测角前方交会法、测边前方交会法、边角前方交会法. 其观测值和观测仪器见表 7-1.

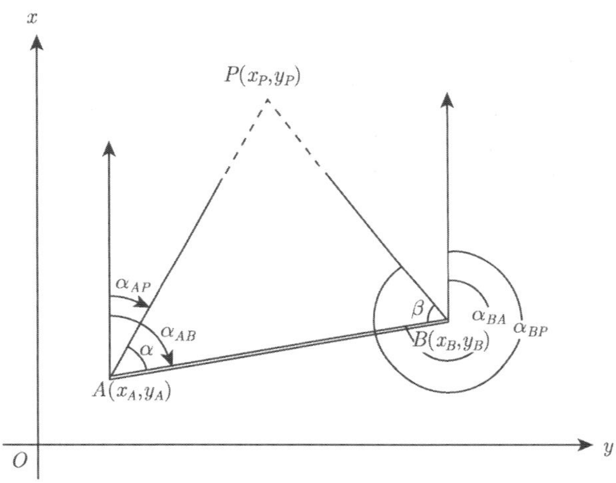

图 7-1　前方交会法示意图

表 7-1　前方交会法的种类和使用的仪器

种类	测角交会法	测边交会法	边角交会法
观测值	β_1,β_2	D_1,D_2	β_1,β_2,D_1,D_2
观测仪器	精密经纬仪	光电测距仪	全站仪

2) 视准线法

视准线法是利用经纬仪或准直仪等光学仪器, 在两个基准点之间建立基准面, 以该基准面为依据测定各测点偏离该基准线的偏离值. 通常在对支护结构和被支护土体的侧向位移测量的过程中. 其中小角法是视准线法测定水平位移的常用方法.

3) 极坐标法

极坐标法就是根据一个角和一段距离从一个控制点上标定其他点位的一种方法. 也就是在一个已知的控制点和另一个已知通视的控制点, 由两个已知控制点坐标和欲放点的设计坐标, 算出由控制点到所放点的方向和距离, 即放样元素.

在使用上述两种方法时, 应符合以下规定:

(1) 基坑壁侧应沿基坑周边桩墙顶每隔 10~15m 布设一个水平位移测点;

(2) 水平位移观测点宜布置在冠梁上, 可采用铆钉枪射入铅钉, 亦可钻孔埋设

膨胀螺栓或用环氧树脂胶粘标志;

(3) 围护结构的直角等拐弯部位宜布置测点.

4) GPS 法

GPS 即全球定位系统. 使用 GPS 系统提供的位置信息进行基坑变形测量. GPS 测量不需要测点间通视, 但要求对空通视. 在 1km 左右的短基线上, GPS 测量可以获得亚毫米级的相对定位精度. 该系统能够实现自动连续观测, 精度较高, 但有以下缺点需要克服:

(1) 不能实时得到高精度的变形值;

(2) 观察点必须对空开阔, 接收卫星不能少于 4 颗;

(3) 每增加 1 个观察点就必须添加 1 台 GPS 接收机, 成本较高.

7.2.2 深层水平位移监测

深层水平位移监测包括围护桩 (墙) 深层水平位移监测和围护桩 (墙) 外土体深层水平位移监测. 监测方法常用的是测斜管法.

1. 测斜管的安装与埋设

测斜管有圆形和方形两种, 国内多采用圆形, 直径有 50mm、70mm 不等, 每节一般为 2m 或者 4m 长, 采用钢材、铝合金、塑料等制作, 最常用的还是 PVC 塑料管.

1) 围护桩 (墙) 内测斜管的安装

测斜管在吊放钢筋笼之前, 接长到设计长度, 绑扎在钢筋上, 随钢筋笼一起放入槽内 (桩孔内). 测斜管的底部与顶部要用盖子封住, 防止砂浆、泥浆及杂物入孔内. 测斜管安装示意图如图 7-2 所示.

2) 围护桩 (墙) 外土体测斜管的埋设

(1) 应先用地质钻机在预定的测斜管埋设位置处钻孔. 根据基坑的开挖总深度, 确定测斜管孔深.

(2) 将测斜管底部装上底盖, 逐节组装, 并放入孔内, 测斜管连接部分应密封处理. 安装测斜管时, 随时检查其内部的一对导槽, 使其始终分别与坑壁走向垂直或平行. 管内注入清水, 沉管到孔底时, 即向测斜管与孔壁之间的空隙内由下而上逐段用砂填实, 固定测斜管.

(3) 测斜管固定完毕后, 用清水将测斜管内冲洗干净, 将探头模型放入测斜管内, 沿导槽上下滑行一遍, 以检查导槽是否畅通无阻, 滚轮是否有划出导槽的现象. 为了保护测斜仪的探头, 在未确认测斜管导槽畅通时, 不得放入探头.

(4) 测斜管埋好后, 应停留一段时间, 使测斜管与土体或结构固连为一个整体.

图 7-2　测斜管安装示意图

(5) 测量测斜管管口坐标及高程, 做出醒目标志, 以利保护管口. 现场测量前务必按孔位布置图编制完整的钻孔列表, 以与测量结果对应.

2. 测斜仪的工作原理

测斜仪在基坑工程中可以量测打桩施工或基坑开挖施工等因素所引起的土体水平位移, 开挖施工过程中围护桩或围护墙的水平位移以及地下垂直于墙面的水平位移.

测斜仪宜采用能连续进行多点测量的滑动式仪器, 测斜仪按其工作原理有伺服加速度式、电阻应变片式、差动电容式、钢弦式等多种. 比较常用的是伺服加速度式和电阻应变片式两种, 伺服加速度式测斜仪精度较高, 目前用得较多. 测斜仪的构造如图 7-3 所示.

测斜仪上下各有一对滑轮, 通常上下轮距 500mm, 伺服加速度式测斜仪工作原理是利用重力摆锤始终保持铅直方向的性质, 测得仪器中轴线与摆锤直线间的倾角, 倾角的变化可由电信号转换而得, 从而可以知道被测结构的位移变化值.

3. 深层水平位移测量

(1) 连接探头和测读仪. 在连接好测读仪的电缆和探头后, 检查密封装置、电池

充电情况 (电压) 及仪器是否能正常读数. 当测斜仪电压不足时必须立即充电, 以免损伤仪器.

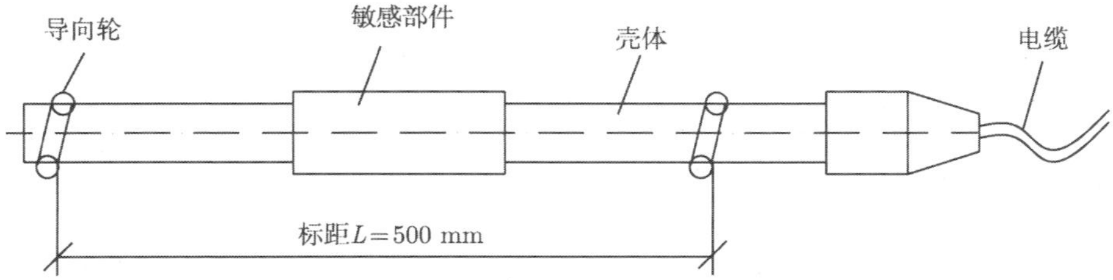

图 7-3　测斜仪构造示意图

(2) 将探头插入测斜管, 使滚轮卡在导槽内, 缓慢下至孔底以上 0.5m 处. 注意不要把探头降到套管的底部, 以免损伤探头. 测量自下而上地沿导槽全长每隔 0.5m 测读一次. 为提高测量结果的可靠度, 每一测量步骤中均需一定的时间延迟, 以确保读数系统与环境温度及其他条件平稳 (稳定的特征是读数不再变化). 若对测量结果有怀疑可重测, 重测的结果将覆盖相应的数据. 测试示意图见图 7-4.

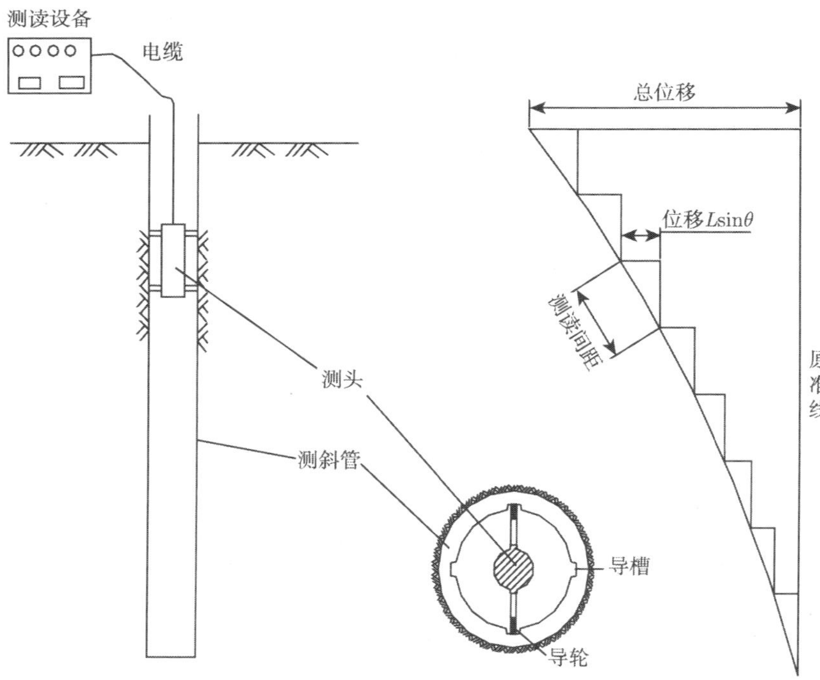

图 7-4　测斜仪测试示意图

(3) 测量完毕后, 将探头旋转 180°, 插入同一对导槽, 按以上方法重复测量, 前后两次测量时的各测点应在同一位置上; 在这种情况下, 两次测量同一测点的读数绝对值之差应小于 10%, 且符号相反, 否则应重测本组数据.

(4) 若需要测量本测斜孔两个方向的水平位移, 提出量测头, 将滚轮卡在与前述方向垂直的导槽内, 用同样的方法和程序, 可以测量另一对导槽的水平位移.

(5) 侧向位移的初始值应取基坑降水之前, 连续 3 次测量无明显差异之读数的平均值.

(6) 资料整理.

按下式计算各段的位移量:

$$\Delta x_i = f \cdot \Delta \varepsilon_i \tag{7-1}$$

式中, Δx_i 表示各段的位移量 (mm); f 表示测斜仪最小读数 (mm/με); $\Delta \varepsilon_i$ 表示应变值 (με).

各段总的水平位移 x_i 按下式计算:

$$x_i = \sum \Delta x_i \tag{7-2}$$

(7) 根据测得的数据绘制深层水平位移监测曲线 (不同深度处, 水平位移的变化规律), 如图 7-5 所示.

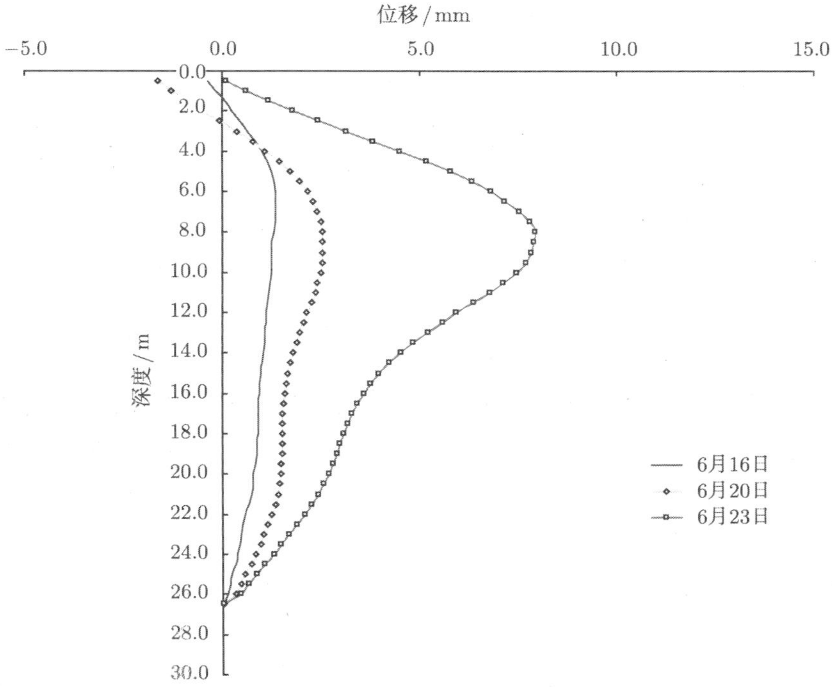

图 7-5　某断面测斜观测点水平位移随深度变化图

7.3 竖向变形监测方法

7.3.1 表面竖向位移监测

1) 竖向位移观测原理

表面竖向位移监测点的重点布置部位包括围护墙 (边坡) 顶部竖向位移监测、立柱竖向位移监测、周边建筑竖向位移监测、地下管线竖向位移监测.

采用水准测量的方法, 获得测量观测点相对于稳定的水准点的高差以计算观察点的高程, 并将不同时间所得同一观测点的高程加以比较, 从而得出观测点在该时间段内的沉降量:

$$\Delta H = H_i^{(j+1)} - H_i^{(j)} \tag{7-3}$$

式中, i 为观测点点号; j 为观测期数.

2) 水准测量技术要求

测站视线长、视距差、视线高度要求见表 7-2, 测站观测限差和闭合差要求见表 7-3. 两次观测高差超限时, 需要重新测量, 当重测成果与原测成果分别比较其限差均没超限时, 取三次成果的平均值.

表 7-2 测站视线长、视距差、视线高度要求表 (单位: m)

等级	视线长度	前后视距差	前后累计视距差	视线高度
特级	$\leqslant 10$	$\leqslant 0.3$	$\leqslant 0.5$	$\geqslant 0.5$
一级	$\leqslant 30$	$\leqslant 0.7$	$\leqslant 1.0$	$\geqslant 0.3$
二级	$\leqslant 50$	$\leqslant 2.0$	$\leqslant 3.0$	$\geqslant 0.2$
三级	$\leqslant 75$	$\leqslant 5.0$	$\leqslant 8.0$	三丝能读数

表 7-3 测站观测限差表 (n 为测站数) (单位: m)

<table>
<tr><th colspan="2">等级</th><th>基辅分划读数差</th><th>基辅分划所测高差之差</th><th>往返较差及附合路线或者环线闭合差</th><th>单程双测站所测高差较差</th><th>检测间歇点高差之差</th></tr>
<tr><td colspan="2">特级</td><td>0.15</td><td>0.2</td><td>$\leqslant 0.1\sqrt{n}$</td><td>$\leqslant 0.07\sqrt{n}$</td><td>$\leqslant 0.15\sqrt{n}$</td></tr>
<tr><td colspan="2">一级</td><td>0.3</td><td>0.5</td><td>$\leqslant 0.3\sqrt{n}$</td><td>$\leqslant 0.2\sqrt{n}$</td><td>$\leqslant 0.45\sqrt{n}$</td></tr>
<tr><td colspan="2">二级</td><td>0.5</td><td>0.7</td><td>$\leqslant 1.0\sqrt{n}$</td><td>$\leqslant 1.0\sqrt{n}$</td><td>$\leqslant 1.5\sqrt{n}$</td></tr>
<tr><td rowspan="2">三级</td><td>光学测微法</td><td>1.0</td><td>1.5</td><td rowspan="2">$\leqslant 3.0\sqrt{n}$</td><td rowspan="2">$\leqslant 2.0\sqrt{n}$</td><td rowspan="2">$\leqslant 4.5\sqrt{n}$</td></tr>
<tr><td>中丝读数法</td><td>2.0</td><td>3.0</td></tr>
</table>

3) 资料整理

闭合差按下式调整:

$$\delta_i = -\frac{f_h}{[l]} l_i \tag{7-4}$$

式中, δ_i 为高差改正数; f_h 为闭合差; $[l]$ 为水准路线总长度; l_i 为测段前、后视距之和.

7.3.2　土体分层沉降监测

土体分层竖向位移可通过埋设分层沉降磁环或深层沉降标, 采用分层沉降仪结合水准测量方法进行量测.

1) 分层沉降观测标志的埋设

分层沉降仪、沉降管和感应环如图 7-6 所示, 分层沉降观测标志的埋设应采用钻孔法, 分层竖向位移标应在基坑开挖前至少一周埋设, 应符合下列要求:

(1) 测标长度应与点位深度相适应, 应埋设于预定的观测点位置.

(2) 根据成孔孔深, 备好规格合适、总长足够的套管, 在各段管子外部按照预定测点深度的位置安装感应金属环, 最底端的管口必须作封堵处理, 以防泥沙堵塞. 为了防止泥沙进入沉降管内, 所有接头部位及底盖都必须密合.

(3) 每段管子逐根放入孔内后, 向孔壁与管外壁之间的空隙中填入中细砂, 以利于感应环更好地随着土层垂向变化而上下移动.

(4) 管子全部放到位后, 孔口要做好保护, 在观测管孔口段套一个比 PVC 管粗一点的铁管, 铁管长 50~100cm, 在其上加盖子. 沉降管口可以用锯子锯出一个小标记, 每次测试时都以该标记作为标准.

(5) 沉降管埋好后, 应停留 7 天以上, 使沉降管、感应环与土体固连为一整体.

图 7-6　分层沉降仪、沉降管和感应环图片

2) 分层沉降观测方法

土体分层竖向位移初始值应在分层竖向位移标埋设稳定后量测, 稳定时间不应少于一周并获得稳定的初始值; 监测精度不宜低于 1.5mm. 每次测量应重复进行 2 次并取其平均值作为测量结果, 2 次读数较差应不大于 1.5mm. 采用分层沉降仪法监测时, 每次监测均应测定管口高程的变化, 并换算出测管内各点的高程.

7.3.3　基坑回弹监测

对于大型基坑工程, 在基坑范围内, 进行地基土大面积开挖后, 由于地基土自重应力的卸除, 地基土回弹隆起, 便引起地基土结构产生破坏, 以致对主体建筑以及邻近建筑物造成一定影响. 研究地基土回弹量的大小和分布情况, 对地基变形模型的选用及基础强度的设计都具有十分重要的意义.

1. *基坑回弹监测的基本方法*

1) 基坑回弹点的标志形式

回弹标志应埋入基坑底面以下 20~30cm, 根据开挖深度和地层土质情况, 可采用钻孔法或探井法埋设. 根据埋设与观测方法, 可采用辅助杆压入式、钻杆送入式或直埋式标志. 回弹点的标志形式见图 7-7(如采用辅助杆法, 图中挂钩可改成圆帽顶).

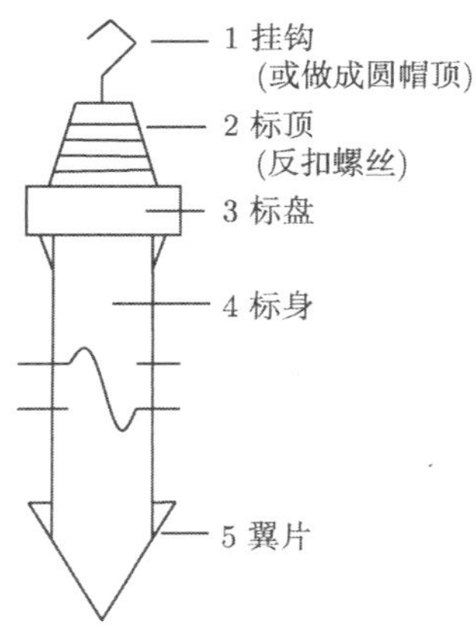

图 7-7　回弹测标示意

2) 基坑回弹监测几种方法

基坑回弹监测通常采用几何水准量测法. 几何水准量测法监测基坑回弹的基本过程是: 在待开挖的基坑中预先埋设回弹监测标志, 在基坑开挖前、中、后分别进行水准测量, 测出布设在基坑底面各测标的高差变化, 从而得出回弹标志的变形量. 观测次数不应少于 3 次: 即第一次在基坑开挖之前, 第二次在基坑挖好之后,第三次在浇筑基础混凝土之前. 在基坑开挖前的回弹监测, 由于测点深埋地下, 实施监测就比较复杂, 且对最终成果精度影响较大, 亦是整个回弹监测的关键. 基坑开挖前的回弹监测方法通常有辅助杆法 (适用于较浅基坑) 和钢尺法. 钢尺法又分为钢尺悬吊挂钩法 (简称挂钩法) 以及钢尺配挂电磁锤或电磁探头法, 前者适用于中等深度基坑, 后者适用于较深基坑.

挂钩法比较实用有效, 为常用的方法. 因此本书仅就挂钩法予以讨论分析. 挂钩法的工作实质如下:

首先在地面上用钻机钻孔, 把回弹测标埋设到基坑底面设计标高处, 在标志上吊挂钢尺引出地面, 然后通过在地面实施水准测量, 把高程引测到每个回弹标志上, 并依此所得高程作为初始值. 而基坑开挖后各测点的高程, 则在基坑内按一般水准测量方法进行, 所得的高程与初始高程比较, 其差值即为回弹变化量. 基坑开挖前观测工作方式见图 7-8.

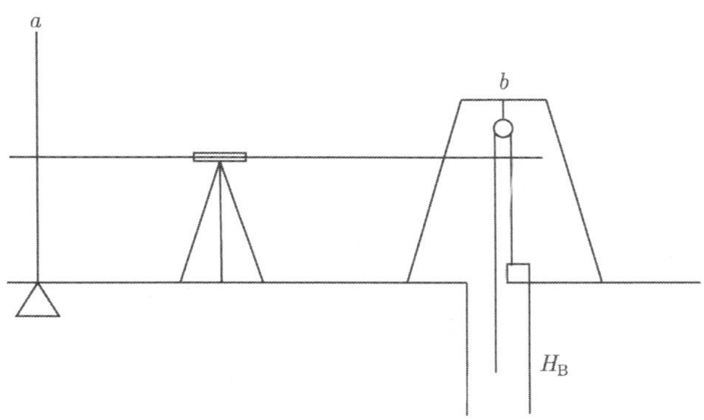

图 7-8　开挖前回弹观测工作示意

2. 基坑回弹观测的设备及作业方法

(1) 钢尺在地面的一端, 应使用三脚架、滑轮、重锤或拉力计牵拉. 在孔内的一端, 应配以能在读数时准确接触回弹标志头的装置. 观测时可配挂磁锤. 当基坑较深、地质条件复杂时, 可用电磁探头装置观测. 当基坑较浅时, 可用挂钩法, 此时标志顶端应加工成弯钩状.

(2) 辅助杆宜用空心两头封口的金属管制成, 顶部应加工成半球状, 并在顶部侧面安置圆水准器, 杆长以放入孔内后露出地面 20~40cm 为宜.

(3) 测前与测后应对钢尺和辅助杆的长度进行检定. 长度检定中误差不应大于回弹观测站高差中误差的 1/2.

(4) 每一测站的观测可按先后视水准点上标尺、再前视孔内标尺的顺序进行, 每组读数 3 次, 反复进行两组作为一测回. 每站不应少于两测回, 并应同时测记孔内温度. 观测结果应加入尺长和温度改正.

7.4　周边建筑物倾斜、裂缝和地下水位监测方法

7.4.1　周边建筑物倾斜监测

周边建筑物主体倾斜监测, 是通过测定建筑物顶部相对于底部或各层间上层相对于下层的水平位移与高差, 分别计算整体或分层的倾斜度、倾斜方向以及倾斜速度. 刚性建筑整体倾斜, 通过测量顶面或基础的相对沉降确定.

1) 观测点标志设置

建筑物顶部和墙体上的观测点标志, 采用埋入式照准标志形式. 有特殊要求时, 应专门设计. 不便埋设标志的塔形、圆形建筑物以及竖直构件, 可照准视线所切同高边缘认定的位置或用高度角控制的位置作为观测点位, 位于地面的测站点和走向点, 可根据不同的观测要求, 采用带有强制对中设备的观测墩或混凝土标石. 一次性倾斜观测项目, 观测点标志可采用标记形式或直接利用符合位置与照准要求的建筑物特征部位; 测站点可采用小标石或临时性标志.

2) 主体倾斜观测方法

当从建筑物或构件的外部观测主体倾斜时, 宜选用下列经纬仪观测法:

(1) 投点法. 观测时, 应在底部观测点位置水平安置水平读数尺等测量设施. 在每测站安置经纬仪投影时, 应按正倒镜法测出每对上下观测点标志间的水平位移分量, 再按矢量相加法求得水平位移值 (倾斜量) 和位移方向 (倾斜方向).

(2) 测水平角法. 对塔形、圆形建筑或构件, 每测站的观测应以定向点作为零方向, 测出各观测点的方向值和至底部中心的距离, 计算顶部中心相对底部中心的水平位移分量. 对矩形建筑, 可在每测站直接观测顶部观测点与底部观测点之间的夹角或上层观测点与下层观测点之间的夹角, 以所测角值与距离值计算整体的或分层的水平位移分量和位移方向.

当利用建筑或构件的顶部与底部之间的竖向通视条件进行主体倾斜观测时, 宜选用下列观测方法:

(1) 激光铅直仪观测法. 应在顶部适当位置安置接收靶, 在其垂线下的地面或地板上安置激光铅直仪或激光经纬仪, 按一定周期观测, 在接收靶上直接读取或量出顶部的水平位移量和位移方向.

(2) 激光位移计自动记录法. 位移计宜安置在建筑底层或地下室地板上, 接收装置可设在顶层或需要观测的楼层, 激光通道可利用未使用的电梯井或楼梯间隔, 测试室宜选在靠近顶部的楼层内. 当位移计发射激光时, 从测试室的光线示波器上可直接获取位移图像及有关参数, 并自动记录成果.

(3) 正、倒垂线法. 垂线宜使用 0.6~1.2mm 的不锈钢丝或因瓦丝, 并采用无缝钢管保护. 采用正垂线法时, 垂线上端可锚固在通道顶部或所需高度处设置的支点上. 采用倒垂线法时, 垂线下端可固定在锚块上, 上端设浮筒. 用来稳定重锤、浮子的油箱中应装有阻尼液. 观测时, 由观测墩上安置的坐标仪、光学垂线仪、电感式垂线仪等测量设备, 按一定周期测出各测点的水平位移量.

(4) 吊垂球法. 应在顶部或所需高度处的观测点位置上, 直接或支出一点悬挂适当重量的垂球, 在垂线下的底部固定毫米格网读书板等读数设备, 直接读取或量出上部观测点相对底部观测点的水平位移量和位移方向.

当利用相对沉降量间接确定建筑物倾斜时, 可选用下列方法:

(1) 倾斜仪测记法. 可采用水管式倾斜仪、水平摆倾斜仪、气泡倾斜仪或电子倾斜仪进行观测. 倾斜仪应具有连续读数、自动记录和数字传输的功能. 监测建筑上部层面倾斜时, 仪器安装在建筑顶层或需要观测的楼层的楼板上. 监测基础倾斜时, 仪器可安置在基础面上, 以所测楼层或基础面的水平倾角变化值反映和分析建筑倾斜的变化程度.

(2) 测定基础沉降差法. 在基础上选设观测点, 采用水准测量方法, 以所测各周期的沉降差换算求得建筑整体倾斜度及倾斜方向. 建筑物基础上选设沉降观测点 A, B, 精密水准测量法定期观测 A, B 两点沉降差 Δh, A, B 两点的距离为 L, 基础倾斜度法:

$$i = \Delta h / L \tag{7-5}$$

7.4.2 裂缝监测

裂缝监测应监测裂缝的位置、走向、长度、宽度, 必要时还应监测裂缝的深度. 在基坑开挖前应记录监测对象裂缝的分布位置和数量, 测定其走向、长度、宽度和深度等情况, 监测标志应具有可供量测的明晰端面或中心.

1. 裂缝观测的工具与方法

(1) 数量不多、易于量测的裂缝, 视标志形式的不同, 用小钢尺或游标卡尺等工具. 定期测量标志间的距离求得裂缝变位值, 或用方格网板定期读取 “坐标差” 计算裂缝变化值.

(2) 较大面积且不便于人工量测的众多裂缝, 可用近景摄影测量方法. 需连续监测裂缝变化时, 裂缝宽度数据应量取至 0.1mm, 每次观测应绘出裂缝的位置、形态、宽度、长度等尺寸, 注明日期, 附必要的照片资料.

(3) 房屋裂缝的监测有直接测量和间接测量两种. 直接观测是将裂缝进行编号后并划出测读位置, 通过裂缝观测仪进行宽度测读, 该仪器肉眼观测的精度为 0.1mm, 在无裂缝观测仪的情况下也可以简单地对照裂缝宽度板大致确定所观测裂缝的宽度. 间接观测是一种定性化观察方法, 对于确定裂缝是否继续开展很有作用, 其中有石膏标志方法和薄铁片标志方法, 石膏标志法是将石膏涂在裂缝上, 长约 250mm, 宽 50~80mm, 厚约 10mm. 石膏干后, 用色漆在其上标明日期和编号. 薄铁片标志方法装置如图 7-9 所示, 采用两片厚约 0.5mm 的铁片, 首先将一方形铁片固定在裂缝的一侧, 使其边缘与裂缝边缘对齐. 然后将另一矩形铁片一端固定在裂缝的另一侧, 另一端压在方形铁片上约 75mm. 将两片铁片全部涂上红漆, 然后在其上写明设置日期和编号.

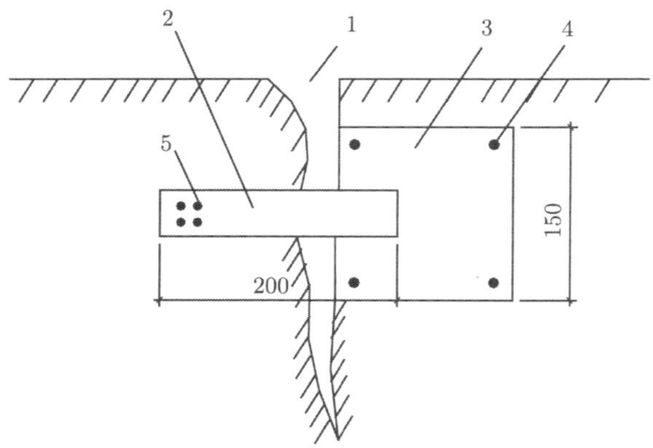

图 7-9 间接测量示意图 (单位: mm)

1. 裂缝; 2. 矩形铁片; 3. 方形铁片; 4. 方形铁片固定点; 5. 矩形铁片固定点

(4) 当建筑物多处发生裂缝时, 应先对裂缝进行编号, 然后分别监测裂缝的位置、走向、长度及宽度等.

(5) 对于混凝土建筑物上裂缝的位置、走向及长度的监测, 是在裂缝的两端用油漆画线做标志, 或在混凝土表面绘制方格坐标, 用钢尺测量.

(6) 根据裂缝分布情况, 可以对重要的裂缝, 选择在有代表性的位置裂缝两侧各埋设一个标点, 如图 7-10 所示. 标点系直径为 20mm、长约 80mm 的金属棒, 埋入混凝土内 60mm, 外露部分为标点, 标点上各有一个保护盖. 两点的距离不得少于 150mm, 用游标卡尺定期地测定两个标点之间的距离变化值, 以此来掌握裂缝的发展情况.

(7) 对于比较整齐的裂缝 (如伸缩缝), 则可用千分尺直接量取裂缝的变化.

2. 裂缝观测注意事项

(1) 对需要观测的裂缝应统一进行编号.

(2) 每条裂缝应至少布设两组观测标志, 其中一组应在裂缝的最宽处, 另一组应在裂缝的末端. 每组应使用两个对应的标志, 分别设在裂缝的两侧.

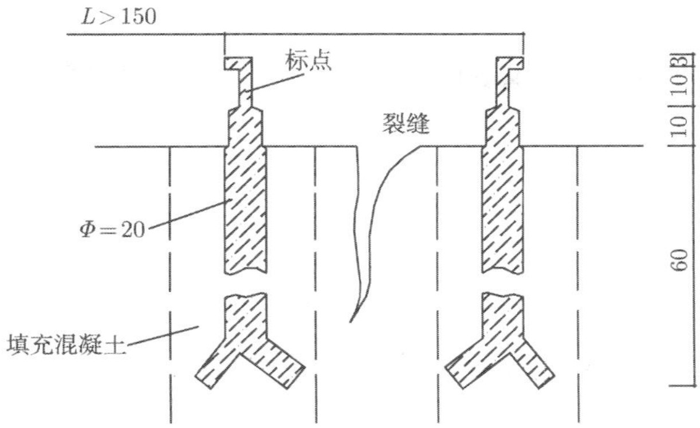

图 7-10　埋设标志测裂缝 (单位：mm)

(3) 裂缝观测标志应具有可供量测的明晰端面或中心.

(4) 观测期较短或要求不高时, 采用油漆平行标志或建筑胶粘贴的金属片标志; 观测期较长时, 采用嵌入或埋入墙面的金属标志、金属杆标志或楔形板标志.

(5) 要求较高、需要测出裂缝纵横向变化值时, 采用坐标方格网板标志.

7.4.3　地下水位监测

地下水位监测目的是实时观测在基坑降水施工期间地下水位的变化幅度, 以评估防渗帷幕的防渗效果, 预估基坑降水对周围建筑物安全稳定的影响.

1) 监测方法

地下水位监测宜通过钻孔埋设带有滤管的水位管, 采用水位计 (图 7-11) 进行测量, 地下水位的量测精度不宜低于 10mm.

图 7-11　尺式水位计图片

2) 水位观测点的埋设

水位管应在基坑降水施工前至少一周埋设, 采用地质钻机成孔, 钻进尽可能采用清水钻进, 埋设专用水位监测管, 底部滤管的外管使用特殊土工布进行无缝包扎, 水位管下管到要求深度后用中砂密实充填虑管管段的钻孔与水位管之间的空间, 滤管段以上部分的钻孔与水位管之间的空间应用膨润土球封至孔口, 以防止地面水与地下水沿钻孔进行交换, 详见图 7-12. 埋设完成后, 立即用清水洗孔, 以保证水管与管外水土体系的畅通. 承压水可以采用埋设水位管用水位计来测量, 也可以在承压水层中设置孔压计观测承压水水位的变化, 具体设计方法详见 7.5 节.

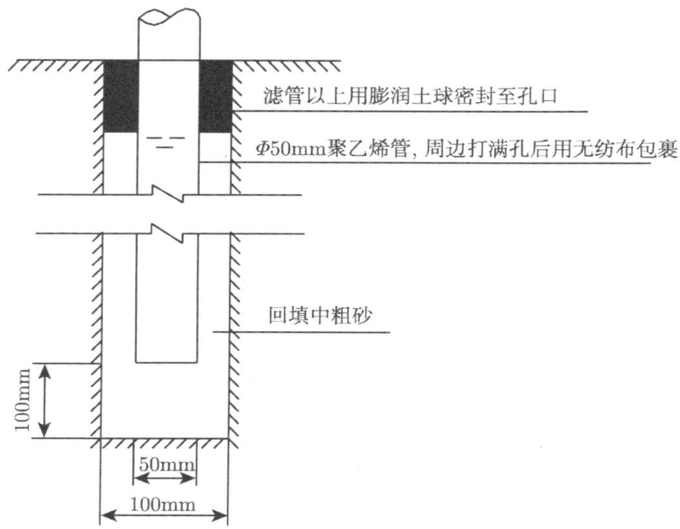

图 7-12　测孔构造图

7.5　围护结构内力与土压力监测方法

7.5.1　围护体系内力监测

基坑工程围护体系的内力包括围护墙内力、支撑内力、立柱内力等. 围护体系内力监测的目的在于及时掌握基坑施工过程中, 围护体系内力变化情况. 当内力超过设计最大值时, 及时采取有效措施, 以避免围护体系因内力过大, 超过材料的极限强度而导致破坏, 引起局部支护失稳乃至整个支护系统的失败.

1. 监测方法与原理

支撑轴力与桩墙内力可通过在结构内部或表面埋设应变或应力传感器来测试. 根据结构材料不同, 所采用的监测元件和方法也有所不同.

钢筋混凝土材料围护桩 (墙), 其内力通常是通过测定构件受力钢筋的应力或混凝土的应变, 然后根据钢筋与混凝土共同作用、变形协调条件反算得到.

支撑内力的监测多根据支撑杆件采用的不同材料, 选择不同的监测方法和监测传感器.

对于钢支撑杆件, 多采用轴力计 (也称反力计, 见图 7-13) 或表面应力计. 轴力计可直接监测支撑轴力, 表面应力计则是通过量测得到的应变再计算支撑轴力. 轴力计分钢筋轴力计、钢绞线轴力计两种.

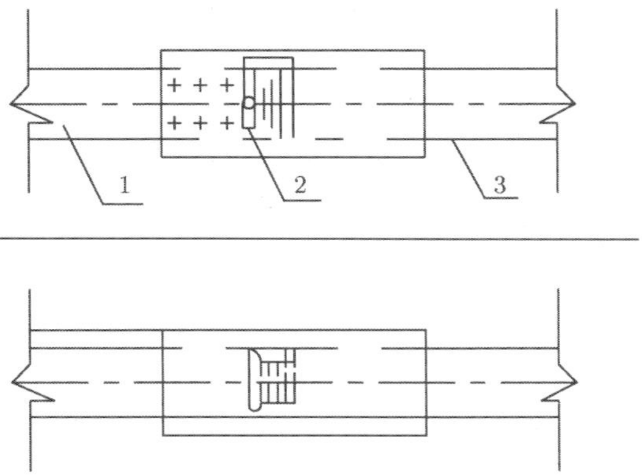

图 7-13 H 型钢支撑轴力传感器装置

1. H 型钢支撑; 2. 压力传感器; 3. 盖板 (补强材料)

对于混凝土支撑杆件, 目前主要采用钢筋应力计或混凝土应力计, 其内力或轴力通常是通过测定构件受力钢筋的应力或混凝土的应变, 然后根据钢筋与混凝土的共同作用、变形协调条件反算得到.

钢筋应力一般通过在受力钢筋中串联连接钢筋应力传感器 (钢筋计) 测定. 目前工程中采用较多的有振弦式和电阻式两类应力传感器 (图 7-14). 在工程中, 由于前者在测试耐久性、防潮绝缘、使用简便等方面的优势, 应用较为广泛.

电阻式应力传感器的工作原理为: 利用钢筋受力后产生变形, 使粘贴在钢筋上的电阻应变片产生应变, 电阻值发生相应的变化, 通过测到的电阻值变化得出钢筋应变值, 最终得出钢筋所受应力的大小.

振弦式钢筋应力传感器的工作原理为: 当传感器外壳钢管受轴力作用时, 引起弹性振弦的张力变化, 从而改变其自振频率, 通过频率仪测得振弦的自振频率变化即可得到钢筋所受应力的大小.

2. 仪器安装

1) 围护桩 (墙) 内力传感器安装

当钢筋笼绑扎完毕后, 将钢筋计串联焊接到受力主筋的预留位置上, 其具体的

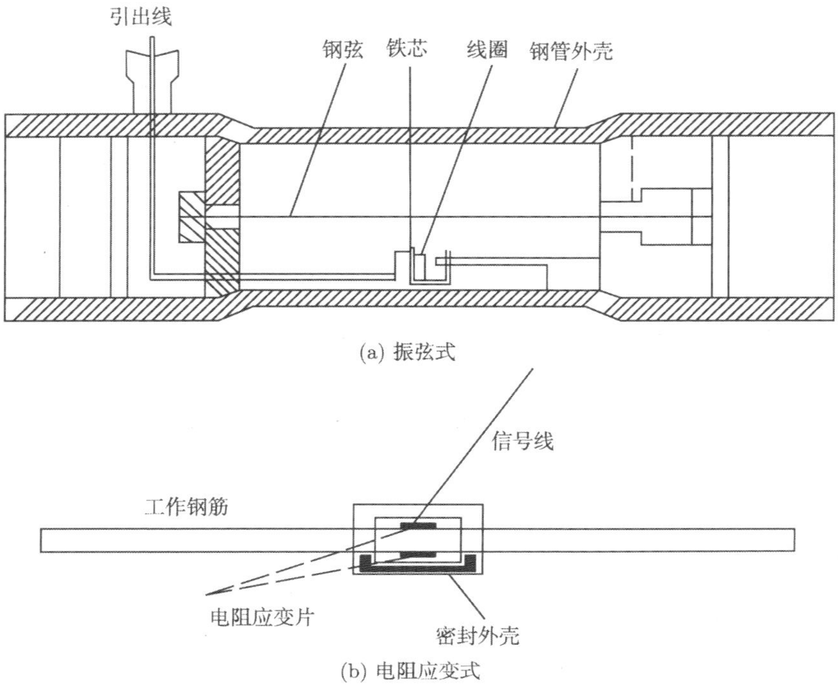

图 7-14　钢筋计构造示意图

安装步骤如下：

(1) 确定安装位置. 钢筋笼组装完毕后, 在安装钢筋计的位置上作出刻度线.

(2) 安装钢筋计. 作出刻度线后, 在主筋和主筋中心线处绑扎或焊接, 将钢筋计固定, 并用分析器测定. 焊接时为了不将热量传递给仪器, 应一边用水冷却, 一边焊接.

(3) 配线. 考虑到混凝土的附着问题, 细线置于钢筋间并用绑扎线固定.

(4) 测定审查. 在打混凝土施工前、后每隔 1~2 小时测定审查, 掌握传感器工作情况.

2) 支撑内力传感器安装

(1) 钢筋混凝土支撑. 钢筋计与受力主筋一般通过焊接的方式连接. 因电焊容易产生高温, 会对传感器产生不利影响. 所以, 在实际操作时有两种处理方法. 其一, 有条件时应先将连杆与受力钢筋碰焊对接, 然后再旋上钢筋计. 其二, 在安装钢筋计的位置上先截下一段不小于传感器长度的主筋, 然后将连上连杆的钢筋计焊接在被测主筋上焊上. 钢筋计连杆应有足够的长度, 以满足规范对搭接焊缝长度的要求. 在焊接时, 为避免传感器受热损坏, 要在传感器上包上湿布并不断浇冷水, 直到焊接完毕后钢筋冷却到一定温度为止. 在焊接过程中还应不断测试传感器, 看看传感器是否处于正常状态.

钢筋计电缆一般为一次成型, 不宜在现场加长. 如需接长, 应在接线完成后检查钢筋计的绝缘电阻和频率初值是否正常. 要求电缆接头焊接可靠、稳定且防水性能达到规定的耐水压要求. 做好钢筋计的编号工作.

(2) 钢支撑轴力测量. 钢支撑轴力通常采用轴力计测量, 轴力计见图 7-15. 安装时将轴力计圆形钢筒安装架上没有开槽的一端面与支撑固定头断面钢板焊接牢固, 电焊时安装架必须与钢支撑中心轴线与安装中心点对齐. 待冷却后, 把轴力计推入焊好的安装架圆形钢筒内并用圆形钢筒上的 4 个 M10 螺丝把轴力计牢固地固定在安装架内, 然后把轴力计的电缆妥善地绑在安装架的两翅膀内侧, 确保支撑吊装时, 轴力计和电缆不会掉下来. 起吊前, 测量一下轴力计的初频, 是否与出厂时的初频相符合 ($\leqslant \pm 20$Hz). 钢支撑吊装到位后, 在轴力计与墙体钢板间插入一块 250mm×250m×25mm 钢板, 防止钢支撑受力后轴力计陷入墙体内, 造成测值不准等情况发生. 在施加钢支撑预应力前, 把轴力计的电缆引至方便正常测量位置, 测试轴力计初始频率. 在钢支撑施加预应力同时测试轴力计, 看其是否正常工作. 待钢支撑预应力施加结束后, 测试轴力计的轴力, 检验轴力计所测轴力与施加在钢支撑上的预顶力是否一致.

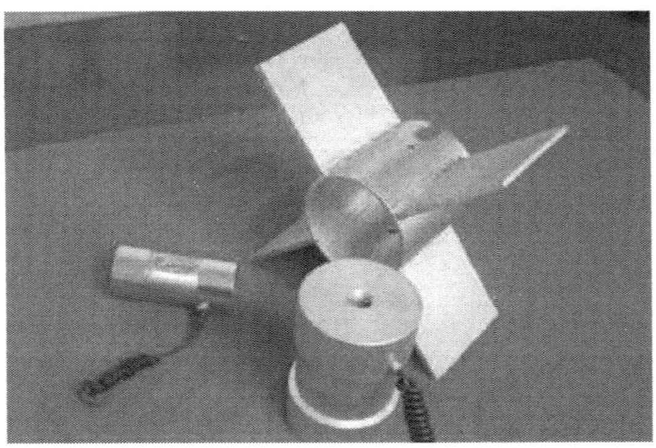

图 7-15　轴力计图片

表面应变计安装: 在钢支撑同一截面两侧分别焊上表面应变计, 应变计应与支撑轴线保持平行或在同一平面上. 焊接前先将安装杆固定在安装支座上, 确定好钢支座的位置, 然后将钢支座焊接在钢支撑上. 待冷却后将安装杆从钢支座取出, 装上应变计. 调试好初始频率后将应变计牢固在钢支座上. 需要注意的是, 表面应变计必须在钢支撑施加预顶力之前安装完毕.

(3) 立柱内力传感器安装. 监测点应布置在立柱受力、变形较大和容易发生差异沉降的部位, 例如基坑中部、多根支撑交汇处、地质条件复杂处. 逆作法施工时,承担上部结构的立柱应加强监测. 传感器安装部位宜设置在坑底以上各层立柱下部 1/3 的位置.

3. 监测注意事项

内力监测值宜考虑温度变化等因素的影响. 应力计或应变计的量程宜为设计值的 2 倍, 精度不宜低于 $0.5\%F \cdot S$, 分辨率不宜低于 $0.2\%F \cdot S$. 内力监测传感器埋设前应进行性能检验和编号. 内力传感器宜在基坑开挖前至少一周埋设, 争取开挖前连续 2 天获得稳定测试数据的平均值作为初始值.

4. 数据处理

1) 围护桩 (墙) 内力计算

$$N_q = \sigma_{\mathrm{s}} \left(\frac{E_{\mathrm{c}}}{E_{\mathrm{s}}} A_{\mathrm{c}} + A_{\mathrm{s}} \right) \tag{7-6}$$

$$= \overline{\sigma}_{j\mathrm{s}} \left(\frac{E_{\mathrm{c}}}{E_{\mathrm{s}}} A_{\mathrm{c}} + A_{\mathrm{s}} \right) \tag{7-7}$$

$$\overline{\sigma}_{j\mathrm{s}} = \frac{1}{n} \sum_{j=1}^{n} [k_j (f_{ji}^2 - f_{j0}^2) / A_{j\mathrm{s}}] \tag{7-8}$$

式中, N_q 为围护墙内力 (kN); σ_{s} 为钢筋应力 (kN/mm^2); $\overline{\sigma}_{j\mathrm{s}}$ 为钢筋计监测平均应力 (kN/mm^2); k_j 为第 j 个钢筋计标定系数 (kN/Hz^2); f_{ji} 为第 j 个钢筋计监测频率 (Hz); f_{j0} 为第 j 个钢筋计安装后的初始频率 (Hz); $A_{j\mathrm{s}}$ 为第 j 个钢筋计截面面积 (mm^2); E_{c} 为混凝土弹性模量 (kN/mm^2); E_{s} 为钢筋弹性模量 (kN/mm^2); A_{c} 为混凝土截面面积 (mm^2).

$$A_{\mathrm{c}} = A - A_{\mathrm{s}}$$

式中, A 为围护墙截面面积 (mm^2); A_{s} 为钢筋总截面面积 (mm^2).

2) 支撑内力

(1) 钢筋混凝土支撑内力计算方法:

$$N_{\mathrm{c}} = \sigma_{\mathrm{s}} \left(\frac{E_{\mathrm{c}}}{E_{\mathrm{s}}} A_{\mathrm{c}} + A_{\mathrm{s}} \right) \tag{7-9}$$

$$= \overline{\sigma}_{j\mathrm{s}} \left(\frac{E_{\mathrm{c}}}{E_{\mathrm{s}}} A_{\mathrm{c}} + A_{\mathrm{s}} \right) \tag{7-10}$$

$$\overline{\sigma}_{j\mathrm{s}} = \frac{1}{n} \sum_{i=1}^{n} [k_j (f_{ji}^2 - f_{j0}^2) / A_{j\mathrm{s}}] \tag{7-11}$$

式中, N_c 为支撑内力 (kN); σ_s 为钢筋应力 (kN/mm^2); $\overline{\sigma}_{js}$ 为钢筋计监测平均应力 (kN/mm^2); k_j 为第 j 个钢筋计标定系数 (kN/Hz^2); f_{ji} 为第 j 个钢筋计监测频率 (Hz); f_{j0} 为第 j 个钢筋计安装后的初始频率 (Hz); A_{js} 为第 j 个钢筋计截面面积 (mm^2); E_c 为混凝土弹性模量 (kN/mm^2); E_s 为钢筋弹性模量 (kN/mm^2); A_c 为混凝土截面面积 (mm^2).

$$A_c = A_b - A_s$$

式中, A_b 为支撑截面面积 (mm^2); A_s 为钢筋总截面面积 (mm^2).

(2) 钢支撑轴力计算方法. 轴力计量测的轴力计算公式为

$$N = k(f_i^2 - f_0^2) \tag{7-12}$$

式中, N 为钢支撑轴力 (kN); k 为轴力计标定系数 (kN/Hz^2); f_i 为轴力计监测频率 (Hz); f_0 为轴力计安装后的初始频率 (Hz).

表面应变计量测的轴力计算公式为

$$N = \left[\frac{1}{n}\sum_{j=1}^{n} k_{j\varepsilon}(f_{ji}^2 - f_{j0}^2)\right] E_s A \tag{7-13}$$

式中, N 为钢支撑轴力 (kN); A 为钢支撑截面面积 (mm^2); E_s 为钢弹性模量 (kN/mm^2); $k_{j\varepsilon}$ 为第 j 个表面应变计标定系数 (10^{-6}/Hz^2); f_{ji} 为第 j 个表面应变计监测频率 (Hz); f_{j0} 为第 j 个表面应变计安装后的初始频率 (Hz).

7.5.2 土压力监测

土压力是直接作用在支护体系上的荷载, 是支护结构设计稳定和变形分析的主要荷载. 同时基坑开挖又会引起周围水土压力变化和底面及围护结构变形.

1. 监测方法

土压力宜采用土压力计量测, 土压力计又称土压力盒. 同钢筋计一样, 亦分为振弦式和电阻式两种, 接受仪分别是频率仪和电阻应变仪. 构造和工作原理与钢筋计基本相同, 但不同的是, 土压力仪的一侧有一个与土相接触的面, 该面受力时引起振弦振动或应变片变形, 由这种变化即可测出土压力的大小. 接触面敏感程度较高, 可感应土压力的细小变化. 用数显频率仪测读、记录土压力计频率即可.

土压力盒有多种形式, 按外形可分为竖式和卧式, 按用途可分为测量接触面土压力用的单模式和测量土中土压力用的双模式.

土压力计的量程应满足被测压力的要求, 其上限可取设计压力的 2 倍, 精度不宜低于 0.5%$F\cdot S$, 分辨率不宜低于 0.2%$F\cdot S$.

2. 土压力传感器的埋设方法

土压力传感器在围护结构迎土面上的安装是现场监测中的难题, 压力传感器通常会遭到不同程度的损害和破坏, 无法获得可靠的数据. 造成埋设失败的原因较多, 例如在地下墙、钻孔灌注桩等围护结构施工时, 都是先成槽或成孔, 然后在泥浆护壁情况下设置钢筋笼并浇筑水下混凝土. 土压力传感器随钢筋笼下入槽孔, 所以其面向土层的表面钢膜很容易被混凝土材料包裹, 混凝土凝固后, 水土压力很难由压力传感器接收, 造成埋设失败. 为了解决这一埋设难题, 工程技术人员提出了许多方法, 并在工程实践中获得成功, 下面介绍国内几种成功的埋设方法.

1) 挂布法

挂布法的基本方法是将土压力传感器按监测方案设定的布设位置, 首先安装在预先制备的维尼龙或帆布挂帘上, 备制 2~3m 宽的布帘, 在设计位置上缝制口袋, 装入土压力盒, 使压力膜向外. 然后将维尼龙或帆布平铺在需要量测土压力的钢筋笼表面并与钢筋笼绑扎固定. 挂帘随钢筋笼一起吊入槽孔, 放入导管浇筑水下混凝土. 由于混凝土在布帘的内侧, 因而利用流塑状混凝土的侧向挤压力将挂帘连同土压力盒一起压向槽壁, 并随水下混凝土液面上升所造成的侧压力增大, 使得土压力盒与土层垂直面密贴. 在下钢筋笼时应有监测人员在现场, 保护土压力盒、导线以及布帘不受损坏. 浇筑混凝土时, 应通过接收仪表, 观测土压力盒压力逐步增大的情况.

挂布法的特点是方便可靠, 埋设元件成活率高. 缺点在于所需材料多、工作量大, 由于大面积铺设很可能改变量测槽段或桩体的摩擦效应, 影响结构受力. 此法更适用于地下连续墙施工的监测.

2) 顶入法

顶入法有气顶和液压顶两种方法, 其基本原理是将土压力盒安装在小型千斤顶端头, 将千斤顶水平固定在钢筋笼对应于土压力量测的位置. 在钢筋笼吊入槽段后, 利用千斤顶活塞杆将压力盒推向槽壁土层. 当读数表明压力盒表面与槽壁土层有所接触后, 适当增大推力以读取压力盒初始值, 维持该值至流态混凝土液面抵达压力盒所在标高以上再卸载. 顶入法操作简便, 效果理想, 但需将千斤顶埋入桩墙, 加上气、液压驱动管道, 投入成本较高.

3) 弹入法

弹入法的原理与顶入法大致相同, 但其顶力来自于弹簧装置, 成本可大大降低. 首先将装有压力盒的机械装置焊接在钢筋笼上, 利用限位插销将弹簧压缩储存向外弹力的能量, 待钢筋笼吊入槽孔之后, 在地面通过牵引铁丝将限位插销拔除, 由弹簧弹力将压力盒推向土层侧壁, 根据压力盒读数的变化可判定压力盒安装状况. 从实际使用情况看, 所埋设的压力盒居于较高的成活率, 基本上未出现钢膜被砂浆包裹的情况.

弹入法的关键在于必须保证弹入装置具备足够的量程, 保证压力盒抵达槽壁土层, 同时需与地墙施工单位密切配合, 在限位插销拔除诸方面做到万无一失.

上述三种方法适用于地下连续墙一类的刚度较大的支护结构.

4) 插入法

在钢筋混凝土柔性板桩或钢板桩的土压力量测位置上预留孔洞, 然后将土压力盒镶嵌在板桩上, 使其压力膜与待测土压力的结构面平齐, 在压力盒的后面应配以具有良好刚度的支架, 其在土压力作用下不产生任何位移, 以保证测量的可靠性. 最后, 土压力盒随板桩压 (打) 入土层中. 插入法的安装结构如图 7-16 所示. 此法用于入土深度不大的柔性挡土支护结构.

5) 钻孔法

对于因受施工条件或结构形式限制, 只能在成桩或成墙之后埋设压力盒的情况, 通常采用在墙后或桩后钻孔、沉放和回填的方式埋设. 钻孔法埋设土压力盒如图 7-17 所示.

测量桩 (墙) 后土压力时, 孔位与桩 (墙) 的距离要适当, 一般可控制在 1m 左右. 钻孔法埋设测试元件工程适应性强, 特别适用于预制打入式排桩结构. 由于钻孔回填砂石等填料的固结需要一定的时间, 因而传感器前期数据偏小. 另外, 考虑钻孔位置与桩墙之间不可能直接密贴, 需要保持一段距离, 因而测得的数据与桩墙作用荷载相比有一定的近似性, 这是钻孔法不及上述挂布法、顶入法和弹入法之处.

6) 埋置法

监测基底反力或地下室侧墙的回填土压力可用埋置法. 在结构物基底埋置土压力盒时可先将其埋设在预制的混凝土块内, 整平地面, 然后将土压力盒放上, 并将预制块浇筑在基底内. 在结构物侧面安装土压力盒时, 应在混凝土浇筑到预定标高处, 将土压力盒固定到测量位置上, 压力膜必须与结构外表面平齐. 采用埋置法施工时, 应注意尽量减少对原有土体的扰动, 土压力盒周围回填土的性状要与附近土体一致, 否则会引起应力重分布.

土压力计埋设在围护墙构筑期间或完成后均可进行. 若在围护墙完成后进行, 由于土压力计无法紧贴围护墙埋设, 因而所测数据与围护墙上实际作用的土压力有一定差别. 若土压力计埋设与围护墙构筑同期进行, 则需解决好土压力计在围护墙迎土面上的安装问题. 在水下浇筑混凝土过程中, 要防止混凝土将面向土层的土压力计表面钢膜包裹, 使其无法感应土压力作用, 造成埋设失败. 另外, 还要保持土压力计的承压面与土的应力方向垂直.

图 7-16　插入法安装土压力盒示意图

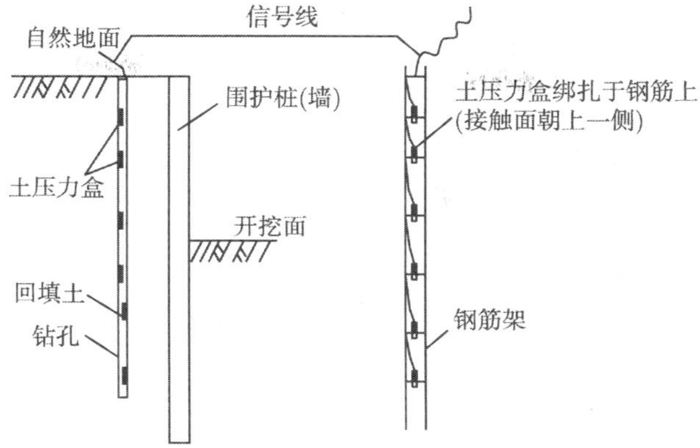

图 7-17　钻孔法进行土压力盒埋设

3. 监测注意事项

为避免颗粒粗、硬度高的回填材料对压力膜的直接冲击, 且使压力膜均匀受力, 常用的最好措施是沥青囊间接传力结构. 沥青囊大小, 视挡土结构的形式、回填材料的组成及回填工艺确定, 当土压力盒承压膜直径 d 为 100mm 时, 采用 $(4\sim5)d$ 的边长, 当宽度不足 (如板桩的宽度) 时, 取最大承受面相当的宽度. 沥青囊防冲结构如图 7-18 所示. 对于降水基坑, 间接传力膜的设置也可采用细颗粒材料. 无论采用哪一种材料的间接传力介质, 都必须密实, 在使用过程中, 不允许挤出或流失.

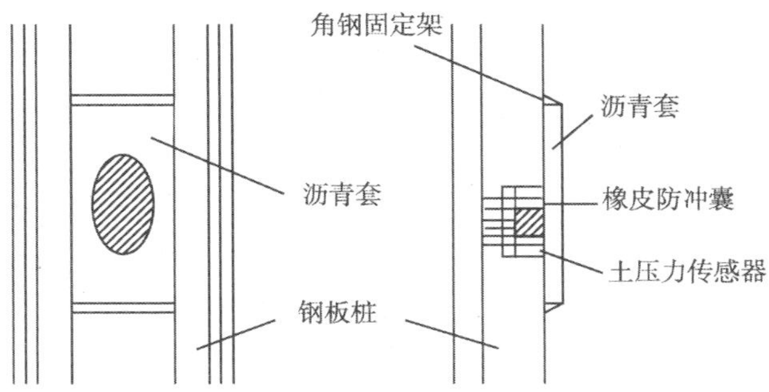

图 7-18　沥青囊防冲结构

7.5.3　孔隙水压力监测

孔隙水压力的变化是土体发生变形的前兆. 通过监测孔隙水压力在施工过程中的变化情况, 及时为控制沉桩速率和开挖、掘进速度等提供可靠依据, 从而达到为施工服务的目的. 同时结合土压力监测, 可以进行土体有效应力分析, 作为土体稳定计算的依据.

1. 孔隙水压力监测方法

孔隙水压力宜通过埋设孔隙水压力计测试, 分为振弦式和电阻应变片式两种, 分别通过频率仪和应变仪测得孔隙水压力的大小. 孔隙水压力计的传感器构造和工作原理与土压力计相似, 只是孔隙水压力计多了一块透水石, 土体中的水压力能够传到薄板弹性元件上, 弹性元件的变形 (或应变片的变形) 引起振弦张力的变化 (或产生应变), 从而根据振弦频率的变化 (或应变值) 可测得孔隙水压力值.

孔隙水压力计应满足以下要求：量程满足被测压力范围的要求, 可取静水压力与超孔隙水压力之和的 2 倍; 精度不宜低于 $0.5\%F \cdot S$.

2. 孔隙水压力计的埋设

孔隙水压力计的埋设方法与土压力盒基本相同, 可采用钻孔法和压入法. 孔隙水压力探头埋设有两个关键, 一是保证探头周围填砂渗水通畅和透水石不堵塞; 二是防止上下层水压力的贯通. 下面就其与土压力盒埋设的不同之处进行介绍.

(1) 在确定孔隙水压力计量程时, 除了按孔深计算孔隙水压力的变化幅度外, 还要考虑大气降水或井点抽水等影响因素, 以免造成孔隙水压力超出量程, 或者量程选用过大, 影响测量精度.

(2) 孔隙水压力探头通常采用钻孔埋设. 孔隙水压力计应事前埋设, 埋设前应符合下列要求：①孔隙水压力计应浸泡饱和, 排除透水石中的气泡; ②核查标定数据, 记录探头编号, 测读初始读数.

在埋设点采用钻机钻孔, 钻孔直径宜为 110~130mm, 不宜使用泥浆护壁成孔, 钻孔应圆直、干净; 达到要求的深度或标高后, 先在孔底填入部分干净的砂, 然后将探头放入, 再在探头周围填砂, 最后采用直径 10~20mm 的干燥膨润土球将上部封好. 使得探头测得的是该标高土层的孔隙水压力. 图 7-19 为孔隙水压力探头在土中的埋设情况.

采用钻孔法施工时, 泥浆护壁成孔后钻孔不容易清洗干净, 会引起孔隙水压力计前端透水石的堵塞. 因此原则上不得采用泥浆护壁工艺成孔. 如因地质条件差, 不得不采用泥浆护壁时, 在钻孔完成后, 需用清水洗孔, 直至泥浆全部清除为止. 接着, 在孔底填入部分净砂后, 将孔隙水压力送至设计标高, 再在周围填上约 0.5m 高的净砂作为滤层.

其技术关键在于保证探头周围垫砂渗水流畅, 其次是断绝钻孔上部的向下渗漏. 原则上一个钻孔只能埋设一个探头, 但为了节省钻孔费用, 也有在同一钻孔中埋设多个位于不同标高处的孔隙水压力探头, 若采用这种一钻孔多探头方法埋设则应保证封口质量, 需要采用土球或膨胀性黏土将各个探头进行严格相互隔离, 防止上下层水压力形成贯通, 否则达不到测定各土层孔隙水压力变化的作用.

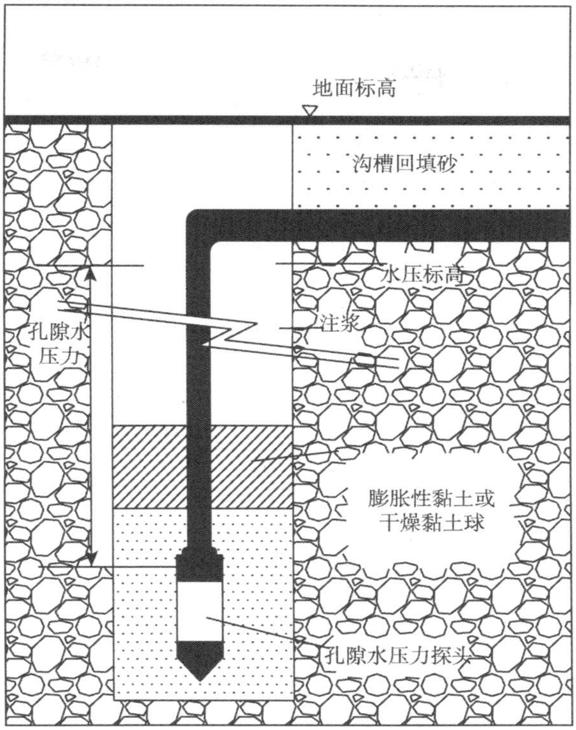

图 7-19　孔隙水压力探头埋设示意图

(3) 封口是孔隙水压力计埋设质量好坏的关键工序. 封口材料宜使用塑性指数 I_{p} 不小于 17 的干燥黏土球, 最好采用膨润土. 封口时应从滤层一直封至孔口, 如在同一钻孔中埋设多个探头, 则封至上一个孔隙水压力计的深度. 一般来说, 为保证封口质量, 孔隙水压力计之间的距离应大于 1m, 以免水压力贯通. 在地层的分界处附近埋设孔隙水压力计时应十分谨慎, 滤层不得穿过滤水层, 避免上下层水压力的贯通.

(4) 采用压入法时宜在无硬壳层的软土层中使用, 用外力将孔隙水压力计缓缓压入土中至设计埋设标高. 如土质较硬, 则可先用钻孔法钻入到软土层再采用压入的方法埋设; 此法的优点在于可节省钻孔的时间和费用.

(5) 无论采用哪一种方法埋设, 都要扰动地层, 有可能产生超孔隙水压力, 使初始孔隙水压力发生变化. 为使这一变化对后期测量数据的影响减小到最低限度, 一般应在基坑施工前 2~3 周埋设, 有利于超孔隙水压力的消散, 得到的初始值更加合理.

(6) 孔隙水压力计埋设后应测量初始值, 且宜逐日量测 1 周以上并取得稳定初始值. 同时, 应在孔隙水压力监测的同时测量孔隙水压力计埋设位置附近的地下水位, 以便在计算中消除水位变化的影响, 获得真实的超孔隙水压力值.

7.5.4 锚杆和土钉内力监测

锚杆及土钉内力监测的目的是掌握锚杆或土钉内力的变化, 确认其工作性能.

1. 监测方法

锚杆和土钉的内力监测宜采用专用测力计、钢筋应力计或应变计, 当使用钢筋束时, 由于钢筋束内每根钢筋的初始拉紧程度不一样, 所受的拉力与初始拉紧程度关系很大, 因此宜监测每根钢筋的受力. 锚杆受力状态的长期监测宜采用振弦式测力计.

专用测力计、钢筋应力计和应变计的量程为对应设计值的 2 倍, 量测精度不宜低于 $0.5\%F \cdot S$, 分辨率不宜低于 $0.2\%F \cdot S$.

锚杆的预应力值可用下列方法观测:

(1) 在锚杆中埋设测力传感器测定;

(2) 在锚具中设置油压型测力传感器进行顶升试验测定;

(3) 通过千斤顶进行顶升试验测定.

2. 锚杆和土钉内力监测点的埋设

锚杆受力状态的长期监测宜采用振弦式测力计. 当锚杆进行预应力张拉时安装在承压板与锚头之间, 记录下测力计上的初始荷载. 在整个基坑开挖过程中每天宜测读一次, 监测次数宜根据开挖进度和测力计的荷载变化而适当增减. 当基坑开挖至设计标高后, 监测应继续进行, 此时锚杆上的荷载应是相对稳定的. 如果每周荷载的改变量大于 5%锚杆所受的荷载, 就应当查明原因, 采取适当措施.

3. 监测注意事项

锚杆或土钉施工完成后应对专用测力计、应力计或应变计进行检查测试, 专用测力计、应力计或应变计应在锚杆或土钉预应力施加前安装并取得初始值. 根据质量要求, 锚杆或土钉锚固体未达到足够强度不得进行下一层土方的开挖, 为此一般应保证锚固体有 3d 的养护时间后才允许下一层土方开挖. 一般取下一层土方开挖前连续 2d 获得的稳定测试数据的平均值作为其初始值.

锚杆竣工后, 其预应力值一般随着时间而减少, 并逐渐趋向稳定. 对于变幅较大的锚杆, 其预应力值的损失会延续相当长的时间. 因此, 对锚杆监测时间应视锚杆的永久性及重要性而定, 通常不宜少于一年.

预应力的变化值, 在最初十天内应每天记录一次, 以后每十天记录一次, 一月以后每月记录一次. 预应力变化值一般不宜大于设计荷载的 10%. 必要时, 可采取二次或多处张拉, 以补偿预应力损失.

土钉或锚杆安装应力计时应符合安装技术要求. 应力计采用螺纹或对焊和杆体连接. 需要对焊的应力计, 应在冷却状态下进行对焊; 应力计与锚杆保持同轴. 应力计安装前按规定进行标定.

注: 本章 7.2 节 ~7.5 节内容主要参考《建筑基坑工程监测技术规范 (GB 50497—2009)》、《建筑基坑工程监测技术规范实施手册》(刘俊岩主编) 和《基坑工程手册 (刘建航、侯学渊主编) 中有关基坑安全监测方法的内容, 并结合了部分编者在基坑安全监控实践工作中获得的经验编写而成.

7.6　工程实例 —— 基坑安全报警文件

(∗∗∗∗ 工程) 基坑安全报警报告

监测结果显示, 某工程某监测断面, 支护结构深层水平位移 × 月 × 日上午 7: 00, 最大水平位移增量 1.9mm, 水平位移速率达到 2.9mm/d; 下午 15: 00, 最大水平位移增量 1.5mm, 水平位移速率达到 4.6mm/d; 晚上 21: 00, 最大水平位移增量 1.4mm, 水平位移速率达到 5.6mm/d; 由此可见, 水平位移速率超过安全警报界限 3 mm/d, 而且水平位移速率有越来越大的趋势 (深层水平位移监测成果图见图 7-20). 为工程安全起见, 特发此安全警报, 希望引起相关单位重视!

造成以上情况的原因有以下几点:

1. 基坑暴露时间过长.
2. 基坑底部雨水浸泡时间较长.
3. 坑外临时堆土场距离支护结构太近.
4. 支撑未及时安装.

为防止支护结构水平位移进一步增大, 保证基坑安全, 监测单位建议:

1. 及时在该断面安装钢支撑.
2. 立即卸除基坑顶部临时荷载 (临时堆土及其他荷载).
3. 尽快在该断面浇筑垫层.
4. 加强基坑内外侧抽水.

× × × 工程监测项目部

× 年 × 月 × 日 ××:××

主送: × × ×

抄送: × × ×

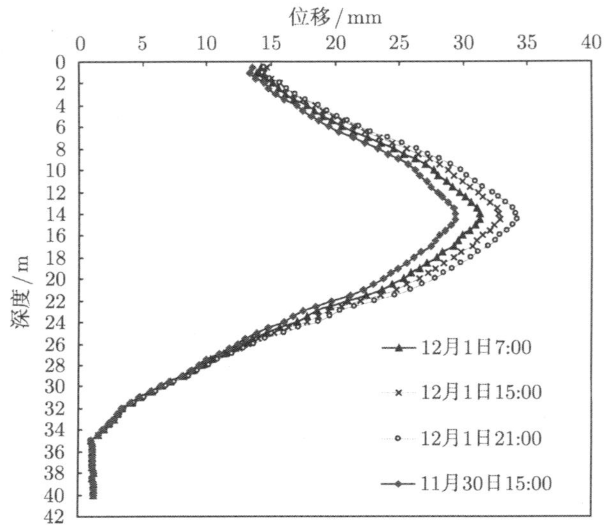

(a) ××断面测斜观测点水平位移随深度变化图

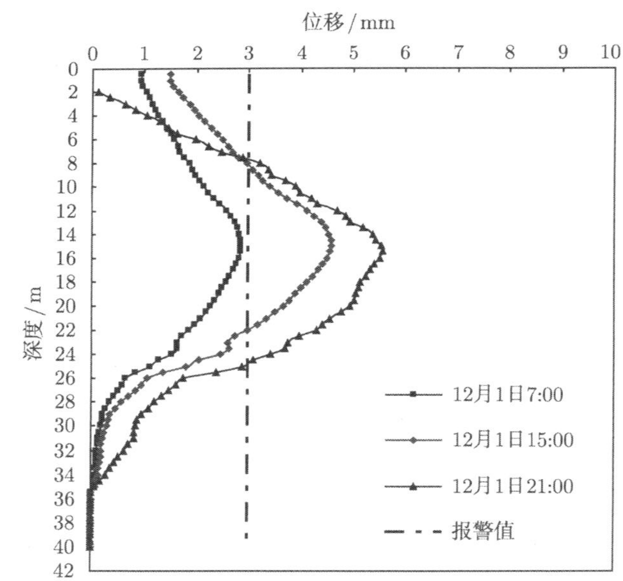

(b) ××断面测斜观测点水平位移随深度变化图

图 7-20　基坑测斜观测成果分析图

参 考 文 献

[1] 中华人民共和国国家标准. 建筑基坑工程监测技术规范 (GB 50497—2009)[S]. 北京: 中国

计划出版社, 2009.

[2] 中华人民共和国国家标准. 工程测量规范 (GB 50026—1993)[S]. 北京: 中国计划出版社, 1993.

[3] 中华人民共和国建设部标准. 建筑物变形测量规范 (JGJ 8—2007)[S]. 北京: 中国建筑工业出版社, 2007.

[4] 中华人民共和国国家标准. 建筑地基基础设计规范 (GB 50007—2011)[S]. 北京: 中国建筑工业出版社, 2011.

[5] 中华人民共和国国家标准. 国家一、二等水准测量规范 (GB 12897—2006)[S]. 北京: 中国标准出版社, 2006.

[6] 中华人民共和国国家标准. 建筑地基基础工程施工质量验收规范 (GB 50202—2002)[S]. 北京: 中国计划出版社, 2002.

[7] 中华人民共和国国家标准. 岩土工程勘察规范 (GB 50021—2001)[S]. 北京: 中国建筑工业出版社, 2001.

索 引